本书受国家社科基金重大项目"马克思主义文明观研究"（22&ZD006）和北京市首批重点建设马克思主义学院经费（北京科技大学）资助出版。

马克思主义文明观基础问题研究

李艳艳 著

中国社会科学出版社

图书在版编目（CIP）数据

马克思主义文明观基础问题研究 / 李艳艳著.
北京：中国社会科学出版社，2024. 8. -- ISBN 978-7
-5227-3829-1

Ⅰ. A811.64

中国国家版本馆 CIP 数据核字第 2024DD7102 号

出 版 人　赵剑英
责任编辑　刘　洋
责任校对　刘　娟
责任印制　张雪娇

出　　　版　中国社会科学出版社
社　　　址　北京鼓楼西大街甲 158 号
邮　　　编　100720
网　　　址　http://www.csspw.cn
发 行 部　010-84083685
门 市 部　010-84029450
经　　　销　新华书店及其他书店

印　　　刷　北京君升印刷有限公司
装　　　订　廊坊市广阳区广增装订厂
版　　　次　2024 年 8 月第 1 版
印　　　次　2024 年 8 月第 1 次印刷

开　　　本　710×1000　1/16
印　　　张　15
插　　　页　2
字　　　数　203 千字
定　　　价　98.00 元

前　言

对于马克思主义文明观研究的再研究

2021年7月1日，习近平总书记在庆祝中国共产党成立100周年大会上提出："我们坚持和发展中国特色社会主义，推动物质文明、政治文明、精神文明、社会文明、生态文明协调发展，创造了中国式现代化新道路，创造了人类文明新形态。"① 2023年6月2日，在文化传承发展座谈会上，习近平总书记又提出："在新的起点上继续推动文化繁荣、建设文化强国、建设中华民族现代文明，是我们在新时代新的文化使命。"② 这两次重要讲话，标志着"人类文明新形态""中华民族现代文明"两个概念及其相关重大判断得以正式提出，并且迅速成为思想理论界的研究热点。

学者们普遍聚焦于阐释"人类文明新形态""中华民族现代文明"的历史意义、价值追求、内涵体系、内在逻辑、显著特征、建设路径等问题，对于相关理论体系的构建发挥了积极作用。然而，作为研究和探讨的基础，马克思主义视域下文明研究的基本概念、问题意识、研究范式，历史唯物主义文明观的超越性价值及其核心贡献，中国与西方文明观比较视域下的中国特色社会主义文明理论，以及文明话语逻辑等问题亟待得到关注。这种对于"文明研究的研究"是文明观研究的基础性

---

① 习近平：《在庆祝中国共产党成立100周年大会上的讲话》，人民出版社2021年版，第13—14页。

② 习近平：《在文化传承发展座谈会上的讲话》，《求是》2023年第17期。

工作，为马克思主义文明观研究的科学开展提供了规范性依据。

本书的主题，正是容易被忽略的马克思主义文明观研究的背景知识问题。通过写作本书，希望对于马克思主义文明观研究提供基础理论及方法论启示。

全书共分为四章。第一章探讨马克思主义文明观基本问题，包括基本概念、问题意识、内在矛盾、现代文明观的核心问题等。第二章探讨马克思主义文明观发展问题，包括历史唯物主义文明研究范式的超越路径、马克思主义经典作家文明思想的超越性价值、文明进程动力观的理论超越、恩格斯文明时代起点观的发展。第三章探讨中国特色社会主义文明观，包括中西方文明道路比较、中国特色社会主义在文明史上的价值、中国特色社会主义文明的内在结构、新时代文明观的理论主题与逻辑体系、中国式现代化的文明意蕴。第四章在比较视域下探讨文明话语逻辑，包括21世纪资本主义文明的哲学基础解析、西方文明中心论剖析、话语比较视域下中国特色社会主义的文明进步性。

综观全书，笔者试图在以马克思主义文明观研究为对象的研究工作方面作出一些思考，探索马克思主义文明观研究的底层逻辑，从而为推动马克思主义文明观的研究贡献微薄之力，为构建以"文明"为核心概念的中国哲学社会科学自主知识体系作出积极探索。

目　录

第一章　文明观基本问题探索 ……………………………… 1

　　一　马克思主义经典作家笔下的文明概念 ……………… 1

　　二　比较视域下文明观研究的问题意识 ………………… 6

　　三　马克思恩格斯"生产"和"需要"关系理论

　　　　视域下的文明进程矛盾 …………………………… 17

　　四　以自主劳动为核心的现代文明观分析 ……………… 32

第二章　文明观发展问题探索 ………………………………… 46

　　一　近代以来文明观的研究范式及其历史

　　　　唯物主义超越路径 ………………………………… 46

　　二　马克思、恩格斯文明思想超越性的维度 …………… 65

　　三　马克思、恩格斯文明进程动力观的理论超越 ……… 79

　　四　恩格斯文明时代起点观的发展辨析 ………………… 92

第三章　中国特色社会主义文明观探索 ……………………… 103

　　一　中国和西方现代文明道路的同与异 ……………… 103

　　二　中国特色社会主义文明开辟了人类

　　　　现代文明的新境界 ………………………………… 114

三　中国特色社会主义文明结构论 ················· 130

四　新时代文明观的理论主题与逻辑体系 ············· 161

五　中国式现代化的文明意蕴 ················· 178

第四章　比较视域下文明话语逻辑探索 ················· 185

一　当代资本主义文明的哲学危机 ··············· 185

二　西方文明中心论的演变、本质和应对 ············· 193

三　西方文明中心思想的崭新话语工具 ············· 212

四　话语比较视野下中国特色社会主义的文明进步性 ······ 217

结　语 ·································· 226

参考文献 ································ 228

后　记 ·································· 232

第一章

文明观基本问题探索

通常来说，文明观的基本问题包括基本概念、基本特征、基本逻辑等内容，但是，本章试图在上述基本问题背后探寻更加深层的、具有规范性意义的基础理论问题，即马克思主义经典作家使用文明概念的基本方式、不同文明观的共同问题意识、马克思恩格斯关于文明进程矛盾、以自主劳动为核心的现代文明观。

一 马克思主义经典作家笔下的文明概念

坚持历史唯物主义的科学世界观和方法论，马克思、恩格斯、列宁在深入考察人类历史的进程中，在揭示人类社会发展规律的过程中使用了文明概念。具体地说，马克思主义经典作家在以下五种情况中使用了文明概念。

其一，文明是对社会生产生活各领域积极成果的反映，这集中体现为不同文明时代生产力的发展水平。马克思、恩格斯批判西方哲学将文明视为纯粹精神的运演，即将"迅速前进的文明完全被归功于头脑，归功于脑的发展和活动"[①] 的历史唯心主义文明观，揭示出其背后的阶级利益实质，即"精神的一切进步到现在为止都是损害人类群众的进步，

---

① 《马克思恩格斯文集》第9卷，人民出版社2009年版，第557页。

群众陷入了日益严重的非人境遇"①。恩格斯在《反杜林论》中明确阐释了历史唯物主义的科学世界观和方法论，指出一切社会的终极原因"不应当到有关时代的哲学中去寻找，而应当到有关时代的经济中去寻找"②。在《英国状况》中，他明确指出"文明是实践的事情，是社会的素质"③。

马克思主义视域中"文明"概念的解释模式认为，文明是一种从社会普遍共同利益出发，以每个人的自由全面发展为价值理想，超越了个人物质利益有限性的实践活动，从而形成了一种崭新的文明实践观点。这种文明理论的解释模式，将文明的价值目标定位于脱离物欲享受的每个人的自由全面发展，并且积极地将这种文明的价值理想转变为社会现实，这种转变的过程正是文明的实践特征，这是一种标志着人真正脱离了动物性的实践活动。作为社会生产生活实践成绩的集中体现，马克思也曾多次把"已获得的生产力"视为"文明的果实"，并且在对政治经济学批判的过程中突出强调"文明的一切进步，或者换句话说"，就是"社会生产力的任何增长"。④ 文明还包括政治、文化等方面的具体成果。马克思把体现时代精神的哲学思想称为"文明的活的灵魂"⑤，他在《关于现代国家的著作的计划草稿》中明确使用了"政治文明"的概念。

其二，文明是以所有制形式为特征的人类社会发展的特定历史阶段，既包括存在着私有制和阶级剥削的"文明时代"，也包括人类消灭了剥削、真正实现了人的解放的社会主义——共产主义阶段。马克思、恩格斯在历史唯物主义的奠基之作《德意志意识形态》中指出了人类文明进程中所有制的不同形式，包括"部落所有制、古典古代的公社所

---

① 《马克思恩格斯文集》第1卷，人民出版社2009年版，第290页。
② 《马克思恩格斯文集》第9卷，人民出版社2009年版，第284页。
③ 《马克思恩格斯文集》第1卷，人民出版社2009年版，第97页。
④ 《马克思恩格斯全集》第46卷上册，人民出版社1979年版，第268页。
⑤ 《马克思恩格斯全集》第1卷，人民出版社1956年版，第121页。

有制和国家所有制、封建的或等级的所有制"以及此后的共产主义所有制。马克思在《〈政治经济学批判〉序言》中阐述了唯物史观的思想，从经济社会形态演进的角度观察人类文明进程，认为其大体经历了"亚细亚的、古希腊罗马的、封建的和现代资产阶级的生产方式"①。阶级性是迄今为止的文明时代的根本特征。在《哲学的贫困》中，马克思鞭辟入里地指出，"当文明一开始的时候，生产就开始建立在级别、等级和阶级的对抗上，最后建立在积累的劳动和直接的劳动的对抗上。没有对抗就没有进步。这是文明直到今天所遵循的规律"②。在陷入积累劳动和直接劳动的矛盾之中的阶级社会文明时代，"文明的进步只会增大支配劳动的客体的权力"③。

对于超越阶级关系的新型文明的特征，马克思主义经典作家进行了展望。恩格斯在《反杜林论》中作出了详细的阐述，"当社会成为全部生产资料的主人，可以在社会范围内有计划地利用这些生产资料的时候，社会就消灭了迄今为止的人自己的生产资料对人的奴役"，"至今一直统治着历史的客观的异己的力量，现在处于人们自己的控制之下了。只是从这时起，人们才完全自觉地自己创造自己的历史；只是从这时起，由人们使之起作用的社会原因才大部分并且越来越多地达到他们所预期的结果"。④列宁在《论合作社》中指出，"在生产资料公有制的条件下，在无产阶级对资产阶级取得了阶级胜利的条件下，文明的合作社工作者的制度就是社会主义的制度"⑤，并且在《迎接国际劳动妇女节》中提出，"只有无产阶级专政，只有社会主义国家才能够达到而且已经达到了高度的文明"⑥，"走向社会主义"是实现高度文明的前提。

其三，文明是消灭奴役劳动、实现自主劳动的历史进程。在《德意

---

① 《马克思恩格斯文集》第2卷，人民出版社2009年版，第592页。
② 《马克思恩格斯全集》第4卷，人民出版社1958年版，第104页。
③ 《马克思恩格斯全集》第30卷，人民出版社1995年版，第267页。
④ 《马克思恩格斯文集》第9卷，人民出版社2009年版，第310、300页。
⑤ 《列宁全集》第43卷，人民出版社2017年版，第369页。
⑥ 《列宁全集》第38卷，人民出版社2017年版，第210页。

志意识形态》中，马克思、恩格斯对劳动在文明进程中的基础性地位进行了生动的描述。"人们为了能够'创造历史'，必须能够生活。但是为了生活，首先就需要吃喝住穿以及其他一些东西。因此第一个历史活动就是生产满足这些需要的资料，即生产物质生活本身"①，实际上，"生产物质生活"的过程就是劳动。人类文明进程的重要任务是促使劳动者和劳动资料相结合，消灭奴役性质的劳动，实现自主劳动。正如马克思、恩格斯在《德意志意识形态》中揭示道：在奴役性质的社会中，"人的自主活动和物质生活的生产是分开的"，人类文明史就应该是"已成为桎梏的旧交往形式被适应于比较发达的生产力，因而也适应于进步的个人自主活动方式的新交往形式所代替"的进程，② 而在"自主活动"的体系结构中，自主劳动处于最根本的、决定性的位置。恩格斯晚年在《家庭、私有制和国家的起源》中又明确指出，"奴隶制""农奴制""近代雇佣劳动制"是建立在阶级对立基础上的"文明时代的三大时期所特有的三大奴役形式"。③ 据此，可以看出文明时代的实质是，代替自然界对人的统治的是一些人对另一些人的统治。

关于人类文明发展的前景，马克思在《关于俄国的农民解放》中展望了超越奴役性质的虚假文明时代的崭新文明形态将是"真正的普遍的文明"④。至于实现这一历史跨越的方式，列宁谈到，除了武装斗争、暴力革命以外，还可以"在赎买的条件下文明地有组织地转到社会主义"⑤。

其四，将"文明"与"国家""民族""社会""制度"连用，表示世界历史条件下的资本主义生产关系。《共产党宣言》的相关表述可谓经典："资产阶级……把一切民族甚至最野蛮的民族都卷到文明中

① 《马克思恩格斯文集》第1卷，人民出版社2009年版，第531页。
② 《马克思恩格斯文集》第1卷，人民出版社2009年版，第580、575页。
③ 《马克思恩格斯文集》第4卷，人民出版社2009年版，第195页。
④ 《马克思恩格斯全集》第12卷，人民出版社1962年版，第725页。
⑤ 《列宁全集》第34卷，人民出版社2017年版，第284页。

来了","它使未开化和半开化的国家从属于文明的国家"。① 列宁在《关于共产国际第二次代表大会的基本任务的提纲》中揭露道:号称"最文明"的资本主义国家,却正是"军国主义、帝国主义",是"对殖民地和弱小国家的压迫、全世界的帝国主义大厮杀"。② 这些自诩为"文明社会""文明民族""文明世界"的资本主义国家,自我标榜为"'文明的'、'有教养的'资本主义世界正在走向空前未有的崩溃"③。

其五,文明集中体现为劳动者素质的提高,是无产阶级历史主体地位的体现。在西方思想史上,关于文明创造主体的问题经历了"神创文明观"向"人创文明观"的转变。然而,近代确立的"人创文明观"往往认为,文明只是由少数有教养的、有知识的英雄人物所创造,普通劳动者只不过是被动地跟随模仿英雄人物。超越于传统的精英文明论,马克思主义视域中的"文明"概念解释模式还原了劳动阶级,尤其是无产阶级作为人类灿烂文明创造者的历史主体地位。正如马克思在《〈黑格尔法哲学批判〉导言》中写道:作为革命力量的"这个阶级与整个社会亲如兄弟,汇合起来,与整个社会混为一体并且被看做和被认为是社会的总代表;在这瞬间,这个阶级的要求和权利真正成了社会本身的权利和要求"④。列宁在《革命的日子》中指出,"无产阶级用事实表明,它是而且只有它才是现代文明的支柱"⑤。另外,在生产和需要辩证统一的维度下,人既是具有全面生产能力的人,也是具有全面需要的人。正如马克思在《资本论》中指出,"因为要多方面享受,他就必须有享受的能力,因此他必须是具有高度文明的人"⑥。

---

① 《马克思恩格斯文集》第2卷,人民出版社2009年版,第35、36页。
② 《列宁全集》第39卷,人民出版社1986年版,第181页。
③ 《列宁全集》第34卷,人民出版社2017年版,第409页。
④ 《马克思恩格斯文集》第1卷,人民出版社2009年版,第14页。
⑤ 《列宁全集》第9卷,人民出版社2017年版,第204页。
⑥ 《马克思恩格斯全集》第30卷,人民出版社1995年版,第389页。

二 比较视域下文明观研究的问题意识

文明是一个人类思想史上的重要概念，表征着人类社会发展程度，其首要内涵是进步。在长期的历史演进过程中，不断推动文明进步，逐渐成为各民族、各地区的共同价值目标。在漫长的文明思想史的演变历程中，国外历代学者筚路蓝缕，苦心耕耘，奉献出了流派众多、观点各异的文明理论。尽管国外文明观思想流派纷繁多样，但是始终共同关注四个重大问题，一是文明进程的出发点，即事实与价值的关系；二是文明存在的本体依据，即主体与客体的关系；三是文明考察的前提，即个人与社会的关系；四是文明反观自身的方式，即自我与他者的关系。在上述问题意识中，国外不同文明观思想流派形成自身独具特色的概念、命题、思维方式和学术范式。当今，在"两个大局"交叠的时代背景下，深入探讨国外典型文明观思想流派对于上述重大问题的运思逻辑，对于努力建设中华民族现代文明，开创人类文明新形态，以及推动世界文明交流互鉴都具有十分重要的意义。

（一）事实与价值：文明进程的出发点

作为文明主体的人是在与动物的比较过程中彰显其伟大的，正如近代人本主义哲学预设的前提，人本身也是一种动物，因而人不可能彻底超越动物性。在这个意义上，文明进程可以说是不断超越动物性，彰显人性的过程。然而，由人的有限性所决定，文明进程始终存在事实与价值的张力，人类创造文明的过程在某种意义上就是要不断与自身有限性抗争，不断弥合事实与价值之张力的过程。那么，在事实与价值之间，谁是文明进程的起点呢？

以基佐等启蒙思想家为代表的思想流派预设了一个"应然"的理想文明状态，同时赋予人类理性不断自我完善的能力，并且主张在"文明"价值引领下，人类充分运用理性的力量推动"实然"的社会进步，同时推进"除社会生活的发展而外的另一种发展：个人的发展、内心生活的发展、人本身的发展，人的各种能力、感情、思想的发展"①，不断完善人性，不断超越动物的限度。在文明"这个大事实中包含着两个事实，它靠两个条件存在，并通过两个标志显示出来：社会活动的发展和个人活动的发展，社会的进步和人性的进步。哪个地方人的外部条件扩展了、活跃了、改善了；哪个地方人的内在天性显得光彩夺目、雄伟壮丽，只要看到了这两个标志，虽然社会状况还很不完善，人类就大声鼓掌宣告文明的到来"②。对此，M. C. 莱蒙总结道：启蒙思想"把自己的时代看作（最终的）理性时代，认为以往历史是从事最初无知、愚昧、野蛮和迷信的不完美状态朝向知识、理智、宽容和理性的最终文明状态的人类运动，理性提供了人类完美状态的最高成就"③。

另一些思想流派则认为，事实和价值之间不是"实然"和"应然"的关系，文明进程不是从"实然"进化到"应然"的过程。马克思主义是这一类思想流派的典型代表。马克思主义经典作家积极开展与其他西方思想家的对话，旗帜鲜明地批判了西方思想史上长期流行的"迅速前进的文明完全被归功于头脑，归功于脑的发展和活动"④的唯心主义历史观，实现了文明理论研究立场、观点和方法的根本变革。马克思主义认为，文明进程没有一个预设的起点和终点，而是在人作为文明创造主体的实践过程中生成和展开，并受到实践过程中形成的诸多矛盾关系推动，由此人类文明进程是一个辩证发展的螺旋式上升、波浪式前进的

①　[法] 基佐：《欧洲文明史》，程洪逵、沅芷译，商务印书馆 2005 年版，第 12 页。
②　[法] 基佐：《欧洲文明史》，程洪逵、沅芷译，商务印书馆 2005 年版，第 12 页。
③　M. C. Lemon：《历史哲学：思辨、分析及其当代走向》，毕芙蓉译，北京师范大学出版社 2009 年版，第 244 页。
④　这一观点出自恩格斯晚年写作的《劳动在从猿到人的转变中的作用》一文，是对于从古典古代世界没落以后长期支配人们头脑的观点的深刻反思，提出劳动而非思维是人与动物之间的根本区别。（参见《马克思恩格斯文集》第 9 卷，人民出版社 2009 年版，第 557 页。）

过程，其总体方向是进步，但是在具体历史阶段也存在倒退、停滞的可能。即使在一个发展阶段之中，文明和野蛮也可能同时并存，所以马克思、恩格斯一方面深刻批判资本野蛮的一面，另一方面也充分肯定了资本文明的一面。同时，由于实践是受一定历史条件限制的活动，因而文明进程也因时因地而异，呈现出多样性特征。另外，14世纪的阿拉伯哲学家伊本·赫勒敦也批判把对于文明的考察建立在某种先验本体的基础之上，因为"对于精神世界和真主的本体的学说，与事实并不相符，他们对于此点的学说是不可加以证明的。我们对于生息于其中的这个世界，比较对于他们所说的认识得更真切"①。他认为文明是在人与人相互交流、形成群体的过程中产生的，经济合作是推动文明进步的动力。文明不是向某种价值不断趋近的线性发展过程，而是"原始社会—城邦社会—国家社会"周而复始的过程。20世纪享誉世界的著名历史学家威廉·麦克尼尔甚至不愿再去调和"事实"和"价值"之间的关系，而是彻底否定了文明的特定价值，认为文明只具有事实的存在，是一个流变的过程。

（二）主体与客体：文明存在的本体依据

不同文明观都会涉及把本体置于何处的问题。这里的本体不是指传统本体论哲学视域下探寻世界起源和基础的抽象还原论方式，而是指追问文明何以存在，存在的依据是什么的问题。本体与主体、客体的关系也是文明理论划分的一个重要依据。

近代以来，以黑格尔为代表的理性主义文明理论流派认为，本体在客体之中，但是这里的客体仅是人的认识对象，而非改造对象。人只能匍匐在某种抽象的、神秘的本体面前，处于从属地位，人类对于文明的作用只在于执行本体的律令和要求。"哲学用以观察历史的唯一'思想'便是理性这个简单的概念。'理性'是世界的主宰，世界历史因此

---

① ［德］第·博尔：《伊斯兰哲学史》，马坚译，中华书局1958年版，第197页。

是一种合理的过程。"① 在黑格尔看来，"无人身的理性" 是文明史的主体，但是它躲在历史的后方。理性在驱使和利用人类的贪欲和热情，使它成为实现理性目的的工具。理性和人类热情二者 "交织成为世界历史的经纬线"，这便是 "理性的狡计"。② 黑格尔的思想代表了作为终极意义的文明观的显著特征，即理性既是本体又是主体，客体是作为 "本体" 的绝对主体外化的产物。对此，马克思、恩格斯对其思辨结构的秘密给予揭示，指出："黑格尔的历史观以抽象的或绝对的精神为前提，这种精神是这样发展的：人类只是这种精神的无意识或有意识的承担者，即群众。可见，黑格尔是在经验的、公开的历史内部让思辨的、隐秘的历史发生的。人类的历史变成了抽象精神的历史，因而也就变成了同现实的人相脱离的人类彼岸精神的历史。"③ 人类只是绝对理性的群众，是在代替理性进行历史活动。在这个意义上，尽管人类是文明史的创造主体，但理性却是终极意义上的本体和主体，而人类只是执行理性意志的客体。而在 19—20 世纪精神分析学派思想家西格蒙德·弗洛伊德的笔下，本体则是人类本能。他从人类本能出发探讨文明进程，认为文明是对本能的压抑过程，寄希望于某种永恒的爱欲发挥力量把人类引向完美境界。

另一些文明思想流派认为，本体既不是客体，也不是主体，而是存在于主体与客体、主体与主体的关系之间。关于人类文明的起源和发展，马克思主义不是从主体或者客体等固定因素出发，因为作为人的生成世界的两个方面——主体与客体的存在是同一的，是同一个人类活动的两个方面，因而不可能在这个世界中去追问谁产生谁的问题。正是由于人的实践活动具有双重功能——既指向客体，又指向主体——才能实现主客体的对立统一关系，从而构成人类文明史。恩格斯在《路德维

① ［德］黑格尔：《历史哲学》，王造时译，上海书店出版社 2001 年版，第 8 页。

② 参见 ［德］黑格尔《历史哲学》，王造时译，上海书店出版社 2001 年版，第 33 页。

③ 《马克思恩格斯文集》第 1 卷，人民出版社 2009 年版，第 291 页。

希·费尔巴哈和德国古典哲学的终结》中提出："全部哲学，特别是近代哲学的重大的基本问题，是思维和存在的关系问题。"① 自此以后，作为历史唯物主义本原的"存在"在马克思主义学说中确立了本体地位。不过，对于"存在"是什么，始终有不同理解。有学者认为，"马克思把人的实践活动看作理解人与物的关系的本体论的基础"②，并基于本体论革命创立了实践唯物主义。有学者主张，马克思主义对于"存在"这一本体论的核心概念进行了重新解读，"人的现实生活"也就是"人的社会存在"，"存在"是与"生活"相等同的概念，进而超越了实体本体论。在"存在论"的根基处，马克思发动了一场"哥白尼式的革命"，重建了关注人的生存际遇的现代人学本体论路向。马克思确认了感性生活本体论，把人的感性生存活动作为人之为人的最本原的根基和最后的原因。③

由于实践在人类文明存在进程中具有基础性意义，因而一些文明论者提出了实践本体论的观点。尽管对于实践能否等同于本体仍然存在不同观点，但是学界形成共识的是，本体不是人类主体实践活动的外在决定力量，而是在人类主体实践尤其是劳动实践活动中生成发展的。人类主体改造客体的对象化实践活动至少是本体产生的基础。伊本·赫勒敦的文明理论甚至认为，本体产生于主体之间的人际交往之中。在过程本体论的思想逻辑中，本体不是在人的生存活动之外，而始终是人类生产生活的在场状态。

（三）个人与社会：文明考察的前提

人作为文明史的创造主体，具有个体性和社会性两种属性。作为对于文明考察前提的讨论，个人本体论和社会本体论成为两个重要思想

---

① 《马克思恩格斯文集》第 4 卷，人民出版社 2009 年版，第 277 页。
② 俞吾金：《从康德到马克思——千年之交的哲学沉思》，北京师范大学出版社 2017 年版，第 422 页。
③ 参见陈曙光《"物质"是人之存在的"本体"吗?》，《湖湘论坛》2009 年第 4 期。

流派。

一些文明思想流派认为，个人是文明存在的前提。古希腊原子论哲学是一个典型代表。虽然苏格拉底、柏拉图和亚里士多德的希腊古典伦理学持城邦本位的伦理观念，但是在进入希腊化时代以后，现实的政治状况是，民主政府越来越渺小，贵族寡头执掌的强权政府越来越强大，对此，伊壁鸠鲁原子论主张个体本位，培育普通个人都可以追求实现的、具有明智行为的"哲人"。虽然是从个人出发，但是伊壁鸠鲁并不主张个人中心，并不宣扬个人至上，而是主张在社群关系中保障个人安全。近代以来，个人主义价值观在英、美等国兴起，托马斯·霍布斯、约翰·洛克、亚当·斯密等思想家从抽象人性论出发，明确了个人是文明进程的目的，具有最高价值，而社会只是达到个人目的的手段。个人理性膨胀的后果是，个人与社会出现严重对立。这正如托克维尔所言："个人主义是一种只顾自己而又心安理得的情感，它使每个公民同其同胞大众隔离，同亲属和朋友疏远。因此，当每个公民各自建立了自己的小社会后，他们就不管大社会而任其自然发展了。"①

另一些文明思想流派认为，社会是文明存在的前提。伊本·赫勒敦在《历史绪论》开篇即提出，"首先要说明，人的社会性是必然的。用哲学家的术语来说，人生来就是群居的。也就是说，他必然要聚集，这就是城市，也是文明和发展的意思"②。如果人类实现了社会性，文明也得以发展。近代以后，即使在启蒙理性主义文明观占据主导地位的形势下，马奎斯·孔多塞等思想家也不是从自然状态的孤独个人出发，而是从部落这一最初的社会出发，提出"我们观察到的最初的人类文明状态乃是一种人数很少的社会状态，他们靠着渔猎为生，只懂得制造他们的武器和某些生活用具以及构筑或挖掘居处的粗糙技术；但已经有了语

---

① ［法］托克维尔：《论美国的民主》（下卷），董果良译，商务印书馆1988年版，第625页。

② ［突尼斯］伊本·赫勒敦：《历史绪论》（上卷），李振中译，宁夏人民出版社2015年版，第56页。

言可以交流他们的需要，有了少数道德观念，在那里面他们找到了行为的共同规则；他们生活在家庭中，遵守某些起着法律作用的普遍习俗；甚至还有了一种粗糙形态的政府"①，认为部落便是文明起源的第一个时代。20 世纪下半叶，全球史理论兴起，强调不同文明之间的互动在世界历史进程中发挥了重要作用。大多数学者都是从本体论的角度来思考文明进程，即把"文明"当作一种社会文化实体，文明之间的互动构成了具有共同体意义的文明进程。理查德·W. 布利特提出："人类社会在其开端之时，是许多分散和缺乏联系的共同体，它们创造性地对当地环境做出反应；后来经历了一些相互联系、相互渗透、文化扩张与融合的汇聚阶段；到 21 世纪的世界，人们越来越感受到人类社会是一个单一的全球共同体。"②

此外，马克思主义认为文明是在个人与社会双向互动的过程中产生、展开的。马克思主义经典作家基于人们必须以社会结合的形式来从事生产生活的事实指出，人的"个体生活"与"类生活"不是完全不同的、对立的两种生活，人既是体现特殊性的个体，又是体现普遍性的总体，人的个体生活的存在方式就是"类生活的较为特殊的或者较为普遍的方式，而类生活是较为特殊的或者较为普遍的个体生活"③。正是个人与社会、人的个体性与社会性在其存在论意义上的一致性和统一性，决定了我们"应当避免重新把'社会'当做抽象的东西同个体对立起来。个体是社会存在物"④。马克思、恩格斯从现实的人及其实践活动出发，认为人的存在是社会历史的第一个前提，人是生产生活实践的物质承担者，文明是由作为最基础单元的个人以及人与人相互联系构

---

① ［法］孔多塞：《人类精神进步史表纲要》，何兆武、何冰译，江苏教育出版社 2006 年版，第 3 页。

② Richard W. Bulliet, Pamela Kyle Crossley, Daniel R. Headrick, Steven W. Hirsch, Lyman L. Johnson, David Northrup, *The Earth and Its People: A Global History*, Wadsworth, Cengage Learning, 2011, p. xxiii.

③ 《马克思恩格斯文集》第 1 卷，人民出版社 2009 年版，第 188 页。

④ 《马克思恩格斯文集》第 1 卷，人民出版社 2009 年版，第 188 页。

成的有机整体，文明进步正是通过主动追求某种目的的人来实现的。从这个意义上来说，个人处于文明进步的根据地位，但是个人始终是处于社会关系中的人，从来没有离群索居的人。人的存在必然包括个人属性和社会属性两个方面。但是，文明史的突出问题是人的社会属性外在于人，凌驾于人之上，在个人身上则体现为"个体感性存在和类存在的矛盾"①。在《德意志意识形态》中，马克思、恩格斯提出这样一个问题："各个人过去和现在始终是从自己出发的。他们的关系是他们的现实生活过程的关系。为什么会发生这样的情况：他们的关系会相对于他们而独立？他们自己生命的力量会成为压倒他们的力量？"② 对此，马克思主义经典作家提出了科学的解决方案，"只有当现实的个人把抽象的公民复归于自身，并且作为个人，在自己的经验生活、自己的个体劳动、自己的个体关系中间，成为类存在物的时候，只有当人认识到自身'固有的力量'是社会力量，并把这种力量组织起来因而不再把社会力量以政治力量的形式同自身分离的时候，只有到了那个时候，人的解放才能完成"③。也就是说，只有使作为政治国家中的"公民"的人，转变为"市民社会"中现实的人，才能真正消除"人的个体感性存在和类存在的矛盾"④。

20 世纪德国著名社会学家诺贝特·埃利亚斯也持个人与社会互动观，他基于"过程社会学"研究文明进程，在他的语境中，文明"这一简洁准确的词汇恰当地表现了一种现象，即无数人的喜好和意愿交织在一起，无论一致与否，或者心怀各异，或者相互敌对，从其中产生了一些始料未及的东西，没有人刻意计划过或者设想过它的产生，但它还是从人们的意愿和行动中产生了。这就是社会构型的全部秘密"⑤。埃

---

① 《马克思恩格斯文集》第 1 卷，人民出版社 2009 年版，第 55 页。
② 《马克思恩格斯文集》第 1 卷，人民出版社 2009 年版，第 587 页。
③ 《马克思恩格斯文集》第 1 卷，人民出版社 2009 年版，第 46 页。
④ 参见《马克思恩格斯文集》第 1 卷，人民出版社 2009 年版，第 55 页。
⑤ 转引自 Stephen Mennell, *Norbert Elias：Civilization and the Human Self-Image*, Oxford：Basil Blackwell, 1989, p. 72.

利亚斯首次明确提出在文明化进程中，个人与社会一同发生改变，个人与社会相互构成对方。

（四）自我与他者：文明反观自身的方式

文明一词的诞生和广泛使用，标志着人类自我意识的觉醒。正如让·斯塔罗宾斯基所说："文明一词诞生的那历史一刻，标志着自我反思这种意识的出现，这种意识认为它可以理解自身活动的实质，知道集体实相（collective reality）如何发展及其应有的规范。"[①] 诺贝特·埃利亚斯在《文明的进程》中对于主客二分的框架做出反思，认为西方学术从勒内·笛卡尔开始就建立了一种自我中心的传统，把"思想着的自我"与"外部世界"两分。诸多文明理论的表述体现出，文明话语既是一种反观"自我"的方式，又是一种思考"他者"的方式，这是近代以来"本体—实体—主体"统一原则的体现。但是，这个原则本质上是彰显以自我为中心的个人主体。海德格尔指出其逻辑在于，把主观的"自我"实体等同于主体，"'我'成了别具一格的主体，其他的物都根据'我'这个主体才作为其本身而得到规定"[②]。作为与主体的"我"相对的"他者"只是实现"我"的工具。"他者"自身的价值不被关注。主体性原则渗透到文明理论之中，在以文化类型为本体的文明标准的观照下，对我是谁、他是谁之类问题的回答变得清晰，自我和他者的区分变得明了。

一些文明思想流派认为，不同文明彼此独立，但是文明的判断标准来自欧洲文化框架。19世纪第一位反思"线性—阶段性"进步理论并提出地域文明理论的德国思想家H.吕凯尔特借助"文化类型"概念，说明文明是文化机体，如同单子一般存在，彼此完全独立，在时间上平

---

① Starobinski, *Blessings in Disguise*, Harvard University Press, 1993, p. 32.

② ［德］《海德格尔选集》（下卷），孙兴周译，生活·读书·新知三联书店1996年版，第882页。

行存在。但是，他不承认地域文明平等，他区分出"文化少的民族""劣等民族"和主导的"文化类型"。他虽然承认非欧洲文明有能力创建自己的世界历史观念，但是只有在欧洲文化的框架内这种观念才有可能得到普遍认可。① 查尔斯·达尔文在进化论的维度下，借助"文明"和"野蛮"两个概念，区分欧洲人和非欧洲人。他认为欧洲代表的文明具有领袖人物、政府组织、私有观念等构成要素，"今天无可衡量地超越了它们的野蛮时代的祖先而高踞着文明的顶峰"②，对这些要素的拥有程度可以衡量其他民族的文明程度。21世纪英国著名历史学家尼尔·弗格森认为具有竞争、科学、财产权、医药、消费社会、工作伦理六大文明因素的西方文明必然始终居于世界领先地位，并为其他民族所效仿。③ 上述西方学者的共同特点是，在二元对立式的"传统—现代"分析框架中，把文明阐释为以西方为典范的、值得各非西方国家共同仿效的"普世"文明。这些观点进一步衍生为西方文明中心论，以"中心—边缘—外围"的模式看待西方文明与世界其他文明的关系，从而以一己文明独自尊大、否定世界其他民族对于人类文明进步事业的贡献。

对此，后现代主义思想家通过对于理性的批判揭示了西方文明的本质。齐格蒙特·鲍曼从权力修辞学的角度考察文明概念，揭示其背后的进步观念与统治阶级的权力支配之间的内在关系。文明化是权力垄断的过程，实质是用一元性取代多样性。米歇尔·福柯认为，自从科学和理性统治了人类文明，社会就出现一种在理性支配下，用一种非疯癫的冷酷语言交流的倾向，结果在现实生活中造成一个受到贬低排斥的群体，受到暴力性惩罚和待遇，从而揭示近现代文明是一部分人在理性的幌子下对另一部分人的压制。④

---

① 参见陈启能、姜芃等《文明理论》，福建教育出版社2010年版，第158—159页。

② [英]查尔斯·达尔文：《人类的由来》，潘光旦、胡寿文译，商务印书馆1983年版，第217页。

③ Niall Ferguson, *Civilization*：*The West and The Rest*, London：Penguin Books Ltd, 2011, pp. 7-10.

④ 参见陈启能、姜芃等《文明理论》，福建教育出版社2010年版，第194—197页。

马克思主义文明观则在主张文明独立的基础上弘扬文明互鉴观。基于经济分析法、阶级分析法，马克思主义经典作家揭示了文明冲突背后的深刻原因在于阶级剥削，在于直接劳动和积累劳动的分裂。"由私有制造成的资本和劳动的分裂，不外是与这种分裂状态相应的并从这种状态产生的劳动本身的分裂。"① 这种建立在私有制基础上、由贪欲驱动的，以"采取不道德的手段来达到不道德的目的"为特征的商业"文明"在被带往世界遥远地方、带到世界各个角落时，却使得所有权这一根本的垄断手段不受限制地起作用，使各民族之间建立起了盗贼般的兄弟情谊，增加了各个人之间的敌视和可耻的竞争。② 最终，在"人类普遍进步的链条中"，"人类变成一群正因为每一个人具有与其他人相同的利益而互相吞噬的凶猛野兽"。③ 以克服上述困境为目标，"人类与自然的和解以及人类本身的和解"④ 将成为文明进步的方向。在马克思看来，文明交流互鉴是历史的必然方向，也是社会主义的发展要求。在资本主义文明形态中，人们始终受限于异己力量。人与人之间的交往被限制，劳动人民的主体性、创造性无法得到充分的、自由的、全面的发展。随着个人全面发展和他们共同的社会生产能力成为他们的社会财富，人逐渐形成全面、和谐、均衡发展的特征，人的自由全面发展得以实现，自由人联合体得以形成，普遍交往也得以形成，个体的人之间将形成全面的依存关系，社会关系将更加丰富和全面，文明之间进而形成自由自觉的交流互鉴关系。

此外，在对于西方理性进步主义进行反思的基础上，社会构型学等理论学说发展起来。在诺贝特·埃利亚斯看来，人不是封闭的人，而是开放的、社会历史中的人，每个"自我"都不能唯我独尊，社会的特

① 《马克思恩格斯文集》第 1 卷，人民出版社 2009 年版，第 70 页。
② 参见李艳艳《马克思主义文明理论及其当代价值》，人民出版社 2017 年版，第 77 页。
③ 参见《马克思恩格斯文集》第 1 卷，人民出版社 2009 年版，第 62—63 页。
④ 《马克思恩格斯文集》第 1 卷，人民出版社 2009 年版，第 63 页。

点是相互依存，文明的习惯和秩序乃是相互学习的结果。① 尤尔根·哈贝马斯则改造了传统理性主义思想，从交往理性出发，提出了交往行为理论。他立足于交互主体的基础，主张构建具有语言性、主体间性，通过生活世界里多主体间完全平等的沟通以实现共识的交往行为。人类社会的存在也并非以个人，而是以双向理解的交往行为作为基础。

三 马克思恩格斯"生产"和"需要"关系理论视域下的文明进程矛盾

关于文明进程的矛盾问题，尽管马克思、恩格斯作出了"文明时代的基础是一个阶级对另一个阶级的剥削"② 的判断，指出"没有对抗就没有进步，这是文明直到今天所遵循的规律"③。但是，上述表述只是分析文明进程矛盾的显性表述，还有一条隐性的线索贯穿在马克思主义经典作家的文明理论之中。"人们之间一开始就有一种物质的联系。这种联系是由需要和生产方式决定的，它和人本身有同样长久的历史；这种联系不断采取新的形式，因而就表现为'历史'"④ 的论述表明，"生产"和"需要"也是观察文明进程的两个重要概念。生产是由需要所引起，需要又是由生产所创造。生产和需要相互影响、相互制约，两者形成具有结构性张力的矛盾关系，推动着人类文明不断进步。从人类文明诞生起，随着分工、所有制发展起来的，是一个生产的主体和需要的主体分裂并要求统一的历史进程。对此，笔者尝试探究马克思、恩格斯基于生产和需要的关系而展开的文明进程矛盾思想，以求教于学界。

---

① 参见［德］诺贝特·埃利亚斯《文明的进程——文明的社会发生和心理发生的研究》，王佩莉、袁志英译，上海译文出版社2013年版，第443—445页。
② 《马克思恩格斯文集》第4卷，人民出版社2009年版，第196页。
③ 《马克思恩格斯全集》第4卷，人民出版社1958年版，第104页。
④ 《马克思恩格斯文集》第1卷，人民出版社2009年版，第533页。

（一）人与自然关系视域下对象化劳动与商品需要的矛盾

人与自然的关系是几乎所有文明理论关注的首要问题，因为只有通过回答人与自然的关系，才能说明作为文明创造主体的人如何生成、发展，才能解释文明的起源、进步路径、发展方向。古希腊持水、火、土、气、原子等自然实体论的文明观，主张上述元素构成了文明的自然存在物的基础，而且赋予文明以变化发展的动力源泉和整体秩序。近代哲学逐渐确立了"主客二分"的思维范式，认为自然界外在于人，人与自然处于一种外在关系之中，人与自然二分且对立。主体在客体面前具有主人的地位，客体只是主体征服的对象。从而，在本体论上，确立了思维与存在、精神和物质的区分。在认识论上，确立了认识主体和客体的区分。在《自然哲学》导论中，黑格尔指出："自然是作为他在形式中的理念产生出来。""外在性就构成自然的规定，在这种规定中自然才作为自然而存在。"① 甚至最看重自然的费尔巴哈，他虽然明确主张感性物质的本原性，承认自然"这个无意识的实体，是非发生的永恒的实体，是第一性的实体……有意识的、属人的实体，则在其发生的时间上是第二性的"②。但是，自然之物只是"现实的、感性的、个体的东西"③。关于人与自然的关系，黑格尔和费尔巴哈的共同之处在于，自然和人都是外在的关系。其区别仅在于，黑格尔基于"意识内在性"附会人与自然的关系，费尔巴哈立足"感性直观"分裂人与自然的关系。然而，正如施密特（A. Schmid）在《马克思的自然概念》里所指出的，"'自然界和历史之间的对立'是意识形态家们制造出来的，这

---

① ［德］黑格尔：《自然哲学》，梁志学译，商务印书馆1980年版，第19—20页。
② 《费尔巴哈哲学著作选集》下卷，荣震华、王太庆等译，商务印书馆1984年版，第523页。
③ 《费尔巴哈哲学著作选集》下卷，荣震华、王太庆等译，商务印书馆1984年版，第484页。

是由于他们从历史中排除掉了人对自然的生产的关系"①。一旦把人与自然的关系置于历史之外，历史就丧失了根基。这类观念的历史正是历史唯物主义自然观所要批判和超越的对象。"以往哲学只能或者把属人世界合并到自然世界之中，或者把自然世界融化于属人世界之中，都不能从否定性的关系中，把它们统一起来，这是他们的根本局限。"② 然而，马克思主义则把人和自然统一起来。"在马克思看来，关于人和自然的'生成'问题，与其说是形而上学的问题，还不如说是历史的社会的问题。"③

马克思主义经典作家在谈论自然时，不是把它置于人的生存之外进行思考，而是把自然视为满足人类生存发展需要的必备条件。自然具有先在于人存在的优先地位，马克思在《1844 年经济学哲学手稿》中把人设定为"自然存在物"，并进行了详细描述。"自然界，就它自身不是人的身体而言，是人的无机的身体。人靠自然界生活。这就是说，自然界是人为了不致死亡而必须与之处于持续不断的交互作用过程的、人的身体。所谓人的肉体生活和精神生活同自然界相联系，不外是说自然界同自身相联系，因为人是自然界的一部分。"④《德意志意识形态》明确指出了人与自然关系的基础性地位，"全部人类历史的第一个前提无疑是有生命的个人的存在。因此，第一个需要确认的事实就是这些个人的肉体组织以及由此产生的个人对其他自然的关系"⑤。

同时，自然是作为人类认识和改造的对象、服务于人类的生存发展的对象而存在，因而成为人的劳动对象。"劳动的对象是人的类生活的对象化：人不仅像在意识中那样在精神上使自己二重化，而且能动地、

---

① ［联邦德国］A. 施密特：《马克思的自然概念》，欧力同、吴仲昉译，商务印书馆 1988 年版，第 42 页。

② 高清海：《哲学的奥秘》，吉林出版社 1997 年版，第 104 页。

③ ［联邦德国］A. 施密特：《马克思的自然概念》，欧力同、吴仲昉译，商务印书馆 1988 年版，第 29 页。

④《马克思恩格斯文集》第 1 卷，人民出版社 2009 年版，第 161 页。

⑤《马克思恩格斯文集》第 1 卷，人民出版社 2009 年版，第 519 页。

现实地使自己二重化，从而在他所创造的世界中直观自身。"① 人与自然的关系以劳动为中介，劳动是主体与客体、人与自然相统一的现实基础，亦即人的现实存在方式。换言之，人与自然之间不是以谁为本源、以谁为归宿的发生学关系，而是建立在劳动这一人的存在方式的基础上的互依型关系模式。正如马克思指出，"劳动首先是人和自然之间的过程，是人以自身的活动来中介、调整和控制人和自然之间的物质变换的过程"②。

相较于黑格尔、费尔巴哈笔下的人与自然仅仅是脱离于社会历史进程之外的抽象物，马克思、恩格斯笔下的人与自然具有内在关系。这是因为人"是有意识的类存在物"，"正是在改造对象世界的过程中，人才真正地证明自己是类存在物"。③ 同时，通过实践活动，人能够"创造对象世界，改造无机界"④。一方面，以劳动为主的实践活动具有能动性，人不断获得自己所需的生活资料，不断得到发展完善。另一方面，实践的过程具有受动性，人的能动性活动要以尊重自然客观性为前提，按照自然规律办事，自然界在这一过程中也能够得到发展完善。德国学者施密特也提出了类似观点，不能离开人的实践看待自然，不应以抽象的"物质"，而应把实践的具体性作为真正的出发点。⑤ 马克思主义以唯物辩证法为根本方法考察人与自然的关系，揭示了两者的辩证关系，提出了"人创造环境，同样，环境也创造人"⑥ 的观点，从而把人与自然放在彼此影响、相互作用的关系之中进行考察，实现了本体论上人与自然关系的变革。

然而，亟待回答的一个问题是，既然辩证唯物主义确立了基于劳动

---

① 《马克思恩格斯文集》第 1 卷，人民出版社 2009 年版，第 163 页。
② 《马克思恩格斯文集》第 5 卷，人民出版社 2009 年版，第 207 页。
③ 《马克思恩格斯文集》第 1 卷，人民出版社 2009 年版，第 163 页。
④ 参见《马克思恩格斯文集》第 1 卷，人民出版社 2009 年版，第 162 页。
⑤ 参见［德］A. 施密特《马克思的自然概念》，欧力同、吴仲昉译，商务印书馆 1988 年版，"中译本序言"第 2 页。
⑥ 《马克思恩格斯文集》第 1 卷，人民出版社 2009 年版，第 545 页。

的人与自然的统一关系，那么为什么在文明史上常常出现的现象却是人与自然的分裂甚至对立呢？作为人类历史"第一个前提"的现实个人"必须先保证自己有食物，然后才能考虑去获取别的东西：财富的增长和文明的进步"①。在文明史开始的时候，人类劳动首先是从自然界获取基本的生活资料。此时，"劳动本身，无论是奴隶形式的，还是农奴形式的，都被作为生产的无机条件与其他自然物列为一类，即与牲畜并列，或者是土地的附属物"②。随着生产力提高，劳动产品出现剩余，商品交换发展起来。此时，商品交换仍然在很大程度上是以获取使用价值为目的的交换。然而，到了现代资本主义社会，商品交换变成资本逻辑主导下的商品交换，交换的目的不再是获取使用价值，而是获取价值。

生产成为商品生产，从属于商品交换，这意味着，劳动不再是人的对象化活动，不再是满足人之需要的手段，而是实现商品价值的工具。在商品经济中，私人劳动和社会劳动的矛盾是其他一切矛盾的基础。私人劳动能否顺利转变为社会劳动，决定着商品生产者的命运。在以交换为目的的生产前提下，对象化劳动变成异化劳动，人与自然的关系发生异化，人与自然的物质变换过程遭到扭曲。作为本应体现人的需要的对象化劳动，实际上却是体现商品的需要。因此，对象化劳动不能满足人的需要，不能发展人的本质力量，更无法通向人的自由全面发展，只能匍匐于商品生产这个唯一目的面前。尤其是，在资本主义商品经济条件下，人的需要更加单一。人与自然界的关系被"理解为直接的、片面的享受"③，人类主体的任何直观感受都只是一种"囿于粗陋的实际需要的感觉，也只具有有限的意义"④，表现出"一切肉体和精神的感觉都

---

① 《马克思恩格斯全集》第 12 卷，人民出版社 1998 年版，第 354 页。
② 《马克思恩格斯全集》第 30 卷，人民出版社 1995 年版，第 481 页。
③ 《马克思恩格斯文集》第 1 卷，人民出版社 2009 年版，第 189 页。
④ 《马克思恩格斯文集》第 1 卷，人民出版社 2009 年版，第 191 页。

被这一切感觉的单纯异化即拥有的感觉所代替"① 的异化状态。人与自然的关系从顺从、尊重转向对立、征服。人与自然之间的主客体关系处于对立状态。一方面，人的对象化劳动的能动性无以实现。人对于自然不是直接的改造关系，而是受到商品生产逻辑的制约。另一方面，人的对象化劳动的受动性也无法实现。对象化劳动以商品生产的形式存在，自然规律从属于商品生产和交换规律，因而人无法客观理性地认识和运用自然规律。

在人与自然关系维度下，在商品经济时代，作为对象化劳动主体的人仅仅是活动主体，而非价值主体。作为活动主体的人与作为价值主体的商品之间存在着分裂甚至对立的关系。对象化劳动和人的需要的矛盾也异化为对象化劳动和商品需要的矛盾。对此，马克思主义经典作家给出的解决方案是，通过消灭私有财产制，实现生产资料公有制，消除人的劳动异化，推动奴役劳动转向自主劳动，使劳动复归人的自由自觉活动的本质，实现生产和需要的主体统一于人自身，进而使人与自然的关系从对立走向和解。这一历史进程是文明的跃升之旅。其中，私有制既是旧文明的根基，也是新文明的超越对象。正如马克思在《1844年经济学哲学手稿》中指出的，"私有财产是外化劳动即工人对自然界和自身的外在关系的产物、结果和必然后果"②。私有制尤其是资本主义私有制，是导致人与自然对象性关系异化的根源。马克思指出："在私有财产和金钱的统治下形成的自然观，是对自然界的真正的蔑视和实际的贬低。"③ 在私有制条件下，劳动以异化劳动的形式存在。"异化劳动，由于（1）使自然界，（2）使人本身，使他自己的活动机能，使他的生命活动同人相异化，也就使类同人相异化。"④ 在人与自然异化的状况下，对象化劳动与商品需要之间的矛盾始终无法得到解决。

---

① 《马克思恩格斯文集》第1卷，人民出版社2009年版，第190页。
② 《马克思恩格斯文集》第1卷，人民出版社2009年版，第166页。
③ 《马克思恩格斯文集》第1卷，人民出版社2009年版，第52页。
④ 《马克思恩格斯文集》第1卷，人民出版社2009年版，第161页。

消灭私有制，消除异化劳动，是解决对象化劳动和商品需要矛盾的根本途径，也是实现人与自然关系和解的根本途径。一方面，形成自由人联合体，每个人真正成为社会化的个人；另一方面，社会化占有生产资料。只有由联合起来的社会劳动者占有社会化生产资料，生产力与个人相对立的异己状态才能被消灭，需要的主体才不必借由商品担任，对象化劳动与需要的主体才能实现统一。只有在劳动者自由联合的基础上进行有组织、有计划的社会生产，才能摆脱人在商品面前的隶属状态，才能摆脱商品等物对人的统治，从而展现人对自然的自觉能动性。"只有一种有计划地生产和分配的自觉的社会生产组织，才能在社会方面把人从其余的动物中提升出来"①，使人摆脱粗陋的生存境地，摆脱彼此之间恶性的生存竞争。只有消灭私有制，消灭异化劳动，人与自然才不再是二元对立的关系，才能实现和解。值得注意的是，人与自然的和解不是让自然隶属于人，不是让人隶属于自然，也不是人与自然合二为一，而是和而不同，在相互吸收的过程中各自完善和发展自身。

（二）人与社会关系视域下直接劳动和资本需要的矛盾

在马克思主义视域下，自然对于人类文明来说固然是先在性的条件，但是并非决定性因素。在思想史上，孟德斯鸠、马尔萨斯等人提出过地理环境决定论，但是这类思想过分夸大了自然环境的作用力。与之相较，马克思主义经典作家一方面承认自然环境在人与自然关系中的优先地位，即"没有自然界，没有感性的外部世界，工人什么也不能创造"②；另一方面，强调自然环境的作用只有在人类劳动的过程中才能得以实现。人类文明成果是人类"在物种方面把人从其余的动物中提升出来"③ 以后，在处理人与人之间的关系过程中的产物；再一方面，人

---

① 《马克思恩格斯文集》第 9 卷，人民出版社 2009 年版，第 422 页。
② 《马克思恩格斯文集》第 1 卷，人民出版社 2009 年版，第 158 页。
③ 《马克思恩格斯文集》第 9 卷，人民出版社 2009 年版，第 422 页。

类以社会形式对于自然产生影响。"人们在生产中不仅仅影响自然界，而且也互相影响。他们只有以一定的方式共同活动和互相交换其活动，才能进行生产。为了进行生产，人们相互之间便发生一定的联系和关系；只有在这些社会联系和社会关系的范围内，才会有他们对自然界的影响，才会有生产。"① 尤其是，人类与自然界相互交织、相互作用，在这一过程中，人类社会得以产生发展。人类社会在其发展过程中，不断地与自然界进行物质和能量的交换，既受到自然规律的约束，又利用自然资源，同时也对自然产生影响。这种交换和影响使得社会与自然之间形成了一种本质的统一，即社会的本质既包含人的因素，也包含自然的因素。因此，"自然界的人的本质只有对社会的人来说才是存在的；因为只有在社会中，自然界对人来说才是人与人联系的纽带，才是他为别人的存在和别人为他的存在，只有在社会中，自然界才是人自己的合乎人性的存在的基础，才是人的现实的生活要素。只有在社会中，人的自然的存在对他来说才是人的合乎人性的存在，并且自然界对他来说才成为人。因此，社会是人同自然界的完成了的本质的统一，是自然界的真正复活，是人的实现了的自然主义和自然界的实现了的人道主义"②。人、自然、社会之间紧密联系、相互作用，成为一个相互支撑的系统。

　　人类通过缔结社会关系创造了文明，然而文明史却是人的异化和非人化的历史。由于人与自然的关系以劳动为中介，而劳动又是社会性的活动，劳动过程中的分工关系决定了劳动的社会性质。"文明时代是社会发展的这样一个阶段，在这个阶段上，分工、由分工而产生的个人之间的交换，以及把这两者结合起来的商品生产，得到了充分的发展，完全改变了先前的整个社会。"③ 畜牧业和农业的分工、手工业和农业的分工、商业和其他行业的分工，提高了劳动生产率，出现了剩余产品，

---

① 《马克思恩格斯文集》第 1 卷，人民出版社 2009 年版，第 724 页。
② 《马克思恩格斯文集》第 1 卷，人民出版社 2009 年版，第 187 页。
③ 《马克思恩格斯文集》第 4 卷，人民出版社 2009 年版，第 193 页。

促进了私有制的形成和商品交换的频繁展开。在《德意志意识形态》中，马克思、恩格斯围绕所有制和分工的变化，展开了从部落、古典古代的公社和国家，直到封建等级的社会形态的分析。人类文明史的展开过程也是分工不断发展的进程。作为第三次社会大分工的产物，商品生产和交换日益占据社会生产的主导地位，在其影响下，生产中人与人的关系日益异化为物与物的关系。这种物化了的关系在资本主义时代发展到了极致，突出表现为资本支配一切、控制一切，成为人间的神，成为人的自我异化的"非神圣形象"。对此，马克思描述道，"旧社会的一切关系一般脱去了神圣的外衣，因为它们变成了纯粹的金钱关系"。原先"一切宗法制的东西都消失了，因为只有商业即买卖才是唯一的联系，只有金钱关系才是企业主和工人之间的唯一关系"①。

随着商业社会的进一步发展，交换关系变成了居于统治地位的生产关系。直接劳动和积累劳动的关系日益紧张，积累劳动转变为资本，支配直接劳动。"只是由于积累起来的、过去的、对象化的劳动支配直接的、活的劳动，积累起来的劳动才变为资本。"② 资本作为"积累劳动"，是以"对象化的劳动"支配"直接劳动"，并且，资本存在的"实质在于活劳动是替积累起来的劳动充当保存并增加其交换价值的手段"③。活劳动与积累劳动的分离，即劳动与资本的分离，意味着劳动从属于资本，劳动者从属于资本家，也意味着不可避免的两极分化。正如马克思指出，"如果我们现在首先考察已经形成的关系，考察变成资本的价值和作为单纯同资本相对立的使用价值的活劳动，——因而，活劳动只不过是这样一种手段，它使对象化的死的劳动增殖价值，赋予死劳动以活的灵魂，但与此同时也丧失了它自己的灵魂，结果，一方面把已创造的财富变成了他人的财富，另一方面只是把活劳动能力的贫穷留

---

① 参见《马克思恩格斯全集》第 6 卷，人民出版社 1961 年版，第 659 页。
② 《马克思恩格斯文集》第 1 卷，人民出版社 2009 年版，第 726 页。
③ 《马克思恩格斯文集》第 1 卷，人民出版社 2009 年版，第 726 页。

给自己"。① 在资本统治、占有活劳动的框架下，一方是财富的积累，另一方是贫穷的积累。直接劳动在服务于资本需要的过程中，也使自身和劳动主体的人相异化。

在资本主义雇佣劳动制度下，直接劳动的主体是人，而需要的主体却是资本。资本"作为一种独立的社会力量，即作为一种属于社会一部分的力量，通过交换直接的、活的劳动力而保存并增大自身"②。作为人的生命活动的劳动却成为满足资本增殖需要的手段，成为资本实现增殖过程中可销售的商品。大机器工业的生产方式极大地促进社会分工，分工程度越来越细，劳动者的专业化和技术水平越来越高。分工的变化意味着人与人的结合方式发生变化，每个人与劳动资料、劳动工具和劳动产品的相互关系决定了每个人在新的社会中的地位和影响。劳动者虽然直接从事劳动生产，但是劳动资料所有权却完全归资本家所有。因此，劳动者和资本家之间是纯粹的雇佣关系，资本家通过工资形式无偿占有劳动者创造的剩余价值。甚至，"一切所谓最高尚的劳动——脑力劳动、艺术劳动等都变成了交易的对象，并因此失去了从前的荣誉。全体牧师、医生、律师等，从而宗教、法学等，都只是根据他们的商业价值来估价了"③。在这一资本普照的光的影响下，资本主义社会中其他一切生产及其生产关系都被掩盖，并从属于它。体力劳动、脑力劳动甚至一切形式的生命活动都沦为商品交换的对象，为资本增殖服务。人与人之间的一切关系都服从和服务于资本的增殖需要，直接劳动与资本需要之间的矛盾凸显。

对此，马克思、恩格斯从探讨特殊利益和共同利益对立现象的角度出发，在《德意志意识形态》中指出，"只要分工还不是出于自愿，而是自然形成的，那么人本身的活动对人来说就成为一种异己的、同他对

---

① 《马克思恩格斯文集》第 8 卷，人民出版社 2009 年版，第 110 页。
② 《马克思恩格斯文集》第 1 卷，人民出版社 2009 年版，第 726 页。
③ 《马克思恩格斯全集》第 6 卷，人民出版社 1961 年版，第 659 页。

立的力量，这种力量压迫着人，而不是人驾驭着这种力量"①。在强制
分工的背景下，资本家"掌握着就业手段，也就是掌握着工人的生活资
料，就是说，工人的生活依赖于他；好像工人甚至把自己的生命活动也
降低为单纯的谋生手段了"②。扬弃异化的方式和异化产生的方式是同
一个路径，自发的分工及其导致的奴役性生产关系是导致异化的根源，
那么扬弃异化则要求消除自发分工和奴役性生产关系。换言之，只有当
劳动不再具有谋生属性时，才会成为人的生存目的。进而，直接劳动服
务于资本需要的问题才能得到解决，直接劳动的主体和需要的主体才不
会分裂，直接劳动和需要的主体才能统一于劳动者。

（三）人与自身关系视域下生命活动与货币需要的矛盾

　　除了人与自然、人与社会之间的关系以外，人与自身之间的关系也
值得关注。人与自身的关系实质上是关于人的需要是否得到满足的问
题。这里存在两个基本问题，一是如何理解"需要"，二是如何理解
"人"。在第一个问题上，卢梭把需要视为自然的以及文明进程中扩张
的欲望。卢梭认为文明进程是人的需要不断扩张的进程，并对此给予抨
击，他赞美野蛮人的自然需要，因为它"只具有来源于自然冲动的欲
望，所以他的欲望不会超过他的身体的需要"③。与之不同，弗洛伊
德等思想家把"需要"等同于人的生物性本能，文明通过压抑本能的需
要而得以实现。上述思想有一个共同的特征，即需要对于人的主体性不
是肯定而是否定。虽然上述思想对于"人的需要不属于人"这一文明
悖论现象进行了揭露，批判了需要以一种外在的力量统治人、驾驭人、
驱使人，以人为工具而非目的，但是，由于它们把人视为一种抽象的类
存在，对于需要的剖析也往往只能从类的特性维度展开，难以达到对于

---

① 《马克思恩格斯文集》第1卷，人民出版社2009年版，第537页。
② 《马克思恩格斯全集》第6卷，人民出版社1961年版，第643页。
③ ［法］卢梭：《论人与人之间不平等的起因和基础》，李平沤译，商务印书馆2015年
版，第62页。

需要的本质认识。与之相较，马克思把需要视为人的本性，但这不是人与生俱来、永恒不变的本性，而是历史的发展的本性。对于需要的历史考察，要以生产劳动为中介，"需要"的产生发展和"生产"的产生发展具有同步性。"第一个历史活动就是生产满足这些需要的资料，即生产物质生活本身。"① 历史的展开也是"生产"和"需要"互动的结果。

在第二个问题上，作为"生产"和"需要"主体的人是现实的具体的人，而不是抽象的人。固然在《1844 年经济学哲学手稿》中，马克思在与动物相对应的角度使用了类的意义上的人的概念，但是从《关于费尔巴哈的提纲》起，马克思已经在社会关系视域下关注具体的个人，《德意志意识形态》中"现实的个人"的表述标志着马克思完成了从一般性的人到具体的个人的转变。"各个人的出发点总是他们自己，不过当然是处于既有的历史条件和关系范围之内的自己，而不是意识形态家们理解的'纯粹的'个人。"② 从关系中的个人出发，在生产过程中，一方面满足个人自身生存发展的需要，另一方面形成满足人类共同需要的社会联系，进而推动文明史的形成与进步。1846 年，在致安年科夫的信中，马克思明确提出："人们的社会历史始终只是他们的个体发展的历史，而不管他们是否意识到这一点。"③ 这里的个人是指作为历史展开前提的"有生命的个人"。在马克思主义经典作家笔下，人是感性个体的个人，但不是离群索居的人，而是社会关系中的人。马克思基于人们必须以社会结合的形式来从事生产生活的事实指出，人的个体生活和类生活不是完全不同的两种生活，人既是体现特殊性的个体，又是体现普遍性的总体，人的个体生活的存在方式就是"类生活的较为特殊的或者较为普遍的方式，而类生活是较为特殊的或者较为普遍的个体生活"④。通过作为类生活的劳动，个体的需要和人类社会的需要应该

---

① 《马克思恩格斯文集》第 1 卷，人民出版社 2009 年版，第 531 页。
② 《马克思恩格斯文集》第 1 卷，人民出版社 2009 年版，第 571 页。
③ 《马克思恩格斯文集》第 10 卷，人民出版社 2009 年版，第 43 页。
④ 《马克思恩格斯文集》第 1 卷，人民出版社 2009 年版，第 188 页。

得到满足。通过劳动活动，人的个体生活和类生活应该实现统一。

然而，在以商品生产和交换为目的的劳动过程中，人类"主体陷入到了一个虚假的、差异性的、被符码化、体系化了的物之中"①，个体的需要成为无关轻重的东西。马克思在《1844 年经济学哲学手稿》中描述道："货币，因为它具有购买一切东西的特性，因为它具有占有一切对象的特性……因此，它被当成万能之物……货币是需要和对象之间、人的生活和生活资料之间的牵线人。"② 货币之所以能够成为通约万物的"牵线人"，是因为它是"一般劳动时间的对象化"，是"交换价值的实体本身"。③ 货币使一切交换主体都抽去了个性特质，使一切社会关系都抽象化为单一的货币关系。人对货币的需要取代了所有形式的丰富需要，成为社会生产的唯一目的。对于货币的需要掩盖了一切真实的需要，需要不再属于人，而是外在于人、统治着人，生产和需要分裂的状况使人与自身产生了尖锐的矛盾。

一方面，货币的需要使人沦为商品消费的承担者，使人在消费中丧失了主体地位。在货币拜物教出现后，货币成为了商品的代言人，通过"可感觉又超感觉"的符号图像，人成为了被消费的物。身处社会之中的人们在物质、政治、精神等各个方面的"需要"都依赖于货币，即把"消费能力本身当做需要创造出来"④。货币需要取代人的需要，其作用在于加速商品生产周转和商品流通，成为资本家实现剩余价值的工具。而对于广大劳动者来说，货币需要和他们的生存需要无关，劳动者的需要被简单化为"只能拥有他想活下去所必需的那么一点"⑤，劳动者的生产被简单化为重复的、单一的活动，个体的生命意义被不断抽空。"人作为人更加贫穷，他为了夺取敌对的存在物，更加需要货币，

---

① [法]让·鲍德里亚：《符号政治经济学批判》，夏莹译，南京大学出版社 2015 年版，第 105 页。

② 《马克思恩格斯文集》第 1 卷，人民出版社 2009 年版，第 242 页。

③ 参见《马克思恩格斯文集》第 8 卷，人民出版社 2009 年版，第 63 页。

④ 《马克思恩格斯文集》第 8 卷，人民出版社 2009 年版，第 17 页。

⑤ 《马克思恩格斯文集》第 1 卷，人民出版社 2009 年版，第 227 页。

而他的货币的力量恰恰同产品数量成反比，就是说，他的需求程度随着货币的力量的增加而日益增长。"① 货币的主体化使人的需要不得不屈从于非人的欲望。

另一方面，私有制使人的需要日益粗陋，越来越不能体现自身独特的生命价值。"私有制不懂得把粗陋的需要变为人的需要"②，"需要和满足需要的资料的增长"却造成了"需要的丧失和满足需要的资料的丧失"。③ 马克思批判国民经济学家把"工人变成没有感觉和没有需要的存在物，正像他把工人的活动变成抽去一切活动的纯粹抽象一样"④。劳动者与机器并无区别，在货币面前都是物。马克思批判货币是人的类本质的异化，是人的外化的能力。货币"把个性变成它们的对立物，赋予个性以与它们的特性相矛盾的特性"⑤，进而把人的个性和类本质对立起来。劳动阶级在机械性重复劳动中使自身愈益抽象化，"需要"要么降低到维持基本生存的层面，要么沦为服务于货币这一异己主体的工具，没有任何能够体现自身独特生命价值的特性。占有货币成为衡量人的生命价值的唯一尺度。对于货币的追求、挥霍成为体现人的生命价值的唯一标志。社会生活的一切内容都围绕着货币这个中轴不停展开。货币俨然成为了人的灵魂，人为了追赶自己的灵魂而不得不在市场上不断出卖自己。⑥ 不仅如此，私有制还把人变成二重化的存在，"一方面把人归结为市民社会的成员，归结为利己的、独立的个体，另一方面把人归结为公民，归结为法人"⑦，"现实的人只有以利己的个体形式出现才可予以承认，真正的人只有以抽象的 citoyen［公民］形式出现才可予

---

① 《马克思恩格斯文集》第 1 卷，人民出版社 2009 年版，第 224 页。
② 《马克思恩格斯文集》第 1 卷，人民出版社 2009 年版，第 224 页。
③ 《马克思恩格斯文集》第 1 卷，人民出版社 2009 年版，第 226 页。
④ 《马克思恩格斯文集》第 1 卷，人民出版社 2009 年版，第 226 页。
⑤ 《马克思恩格斯文集》第 1 卷，人民出版社 2009 年版，第 247 页。
⑥ 参见仰海峰《马克思的货币哲学》，《吉林大学社会科学学报》2018 年第 3 期。
⑦ 《马克思恩格斯文集》第 1 卷，人民出版社 2009 年版，第 46 页。

以承认"①。政治国家中获得法律保障的、成为抽象权利主体的"公人"与市民社会中进行经济活动的、追求私人利益的"私人"相互分裂，无法在人身上实现统一。

尤其是，在资本主义文明时代，资本的统摄使货币具有同上帝一样的神秘气质，具有购买一切东西的特性，成为了商品社会中受到世人顶礼膜拜的圣物。马克思对于货币理论阐发的突出创新是，在资本增殖的意义上看待货币。尽管货币哲学的代表人物格奥尔格·西美尔从现代人的生命感觉和生活体验维度展开对于货币的剖析具有重要意义，但是马克思深入到现代社会货币的本质，从经济关系维度把握货币，揭示出了货币的资本功能。现代资本主义社会中的货币扮演了万能的中介角色，能够主宰万物，因此成为真正的主体，而沦为劳动力商品的劳动者在货币面前只能处于从属地位。人的生命活动和货币的需要之间的矛盾愈发不可调和。

如上所述，无论生产、制度都离不开人的需要，人的需要是生产、制度形成发展的根源，也是文明进程的真正落脚点。人在劳动活动中通过建立与自然、社会的联系，终归是要满足自身的需要，而这又只能通过生产、分工和扩大再生产来实现。正如人们"相互间不是作为纯粹的我，而是作为处在生产力和需要的一定发展阶段上的个人而发生交往的，同时由于这种交往又决定着生产和需要，所以正是个人相互间的这种私人的个人的关系、他们作为个人的相互关系，创立了——并且每天都在重新创立着——现存的关系"②。人的需要不是先验的存在，而是历史的产物，是由满足需要的方式所规定的。要改变需要外在于人、统治人的状况，就必须消灭导致需要异化的根源——私有制。只有消灭私有制，劳动才能得到解放。作为人的存在方式，劳动只有摆脱奴役性，恢复自主性，才能使人感到满足，而不是感到剥夺。在《哥达纲领批

---

① 《马克思恩格斯文集》第1卷，人民出版社2009年版，第46页。
② 《马克思恩格斯全集》第3卷，人民出版社1960年版，第514页。

判》中，马克思设想，在共产主义社会高级阶段，自觉分工将代替自发分工，人的劳动将摆脱谋生手段的宿命，升级为"生活的第一需要"①，重新实现人的生命活动和需要的统一，实现人的存在和本质的统一。在此情况下，货币的至高社会权力才会被剥夺，更好地发挥流通手段的功能，人的生命活动和货币需要的矛盾才能得到真正解决。文明才能够真正成为属人的文明，实现人的生命活动的特质，以及人对自身本质的真正占有。

四 以自主劳动为核心的现代文明观分析

众所周知，以高扬"自由市场万能论"为核心的资本主义现代文明理论，在中西方学界产生了重大的影响。但是，社会冲突、地区战乱、生态灾难、资源瓶颈等问题始终与资本主义相伴相生，在 21 世纪的今天甚至出现了加剧的势头，从而在事实上宣告了以"自由市场万能论"为核心而宣称资本主义所有制具有永恒性的"历史终结论""普世文明论"的破产，西方发达国家及其追随者正在不同程度地陷入文明危机。那么，既然以自由市场为核心的西方文明观正在走下神坛，能够解决其弊端、超越于它的现代文明观是什么呢？这一问题受到当今国内外许多学者的关注，也涌现出了不少具有启发性的观点。由于马克思主义理论以促进人类文明进步为重要价值旨趣，对于文明问题有过诸多深刻论述，因而必然成为我们解答这个问题的一把钥匙。马克思主义经典作家将自主劳动放到了前所未有的重要地位，进而也提供给我们深化现代文明理论核心理解的一种可能。

（一）自主劳动是促进社会经济制度文明的核心

在人类社会发展史上，社会经济制度的发展一直与社会文明形态的

---

① 《马克思恩格斯文集》第 3 卷，人民出版社 2009 年版，第 435 页。

进步息息相关。在唯物史观的视域中，社会经济制度成为划分不同社会文明形态的决定性因素。随着渔猎社会、农业社会、工业社会的经济制度更替，人类社会已经先后走过了渔猎文明、农业文明、工业文明的文明形态。

社会经济制度是指一定社会发展阶段上占据主导地位的社会生产关系总和。正如马克思、恩格斯在《德意志意识形态》中描述道：当生产力发展到一定程度以后，"各个人借以进行生产的社会关系，即社会生产关系，是随着物质生产资料生产力的变化和发展而变化和改变的"①，新的生产关系又必然会对生产力产生能动的反作用。由生产力与生产关系矛盾运动的规律所决定，随着生产力的不断发展，社会经济制度必然出现不断完善的发展趋势。从这个意义上讲，人类文明的进程不仅是物质财富积累的过程，社会经济制度的不断完善也是其应有之义。

人类社会出现以来，创造历史的劳动活动必然在劳动者和劳动条件结合的条件下进行，即必然以一定的经济关系表现出来。这种使劳动得以实现的经济形式、体现劳动组织形式的经济关系就是社会经济制度。社会经济制度不断完善的历程就被称为社会经济制度文明。

那么，我们该以什么为着眼点来理解社会经济制度文明呢？这就是关于社会经济制度文明核心的问题。近代以来，社会经济制度文明面临的重大课题是打破封建贵族禁锢劳动者自由的等级特权，促使劳动者自由地劳动。这一问题的重要性，从黑格尔提出的"人的本质是劳动"这一著名命题可见一斑。对此，近代许多西方近代思想家也做出了自己的理论贡献。自然法学派思想家洛克在《政府论》中明确提出要尊重他人经过劳动而获得的财产权利，并且主张使人民委托的政府作为代理人来行使保护职责。古典政治经济学的代表人物亚当·斯密把劳动分为重要的生产劳动和不重要的非生产劳动，认为与资本交换的劳动是唯一

---

① 《马克思恩格斯文集》第 1 卷，人民出版社 2009 年版，第 724 页。

的生产劳动，从而为资本主义雇佣劳动制度辩护。青年黑格尔派的代表人物鲍威尔把市民社会的劳动者看作是"利己主义的原子"，寄希望于"普遍的国家秩序"把这些单个的原子连接起来，形成利益的整体。无政府主义者蒲鲁东则认为公民有能力自由表达意志，主张建立一种契约制度，依靠劳动者之间自愿达成协议、建立自治集团，来实现社会经济制度文明。上述观点的共同之处在于，它们都是以永恒不变的抽象的自私人性为理论出发点，将文明进步的目标庸俗化为合理利己主义。他们在回答社会经济制度文明核心的问题上，致力于寻找某种一劳永逸的终极实体，而理性、国家、政府、制度等因素就被绝对化、神圣化为了这种终极实体。

马克思、恩格斯创立的历史唯物主义科学理论体系，旗帜鲜明地批判了西方思想史上长期流行的"迅速前进的文明完全被归功于头脑，归功于脑的发展和活动"① 的人性自私论和理性决定论，实现了哲学思维立场、观点和方法的根本变革。他们旗帜鲜明地提出，"文明是实践的事情，是社会的素质"②，"整个所谓世界历史不外是人通过人的劳动而诞生的过程"③。劳动，即直接的物质资料的生产活动，是人类历史存在和发展的前提，是最基本的经济权利。然而，"在奴隶劳动、徭役劳动、雇佣劳动这样一些劳动的历史形式下，劳动始终是令人厌恶的事情，始终表现为外在的强制劳动"④，概而言之就是，"人的自主活动和物质生活的生产是分开的"⑤，从而损害了劳动者的基本经济权利。这导致了，在历史发展的进程中，"已成为桎梏的旧交往形式被适应于比较发达的生产力，因而也适应于进步的个人自主活动方式的新交往形式所代替；新的交往形式又会成为桎梏"⑥，出现一种长期的历史循环的

① 《马克思恩格斯文集》第9卷，人民出版社 2009 年版，第 557 页。
② 《马克思恩格斯文集》第1卷，人民出版社 2009 年版，第 97 页。
③ 《马克思恩格斯文集》第1卷，人民出版社 2009 年版，第 196 页。
④ 《马克思恩格斯文集》第8卷，人民出版社 2009 年版，第 174 页。
⑤ 《马克思恩格斯文集》第1卷，人民出版社 2009 年版，第 580 页。
⑥ 《马克思恩格斯文集》第1卷，人民出版社 2009 年版，第 575 页。

现象。实际上，私有制生产关系总是对"个人的自主活动"形成束缚，强制劳动是"文明循环论"的根本原因，这才是社会经济制度文明的根本障碍，显然汤因比等人未能认识到这一点，而是肤浅地将"文明循环"归因于其他文明对领先文明的挑战。既然"文明循环"的根源在于强制劳动，那么突破文明循环、实现文明持续进步的根源就在于消灭强制劳动、实现自主劳动。那么，马克思、恩格斯所讲的"个人自主活动"，通俗化来讲即自主劳动，就成为促进社会经济制度文明进步的核心。

马克思、恩格斯的伟大历史功绩不仅在于"解释世界"，提出了自主劳动是经济制度文明的核心，更重要的在于"改变世界"，找到了实现自主劳动的现实路径。马克思、恩格斯在《德意志意识形态》中明确提出，共产主义革命要"消灭劳动"（这里的劳动是强制分工条件下的"异化劳动"），进而实现"自主劳动"。这就是，劳动者通过促进"交往方式"合理化，"占有现有的生产力总和"，以"实现他们的自主活动"，① 从而明确提出了彻底消灭少数人占有多数人劳动的具有剥削性质生产关系的历史任务。

在历史发展的进程中，"分工""所有制""分配关系"等因素成为影响自主劳动程度的决定性因素，进而影响了经济制度文明的进步。在中世纪的城市行会中，每个劳动者之间没有什么分工，而是必须熟悉全部工序，劳动工具等重要生产资料归劳动者个人所有，因而劳动者对于生产什么、怎么生产、产品如何分配有很大自主权，他们"对于本行专业劳动和熟练技巧还是有兴趣的"，人类的物质文明成果从而呈现出异彩纷呈的状态。然而，到了近代资本主义社会建立以后，"生产资料和生产实质上已经社会化了"，但是"现在按社会化方式生产的产品已经不归那些真正使用生产资料和真正生产这些产品的人占有，而是归资本

---

① 《马克思恩格斯文集》第 1 卷，人民出版社 2009 年版，第 580—581 页。

家占有"，① 真正使用生产资料的劳动者却不占有产品，对于生产过程没有话语权，因而其自主劳动的意愿和能力都受到了遏制，甚至性格也受到了扭曲，成为一个个"单向度的人"。由此可见，近代以来，积累劳动与直接劳动的矛盾，也就是工商业资本与雇佣劳动的矛盾，成为影响社会经济制度文明的根源。

在社会化大生产的条件下，自主劳动对于社会经济制度文明具有特别重要的意义。马克思主义政治经济学启示我们，劳动是价值的唯一源泉。不仅如此，马克思还特别论述道："只有一个人一开始就以所有者的身份来对待自然界这个一切劳动资料和劳动对象的第一源泉，把自然界当做属于他的东西来处置，他的劳动才成为使用价值的源泉，因而也成为财富的源泉。"② 从而，把自主劳动作为剩余价值的源泉。可见，提高劳动者的自主劳动程度就成为促进剩余价值创造、商品生产的决定性因素。资产阶级革命胜利以后，劳动者获得了政治和法律意义上的解放，劳动力明确归劳动者个人所有。然而，劳动力个人所有与劳动资料资本家私人占有之间的矛盾就显著突出了。一方面，资本主义生产方式以社会化大生产为主要特征，必然要求生产资料的占有使用社会化；另一方面，资本主义雇佣劳动制却使劳动资料、劳动过程、劳动产品与劳动者相互分裂，劳动力个人所有者的生产积极性严重受挫。为了使人类文明成果不致丧失，生产关系必须主动适应生产力的发展要求，这就要求废除生产资料的资本家私人占有，使劳动者拥有生产资料、决定劳动过程、掌握产品分配，才能解决劳动力个人所有与生产资料资本家私人占有之间的矛盾。这里所谈到的劳动者拥有生产资料、决定劳动过程、掌握产品分配，就是指自主劳动。唯有实现自主劳动，才能真正保障劳动力个人所有，确立劳动者的主人翁地位，从而调动劳动者的生产积极性，促进产品的极大丰富，实现社会经济制度文明。所以，在社会化大

① 《马克思恩格斯文集》第 9 卷，人民出版社 2009 年版，第 287 页。
② 《马克思恩格斯文集》第 3 卷，人民出版社 2009 年版，第 428 页。

生产的条件下，自主劳动对于社会经济制度文明具有特别重要的意义。①

（二）以自主劳动为核心的社会经济制度文明是其他文明的基础

马克思主义启示我们，一定的社会经济制度构成该社会的经济基础，并决定其政治法律制度与意识形态。因此，若要实现一个文明体经济、政治、文化、社会、生态等各个方面的全面进步，社会经济制度文明是基础。而要实现社会经济制度文明，自主劳动又是其基础与核心。由此可见，自主劳动对于某一文明体的进步具有十分重要的意义。

社会化大生产条件下，自主劳动的鲜明特征是自主的联合劳动。如上文所述，自主劳动是指劳动者拥有生产资料、决定劳动过程、掌握产品分配，是与劳动条件的结合方式。社会化大生产条件与个体小生产条件下的自主劳动完全不属于同一类型，后者仅把劳动者与个人拥有的狭小而简单的劳动条件相结合，前者则把个人劳动与他人劳动结合起来发挥总体作用，与共同占有的劳动条件进行联合劳动。这样一来，联合劳动成为社会化大生产条件下自主劳动发展的必然要求，其核心是要处理好劳动的个人属性与社会属性的关系问题。既然社会化大生产条件下的自主劳动以联合生产为前提，那么如何在联合劳动中发挥劳动者的自主性就成为现代社会经济制度文明迫切需要解决的重大问题。20世纪八九十年代，我国学界曾经刮起了一股对于联合劳动和自主劳动的研究热潮。一些学者强调自主劳动，不过把劳动局限于个人的狭小范围内，强调形式上的联合劳动。也有学者认为，社会主义性质社会化大生产以生产资料公有制为经济基础，适应劳动力个人所有的要求，能够使劳动者与劳动条件充分结合，因而自主劳动和联合劳动相互依存、相互统一。然而，社会主义公有制仅仅是自主的联合劳动的一个前提，并不等同于

---

① 参见李艳艳《公有主体型自主劳动与社会主义文明创新路径》，《马克思主义研究》2015年第6期。

自主的联合劳动的实现，还需要探讨自主劳动和联合劳动相统一的具体形式。对此，有学者提出，个人租赁公有生产资料，使劳动者与生产资料相结合。① 另有学者提出，生产劳动和交换要服务于劳动者对使用价值的需要，排除以追求剩余价值为目的。② 还有学者提出，发展信息化、智能化的自动控制生产线，奠定自主的联合劳动的技术基础。③

在改革开放初期，国内学界对于自主联合劳动的热烈讨论反映出了我们对于通过改革打破计划经济的僵化体制、解放劳动者的自主创造能力的热切期盼，以及对于防止改革开放走向私有化、动摇社会主义制度根基的深切忧虑。在世界社会主义运动史上，因未能实现好自主的联合劳动，导致社会主义经济制度瓦解，进而亡党亡国的历史教训令人警醒。戈尔巴乔夫的"新思维"改革就始于经济领域，从 1988 年苏共开始私有化的进程到 1991 年苏联解体，仅仅 3 年时间就摧毁了苏联近 60 年艰苦建设的社会主义经济基础，也将苏联推向了万劫不复的亡国深渊。改革开放以来，中国特色社会主义始终坚持公有制经济的主体地位，吸引了大量的劳动者就业，保证了全体人民对于生产资料的所有权，进而提供了发挥劳动者创造能力的广阔舞台。在此经济基础之上，中国共产党的领导、人民当家作主的政治地位和马克思主义在意识形态领域的指导地位得以巩固和加强。但是，不容忽视的是，近年来一些观点提出"国企垄断论""国企低效论"，极力推销西方的新自由主义思想，把经济体制机制改革等同于根本经济制度改革，一讲"解放思想"和"深化改革"就是卖国企，鼓吹国企私有化。随着经济基础正在发生着的深刻变化，我国社会矛盾增多、政治体制改革举步维艰、意识形态混乱等上层建筑领域的新问题不断出现，对于社会主义制度的巩固和

---

① 雨田：《"联合劳动"还是"自主的联合劳动"》，《人民日报》1986 年 7 月 18 日第 5 版。

② 程必定：《论自主的联合劳动——我国经济体制改革理论依据初探》，《社会科学战线》1985 年第 4 期。

③ 舒化鲁：《社会主义的自主的联合劳动》，《江汉论坛》1992 年第 4 期。

发展形成严峻挑战。

历史的经验教训告诉我们，以自主的联合劳动为核心的社会经济制度文明是其他文明的基础。马克思主义经济基础与上层建筑的关系原理启示我们，一定社会的现实基础是"生产关系的总和构成社会的经济结构"，并且"有法律的和政治的上层建筑竖立其上并有一定的社会意识形式与之相适应"。① 人类文明的进程始终是追求自我解放、获取自主性的过程，城市、国家之所以被认为是文明时代的开启标志，是因为人们通过社会组织进行生产，结成了一定的生产关系，逐步摆脱了被自然界奴役的状态。然而，在强制劳动为核心的"文明时代"②，剥削奴役性质的生产关系构成了社会的经济基础，所以社会的政治制度、思想文化呈现出统治集团的特殊意志，有将少数人意志普世化的虚伪性。苏联亡党亡国的历史教训启示我们，在社会化大生产的现代社会中，一旦失去了以自主的联合劳动为核心的社会经济制度文明，整个社会的政治文明、精神文明、社会文明等都会变成无根之木，难以为继，这个社会离分崩瓦解也就不远了。

与强制劳动为核心的"文明时代"相较，社会主义将开启一个以自主的联合劳动为核心的"真正的普遍的文明"新阶段。③ 这里的"普遍"是指劳动者共同占有使用生产资料，按照劳动者的需要进行产品分配，并且是劳动者摆脱强制劳动束缚、实现自主劳动的鲜明特征。马克思、恩格斯曾预言："只有完全失去了整个自主活动的现代无产者，才能够实现自己的充分的、不再受限制的自主活动，这种自主活动就是对生产力总和的占有以及由此而来的才能总和的发挥。"④ 马克思认为，

---

① 《马克思恩格斯文集》第 2 卷，人民出版社 2009 年版，第 591 页。
② 恩格斯认为，虽然"文明时代"包括奴隶社会、封建社会和资本主义社会三种形态，但是它们都是建立在少数人对多数人的奴役基础之上，因而只不过是奴役性质的三种不同表现形式而已。资产阶级自诩为"文明时代"，不过是制造和利用话语工具，掩盖剥削奴役的实质，占领道义高地的伎俩。
③ 《马克思恩格斯全集》第 12 卷，人民出版社 1998 年版，第 725 页。
④ 《马克思恩格斯文集》第 1 卷，人民出版社 2009 年版，第 581 页。

劳动具有"作为生产活动本身"和"作为生命的表现和证实"的双重性质。一方面，通过消灭剥削奴役性质的生产关系，使"作为生产活动本身"的劳动能够真正创造和获取自身生存、享受和发展所需要的物质资料；另一方面，通过创造对象世界来实现劳动者的理想、意志、智慧和创造力，使"作为生命的表现和证实"的劳动，能够帮助劳动者"自我实现"。①自主的联合劳动作为社会主义经济制度的基础，其优越性突出表现在，使劳动复归"作为生命的表现和证实"的本质，进而实现人与自然、人与社会、人与自身的高度统一，也就是实现生态文明、社会文明、主体文明的全面进步。②

在当今中国，国有企业是生产资料全民所有制的主要实现形式。可以说，能否实现"真正的普遍的文明"关键就在于国企主体地位能否巩固，控制力和影响力能否增强。从这个角度来讲，一旦国企私有化，就会使生产资料与劳动者再次分离，劳动再次成为劳动者的异己之物，倒退到奴役性质的阶级社会"文明时代"中去。对此，习近平总书记具有很强的危机意识，战略性地提出国企改革的基本目标和原则是"国有企业不仅不能削弱，而且还要加强"，指出国企私有化论调的真实目的是谋取私利，特别强调"不能在一片改革声浪中把国有资产变成谋取暴利的机会"。③在实践层面，如何做大做强国有企业已经成为实现自主的联合劳动，进而实现社会主义文明全面进步的核心环节。在这个问题上，我们曾经走过弯路甚至是错路，造成了一定程度上的改革发展的损失。在全面深化改革的崭新历史阶段上，我们一定要吸取历史经验教训，划定不能借国企改革之名谋取暴利的红线，明确国企不仅不能削弱而且还要加强的底线，指明不断增强国有经济活力、控制力、影响力的

---

① 《马克思恩格斯文集》第 7 卷，人民出版社 2009 年版，第 923 页。

② 参见李艳艳《中国特色社会主义文明结构论》，《安徽师范大学学报》（人文社会科学版）2012 年第 2 期。

③ 《习近平：不能在一片改革声浪中把国有资产变成谋取暴利的机会》，新华网，http://news.xinhuanet.com/politics/2014-03/09/c_119679886.htm，2014 年 3 月 9 日。

方向，在做大做强国企的原则指引下搞好混合所有制改革。

（三）西方文明的现代野蛮导致社会主义成为人类文明的新希望

在马克思主义的理论框架中，既然自主劳动是衡量文明进步程度的根本标准，那么提高自主劳动能力就应该是各种类型文明进步的首要任务。资本主义扩大再生产需要发挥劳动者的自主性，但是资本的专制统治却又抑制了劳动者的自主性，这一矛盾始终存在于资本主义的历史发展进程之中。经济制度领域的自主劳动受到压制，既是西方文明滑向野蛮的根源，也导致了资本主义文明模式走向衰落的历史命运。

然而，资本主义不愿承认自己的野蛮方面，总是以污蔑诋毁其他国家的方式掩盖自己的野蛮行为。在18—19世纪，美国白人为了掩盖黑奴贸易和印第安人大屠杀的野蛮行径，自诩为文明人，诋毁黑人和印第安人为野蛮人种；19世纪末至20世纪初，美国为了掩盖武装侵略的野蛮行径，自诩为上帝在人类世界的代言人，诋毁菲律宾等其他民族为半开化人，声称"是用上帝的恩典为我们菲律宾的伙伴做我们能做的一切"①；20世纪中期以来，美国为了掩盖文化帝国主义的野蛮行径，自诩为自由、民主、人权的"普世价值"拥有者，诋毁苏联、中国等社会主义国家为专制暴政。三个多世纪以来，美国先后利用种族、宗教、文化价值观进行殖民主义活动，其背后目的就是束缚其他国家人民的自主劳动权利及其合理收益，在全球范围内攫取巨额经济利益，维护和扩大美国主导的世界统治秩序。

剥夺发展中国家工人自主劳动权利是西方发达国家对外的野蛮行为。19世纪以来，在西方国家殖民主义的压力下，亚非拉国家与地区纷纷开始探索现代化的转型之路。为了引导这些国家现代化道路的方向，西方发达国家高度重视文化话语权建设，按照对于自身有利的原则，掌握了"现代化"的界定权、解释权、评判权，诱导其他后发国

---

① 董小川：《20世纪美国宗教与政治》，人民出版社2000年版，第4页。

家追随其后。一种影响广泛的"现代化"定义来自马格纳雷拉，他将"现代化"概念界定为，发展中的社会为了获得发达的工业社会所具有的一些特点而经历的文化与社会变迁的包容一切的全球性过程。① 这种流行的"现代化"定义以偏概全地把西方现代化发展模式等同于现代化的"普世模式"，诱导正处于现代化进程中的发展中国家放弃独立自主、全面西化，使这些国家的劳动者丧失自主劳动的前提条件。

西方发达国家还利用话语优势，对"现代化"进行了两个维度的重点诠释。

一是以城市化为话语幌子，促使发展中国家的劳动者与土地等基本生产资料分离。在西方话语的诠释下，城镇化率特指农村人口不断向城市迁移和聚集的规模，成为衡量一个国家或地区经济发展的重要标志。只要发展中国家接受了这一观点，展开以人口进城为目的的城镇化，就使劳动者开始了"自由得一无所有"的生活。② 然而，城镇化并没有给劳动者带来憧憬中的美好生活，贫民窟或棚屋居民已经变成众多发展中国家城市风景不可回避的一部分，这是由失业、就业不充分、就业人员低廉的工资无力支付房租等因素所造成的。贫富分化、社会不公成为不少发展中国家的城市病。

二是以市场全球化、贸易自由化为话语工具，促使发展中国家的劳动者与民族经济分离，依赖于外资企业。外资跨国公司利用全球化的契机，诱使发展中国家政府放松市场准入限制，进而通过直接投资、跨国并购等方式在其他国家取得技术、市场、专利、产品、管理等方面的竞争优势。

在现代化的进程中，西式现代化模式就是要使发展中国家劳动者的自主性完全丧失，这已经不仅是现代化模式之争，而是上升到发展中国

---

① 转引自徐宛笑《城市文化现代化的回顾与反思》，《成功》2008年第7期。

② 马克思认为，劳动力成为商品是货币转化为资本的前提。他使用这句话的语境是，农民由于圈地运动离开了赖以谋生的土地，不得不进城成为雇佣工人，他们除了自己的劳动力没有别的商品可以出卖。参见《马克思恩格斯文集》第5卷，人民出版社2009年版，第197页。

家国家安全的战略高度。中国共产党对于此问题已有较为清醒的认识，认为保证国家安全是事关全局的头等大事。2013 年 11 月，党的十八届三中全会通过了设立"国家安全委员会"的决定，2014 年 4 月，习近平总书记在主持国家安全委员会第一次会议上提出了"以人民安全为宗旨"的"总体国家安全观"。① 这些举措将对于抵御西方霸权势力试图影响我国各个领域的国家安全，进而剥夺我国工人自主劳动权利的行为产生重要意义。

加强对发展中国家工人自主劳动权利的剥夺，并不意味着西方发达国家会放弃对本国工人劳动自主性的压制。历史进入 21 世纪，虽然发达资本主义国家工人的境况已比电影《摩登时代》中的境遇得到了极大改善，信息化智能化大机器生产方式使工人很大程度上摆脱了强体力的劳动，就业机会、工资收入、社会地位均有所改善。但是，分配不公、贫富分化反而呈现出上升趋势，这严重制约了工人的劳动积极性、自主性。自 20 世纪 70 年代末以来，美国政府的税收政策偏离了累进税制的均富原则，越来越重工资税而轻所得税。2011 年 10 月 25 日，美国国会预算办公室发布的最新报告显示：从 1979 年到 2007 年，计入通货膨胀因素，1% 最富有的美国人的税后家庭收入增长了 275%；20% 最富有的美国人，税后家庭收入增长了 65%；占人口总数 60% 的中产阶级，税后家庭收入只增长了不到 40%；而最贫穷的占人口总数 20% 的美国人，税后家庭收入仅增长了 18%。公司 CEO 与工人的平均工资之比已由 60 倍扩大到了 350 倍。② 不仅如此，由于周期性的经济危机始终是美国等发达资本主义国家的梦魇，经济危机到来之时，资本家为了维护自身利益不惜以工人利益为牺牲品。世界顶级投资大鳄巴菲特自己也坦言，其 2010 年所负担的 17.4% 税率远比他办公室 20 多名雇员的 36% 平

① 《习近平主持国安委第一次会议：强调国家安全观》，中国新闻网，http://www.chinanews.com/gn/2014/04-16/6067900.shtml，2014 年 4 月 16 日。

② 《授权发布：2011 年美国的人权纪录》，新华网，http://news.xinhuanet.com/world/2012-05/25/c_112038979.htm，2012 年 5 月 25 日。

均税率低。巨大的贫富差距、社会不公导致"占领华尔街运动"的爆发，雇员工人走上街头要求金融寡头吐出他们"霸占人民的财产"。不过值得注意的是，相较于发展中国家工人遭受国际市场上外资企业和本国市场上内资企业的双重剥削，西方发达国家的工人受剥削程度仍然相对较低。

对生态环境的毁灭性破坏使被资本控制的奴役劳动愈益表现为一种破坏性力量。马克思曾明确指出："人对自然的关系直接就是人对人的关系"①。当今，日益凸显的生态环境问题表现出人与自然关系的紧张，这正是根源于资本控制下的人与人的对抗关系。一方面，劳动者对于运用什么自然资源进行生产、生产过程会对环境产生什么影响完全作不了主；另一方面，一些企业主为了降低成本，在激烈的市场竞争中获胜，仅把自然界当作他们取之不尽的仓库、具有货币属性的商品和容量无限的垃圾场，极力将生产过程的环境成本外部化。在私人资本的逻辑下，无论是工人还是企业主，都将劳动变成了谋利的工具，脱离了自主劳动的属性，也都难以避免变成强加于自然的破坏性力量。

正是由于资本主义对劳动自主性的抑制产生了诸多社会、生态问题，使资本主义的野蛮面日益暴露。近些年来，《21世纪的资本》《超越资本主义》等书的全球热销，反映出越来越多的人开始反思资本主义，试图找到能够超越资本主义的人类文明进步崭新模式。以中国经济实力和影响力的迅速上升为显著标志，中国特色社会主义取得了蓬勃发展，这也使得越来越多的西方国家人民将新型文明模式的希望寄托于中国。中国共产党已经深刻认识到，促进中华文明复兴，不能依靠资本，而要"放手让一切劳动、知识、技术、管理、资本的活力竞相迸发，让一切创造社会财富的源泉充分涌流"②。如今，中国特色社会主义开拓出了一条不依赖于私人资本的发展新路，从而能够避免私人资本阻碍自

---

① 《马克思恩格斯文集》第1卷，人民出版社2009年版，第184页。
② 《十七大以来重要文献选编》上，中央文献出版社2009年版，第800页。

主劳动发展，避免再走西方资本主义走过的老路，而是始终坚持以公有制企事业单位为经济结构、就业结构、分配结构的主体，这就保障了劳动这一决定性生产要素的地位，进而能够统筹协调劳动力、资本、土地、技术、信息等生产要素的关系，全面调动各种生产要素的作用，因而给人类文明超越资本主义的痼疾而持续进步带来了新曙光。总而言之，历史的经验与教训告诉我们，做大做强公有制企业是保障劳动者自主劳动权利的根本保障，也是人类现代文明进步的必然方向。

第二章

文明观发展问题探索

思想史比较视域对于马克思主义文明观的研究具有重要意义。马克思主义经典作家的文明思想是在超越西方形而上学文明理论的基础上得以建构，做出了历史性贡献。并且，在文明问题研究范式，以及文明进步源泉、动力、阶段等文明时代起点问题上作出了独特的理论创见。

一 近代以来文明观的研究范式及其历史唯物主义超越路径

近代以来，文明观的典型流派包括理性主义、非理性主义、历史唯物主义文明观。这三种文明理论立基于不同的本体思考，展开了文明观的逻辑建构，形成了具有鲜明特征的研究范式。当代中国马克思主义者继承和发扬了马克思主义经典作家的文明观研究范式，要求充分尊重人民群众的历史主体地位，在社会生产生活实践中全面建设社会主义物质文明、精神文明、政治文明、社会文明、生态文明"五位一体"的人类文明新形态。

（一）理性实体论：理性主义文明观的研究范式及其逻辑困境

理性主义文明观强调人的理性能力，蔑视未获得理性支撑的事物，它假定人生而具有智识和道德禀赋，因此人能够根据理性原则精心设计社会，并尽可能地抑制乃至铲除一切非理性现象。① 它还认为，道德、宗教、法律、语言、文字、金钱等一切文明产物都是理性精心设计之物。在理性主义文明观的语境中，理性是一种外在于人的永恒力量。文明之始就存在一个所谓的固定本质，它隐藏在文明进程背后，贯穿于文明进程之中，并发挥着决定文明进程的作用。这一本质即是"实体"，是外在于、先在于文明的存在，具有普遍性、永恒性。基于还原论的理论框架，文明图景只是"与实体相关的东西"②，真实存在的是隐藏在文明背后的简单实体，文明则是实体自身展开的历史。基于一元论哲学，实体论预设"表面上不同种类的存在物或特性是同一的。它声称某一种类的东西能够用与它们同一的更为基本的存在物或特性类型来解释"③。从而，文明是实体自身逻辑展开的结果，是实体自身意志的表达，人类对于文明史的贡献只是发现和执行实体的命令。因此，在文明进程中，最高的主体是实体，人类只是从属于实体的次级主体。

在各类文明实体论中，实体的独立性突出表现为，文明与人的关系是外在的，文明独立于人对于它的知识和行动而存在。文明实体论的思想源远流长。柏拉图把理念看作实体，亚里士多德用"形式""质料"的概念解释事物的运动。近代理性主义确立了"自然法"这一概念实体，伏尔泰、洛克、孟德斯鸠等思想家认为人的首要属性是理性，而理性是超越时空的永恒力量，能够在历史中逐渐呈现自身，这也就是文明的进程。彰显理性，就是推动历史；蒙蔽理性，就是阻碍进步。文明进程在启蒙思想家的笔下，很大程度上等同于杜尔哥《人类理性的不断成

---

① 参见张谊浩、陈柳钦《"建构"和"进化"理性主义的经济学意义》，《国家行政学院学报》2005 年第 3 期。

② 亚里士多德认为"存在"不等于"实体"。"因为事物被说成是存在，有些由于是实体，有些由于是实体的属性，有些由于是达到实体的途径，有些则由于是实体的消灭、缺失、性质、制造能力或生成能力；或者由于是与实体相关的东西，或者由于是对这些东西中某一个或对实体的否定。"（［古希腊］亚里士多德：《形而上学》，苗力田译，中国人民大学出版社 2003 年版，第 59 页。）

③ ［英］尼古拉斯·布宁：《西方哲学英汉对照辞典》，余纪元译，人民出版社 2001 年版，第 862—863 页。

功》演讲的基本思想，即文明的本质被归结为理性的不断进步。其观点集中体现为，人类从自然状态向文明社会演变的动因是人有区别于禽兽的自我完善的能力，亦即人有理性的潜在能力。在实质上，以"自然法""法的精神"等概念为实体的本体论建构的基石是抽象的、孤立的个人，"他们都毫无例外地把人看成是可以脱离一切社会关系、因而处于一切历史发展之外的人类个体，并企图用这种抽象的个人及其人性去说明社会和历史。他们都毫无例外地从一个命题出发，这就是：整个人类社会是由个人构成的"[1]。立足自然法的文明理论，虽然主张按照自然法的要求，建立契约国家等"公共人格"，但是受限于其唯心主义的逻辑体系，在研究进路上，总是试图撇开一切社会关系，寻找一种离群索居的自然人，追根溯源地考察一种原始的自然人性，从而使自己的学说越来越抽象化，也不可避免地导致个人趋向利己，造成社会冲突，使人的社会属性走向异化，甚至不得不借助建立情感宗教来推动文明进程。

与上述启蒙思想家相比，对于"文明"之类历史哲学问题的探讨，黑格尔是从反思自然法学说开始的。黑格尔的这一工作被意大利著名自然法学家登特列夫称作"乾坤的大扭转"[2] 一般的范式革命。黑格尔认为，传统的自然法思想试图把理性法则与经验自然分离，从而形成了对自然的否定。对此，登特列夫认为："在黑氏看来，有关自然法的种种主张，都是应然与实然对抗的结果，黑氏认为……真正的哲学必须超越这个对抗，必须使人跟历史的世界（他自己创造的历史世界）达成调和。"[3] 对于黑格尔来说，真正的自然法是以古希腊伦理为基础的自然法，而非近代从个体出发的自然法。他借助"伦理国家"重建自然法

---

① 侯惠勤：《马克思的意识形态批判与当代中国》，中国社会科学出版社 2012 年版，第 273 页。

② ［意大利］登特列夫：《自然法：法律哲学导论》，李日章、梁捷、王利译，新星出版社 2008 年版，第 82 页。

③ ［意大利］登特列夫：《自然法：法律哲学导论》，李日章、梁捷、王利译，新星出版社 2008 年版，第 85—86 页。

思想，以"市民社会"和"国家"的关系取代了"自然状态"和"政治状态"之类的"应然"和"实然"的对立关系。他不再像启蒙思想家那样从抽象的个人出发，而是寻求共同体与个人的统一。法是从"事物本性"（自然）得出的"理性规定"，是事物本身的"本质"。因此，这个规定，即真正的"法身（Sein）"，只能是"理念"，而不是"观念"或"概念"。"理念"包含概念及其"实存"两个方面。只有当"法"由"理念"下达为一种经验性的"概念"来"实存"时，法才呈现为各种"权利"，这是黑格尔法哲学最具特征的方法，他称为"精神现象学"。在黑格尔的使用中，"现象"是事物自身的存在方式。精神现象的存在方式实质上是理念实存，理念存在的逻各斯使知性概念运动起来。同时，法的理念所包含的丰富内涵，不仅通过经验性的"概念"呈现出来，而且在人类历史发展过程中获得内在自觉的显现，因而是与文明的历史进步相一致的。[1] 黑格尔没有用"世界精神"的普遍性来否定私人利益的特殊性，这一点不像启蒙理性主义文明理论把文明视为一个整体，进行整体性的解释和说明。但是，黑格尔始终把"世界精神"的普遍性和私人利益的特殊性统一起来，既不用前者否定后者，也不用后者否定前者。黑格尔的工作实际上为理性主义文明理论注入了新的因素，即除了诸种封闭的精神实体作为文明动力以外，人的欲望、动机和行动也能够参与文明进程，并且发挥推动作用。尤其是，他把辩证法引入历史哲学，为历史概念注入了崭新逻辑，承认对于理性否定环节的积极功能，构成了人为因素发挥作用的文明生成发展逻辑，进而导致先验与历史、普遍与具体的统一，形成先验理性与经验历史的互相嵌入结构。这一思路对于消除人自身的异化和分裂，实现人性复归，实现个体性与社会性在人身上的统一，从而对于实现人的自由及其秩序和谐这一文明进程主题具有十分重要的理论意义。

---

① 参见邓安庆《自然法即自由法：理解黑格尔法哲学的前提和关键》，《哲学动态》2019年第1期。

　　上述以自然、概念实体为本体的文明观具有一个共同特征，即试图从现实生活世界之外寻找某个抽象的、永恒存在的实体来解释现实生活世界存在和变动的根据。可以说，思想史上长期占据主流的文明观就是在形而上学实体本体论的框架中得到展开。然而，随着黑格尔体系哲学大厦的崩解，形而上学实体论也呈现出显著式微的趋势。思想家们的关注焦点逐渐从形而上学的彼岸世界转向生产生活的此岸世界。肯定人生活的现实世界的独立意义，寻找人存在的现实根据，研究现实世界的构成因素，进而成为许多现代思想家的志趣。恩斯特·卡西尔明确提出，要以功能性的关系概念取代形而上学的实体概念，并以前者作为哲学的基点。他也从人与动物相揖别的根本点来探讨人性，但是不同于启蒙思想家以理性为根本特征的观点，卡西尔认为，"如果有什么关于人的本性或'本质'的定义的话，那么这种定义只能被理解为一种功能性的定义，而不能是一种实体性的定义。我们不能以任何构成人的形而上学本质的内在原则来给人下定义；我们也不能用可以靠经验的观察来确定的天生能力或本能来给人下定义。人的突出特征，人与众不同的标志，既不是他的形而上学本性也不是他的物理本性，而是人的劳作"①。他虽然确认人性作为研究前提的重要性，但是他否定存在一成不变的永恒人性，人性并非实体的理性存在，而是人自我塑造的过程。真正的人性无非就是人的无限的创造性活动。卡西尔开创了文化结构作为本体的文明理论。这种文化结构随着人的劳作而展开，语言、神话、宗教、艺术、科学、历史等劳作产物的符号系统形成了规定"人性"的基本结构，彼此之间以功能的纽带连接，"每一种功能都开启了一个新的地平线并且向我们展示了人性的一个新方面"，并且借由人的符号活动的外化、对象化，形成"一个整体的人类文化"，进而构成"人不断自我解放的历程"。② 汉斯·格奥尔格·伽达默尔也提出了一种文化本体论，

---

　　① ［德］恩斯特·卡西尔：《人论》，甘阳译，上海译文出版社1985年版，第87页。
　　② 参见［德］恩斯特·卡西尔《人论》，甘阳译，上海译文出版社1985年版，第288页。

他主张理性和实践相互结合。其基本思路是，文明问题源于文化问题，文化问题集中表现为语词问题，关注"符号""语词"等因素的文化本体论思想保留了哲学一贯的本体论追求，但是它不向现实生活世界之外去寻找某种形而上学的实体性本体，而是积极在现实生活世界之中寻找本体，用现实生活世界之中的构成因素去解释文明史的起源发展。卡西尔、伽达默尔基于某一要素或者某些要素探讨文化本体的观念，推动文化本体的研究转向了人自身，转向了人类创造文明的实践活动，这极大地超越了形而上学实体观，使得文明史的追因溯源工作在某种程度上具有了科学的根基，为推进和完善人类文明创造活动提供了有力支撑。文化本体论虽然摒弃了传统形而上学实体论从世界历史之外寻找文明动因的致思理路，试图从社会历史之中的内在因素出发来解释文明进程。但是，它把关注的焦点置于某种文化因素，并将其凌驾于社会历史之上，认为文明进程是该文化因素的产物，这一分析范式和形而上学实体论在本质上具有一致性。在文明研究框架和逻辑中，文明与人的关系依然是外在的，"见物不见人"成为上述文明实体论的显著特征。在这一语境下，文明史的最高主体不是人类，而是某种具有一定神秘性质的自明实体。

（二）本能驱动论：非理性主义文明观的研究范式及其逻辑困境

非理性主义是 19 世纪末 20 世纪初盛行于西方的哲学思潮。非理性主义往往将理性同直观、直觉、本能等对立起来，包括意志主义、生命哲学、存在主义、弗洛伊德主义、法兰克福学派等流派。非理性主义直接对于启蒙理性主义的理性本体论提出了挑战，质疑其认识论的缺陷。一是，在启蒙理性的自然之光普照下，真理是绝对的、永恒的，人的认识过程应该排除种种冲动情绪的干扰，像镜子一样直接呈现真理。在文明理论上表现为，文明的使命是反映和呈现理性。二是，启蒙理性主义以人性的普遍性为前提，并把理性本体和普遍价值结合起来，主张共同的理性本体要求共同的价值。在文明理论上表现为，理性规定着历史共同的方向和终点，理性得以彰显的社会历史阶段即为文明状态。三是，启蒙理性主义坚持线性进步的历史观，坚信依靠理性的巨大动力作用，人类文明一定呈现不断进步的阶段性状态。与上述启蒙理性主义的核心观点不同，非理性主义认为，理性主义宣扬理性万能论，纵容理性的僭越和滥用，使人抽象化、片面化，完全漠视人的非理性方面。理性无法成为人的本质，普遍理性的本体地位应该让位于人的本能，进而主张本能、意志、直觉等非理性因素作为动力，决定着文明进程的方向和阶段。

尽管非理性主义否认理性是人的本质，揭露了理性主义抽象人性论的虚幻性，但是它与理性主义类似，依然从探讨人之为人的根据入手开始逻辑建构。不同之处在于，启蒙理性主义认为文明是人的需要不断满足的过程，而非理性主义却认为文明不能无节制地满足人的需要。西格蒙德·弗洛伊德侧重于采用精神分析方法观察文明进程。他也是从回答"何为人"这一问题入手建构文明理论。他认为，本能是把握人的本质的根本点。"本能……是作为一种永恒的冲击力而起作用的，另外，由于它不是从机体外部，而是从机体内部发出的，因此不能用逃避来对付它。本能刺激的一个更好的术语是'需要'。需要的解除就是'满足'。"① 文明与本能是对立的、冲突的关系，文明进步是通过延迟、压抑本能的需要而得以实现。他强调，本能的过分满足是消耗本能能量的过程，致使人们不可能有足够的心理能量从事文明建设，只有限制本能方可取得文明的进步。文明能够有多大进步取决于能够在多大程度上消除本能。文明实际上体现了对本能的征服和利用。压抑性是文明的基本特性。在《文明及其缺憾》一书中，弗洛伊德对文明进步和人性本能的对抗问题进行了系统的理论建构。在他看来，文明不是"本我"，而是"自我""超我"的实现。"'文明'这个词是指所有使我们的生活

---

① 车文博编：《弗洛伊德主义原著选辑》，辽宁人民出版社1988年版，第244页。

不同于我们的动物祖先的生活的成就和规则的总和，它们具有两个目的，即保护人类抵御自然和调节人际关系。"[①] 通过使用工具、控制火和建造住房，抵御自然力，人类从本能的生活中脱离出来，享受美、清洁和秩序的生活，尊重并鼓励较高的精神活动，调节人际关系以及人的社会关系。[②] 在弗洛伊德看来，由于文明是人性本能压抑、转化的结果，文化属性也相应成为文明的特性。

基于人性本能的"压抑文明论"最初是由弗洛伊德提出，进而由赫伯特·马尔库塞进一步发展的理论学说。在以"对弗洛伊德思想的哲学探讨"为副标题的《爱欲与文明》一书中，马尔库塞对弗洛伊德的文明理论给予了充分肯定，指出"压抑文明论"正确论述了文明的起源和本质。只有压抑本能，才能形成共同的目标和合作的可能，文明才能产生和持续，即"压制恰恰是进步的前提"[③]。不过，他试图把历史唯物主义和弗洛伊德主义结合起来，论证了人类文明史就是人的爱欲，即人的机体追求快乐的普遍属性，受压抑的历史。他把劳动看作最基本的爱欲活动，把爱欲解放的核心看作劳动的解放。他在以"爱欲本能"为人的本质的基础上，把推动文明进步的方式归结为持久地征服、改造和发展人的本能。他在《单向度的人》一书中，把人类文明的历史划分为三个基本阶段，它们分别是，出于经济匮乏为了使人类在文明中永生而对本能作出必要变更的"基本压抑性文明"阶段，为了维护社会统治而强加于个人本能压抑之外的控制性压抑的"额外压抑性文明"阶段，以及满足人的器官自由消遣劳动的、符合人性的"非压抑性文明"阶段。

在非理性主义文明理论发展的进程中，后现代非理性主义文明理论

---

① ［奥］西格蒙德·弗洛伊德：《文明及其缺憾》，傅雅芳、郝冬瑾译，安徽文艺出版社1987年版，第31页。

② 参见［奥］西格蒙德·弗洛伊德《文明及其缺憾》，傅雅芳、郝冬瑾译，安徽文艺出版社1987年版，第33—37页。

③ ［德］赫伯特·马尔库塞：《爱欲与文明——对弗洛伊德思想的哲学探讨》，黄勇、薛民译，上海译文出版社1987年版，第3页。

占据着重要的地位。齐格蒙特·鲍曼通过对反犹主义大屠杀浩劫的反思，展开对于现代文明的批判。"现代文明不是大屠杀的充分条件；但毫无疑问是必要条件。没有现代文明，大屠杀是不可想象的。正是现代文明化的理性世界让大屠杀变得可以想象。"① 换言之，大屠杀这类的极端事件是现代文明必然的内在弊病。他试图剖析现代文明的内在机制，探寻现代制度对于人性道德本能产生影响的机制，进而探寻大屠杀的深层根源，给人们呈现现代文明的阴暗面，对于洋溢着乐观进步主义的启蒙文明理论给予了砰然一击。面对大屠杀的劫难，"防止野蛮行为一次一次地发生显然还需要更多的文明化成就"，在发展的视角下，一句"至今我们的确还不够文明。未完成的文明化进程还有待于画上句号"，② 对于所谓高居道德制高点的现代文明是人类文明终点的论调给予了有力反诘，同时指出现代文明只是文明进程中的一个阶段而已。基于权力修辞学的考察，鲍曼认为文明化实际上是理性的一元统治地位消除多元化生活方式的权力垄断过程。现代文明通过责任代理和道德中介的方式全面操纵了个人内在的道德责任，使得人不能自主决定从善还是从恶。由此延伸，面对全球化、个体化、消费主义带来的人与人对立、分裂的严重后果，面对一部分人被非人化的危险境遇，他给出了自己的解决方案。这就是，通过重构他者伦理观，强调为他者负责的无条件性、自我内心道德良知的觉醒、从旁观者到行动者的转变三个方面，主张每一个人都要尽到自己的道德责任，要求为他者负责，在确保个体舒适的前提下重新系紧人际关系的纽带，解决私人领域对于公共领域的殖民，重建公共领域，进而消除现代文明的弊病。在本能驱动的非理性主义文明理论研究框架中，文明与人的关系看似是内在的，但是实则是外在的。在这一语境下，人类对于文明创造的作用不是能动的、自主的，

① ［英］鲍曼：《现代性与大屠杀》，杨渝东、史建华译，译林出版社2002年版，第18页。

② 参见［英］鲍曼《现代性与大屠杀》，杨渝东、史建华译，译林出版社2002年版，第17—18页。

而是本能驱动的、被动的。在这种逻辑中，文明史的最高主体依然不是人类，而是依托于人身的某种具有神秘性质的自明实体。

（三）辩证唯物论：历史唯物主义基于"现实的人的实践活动"文明观的超越路径

通过回顾文明理论发展史，不难发现，作为与"野蛮"相对的"文明"问题体现了人类对于自身在世界历史中所处位置的理论思考，体现了人类对于自身世界历史使命的深刻反思。因此，人是谁？如何定义人？人与其他动物相揖别的标志是什么？人之为人的独特存在方式是什么？这一类问题，相应地成为几乎每一个成熟的文明理论无法回避的核心议题，也是文明理论研究的前提性问题。亚当·弗格森等启蒙时期理性主义思想家的文明理论著作通常采用一种写作范式，即在开篇先讨论人性为何，而文明只不过是与先验人性相符合的产物。然而，这种语境中的主体在很大程度上只是认识主体、价值主体，还不具有完的活动主体地位。世界仅是人的认识对象，而非改造对象。在神秘实体的面前，人依然是受动的、从属性的存在。然而，与上述思想不同，作为历史唯物主义文明理论立基点的"人"，不是抽象的人，而是从事物质生产生活的现实的人；不是离群索居的人，而是处于广泛社会联系中的人；不是受动的人，而是能动的人。辩证的、历史的分析框架为构建科学的文明理论提供了理论支撑。

理性主义文明观、非理性主义文明观均从探讨人之为人的根据入手开始逻辑建构。以人性为根据，以满足或抑制人欲为价值指向，以人的存在状况为文明阶段划分标志，进而形成了一幅幅形态各异、波澜壮阔的文明史叙事画卷。综观各类文明观，人始终处于理论中心的位置。文明的首要特征是具有属人特性。人不仅是一种本能性存在，而且是一种能够超越本能的存在，这是文明得以建构的认识论前提。彰显人性的伟大，改善人性的不足，提升人的主体能力，是诸多文明观的共同特征。

历史唯物主义也把对于人的探讨置于文明观的核心地位。但是，它不是从抽象的人出发，而是从现实的人的实践活动出发，实现了三个方面的理论超越。

1. 基于劳动实践建构文明观，超越人的本质外化论

在思想史上，关于人的本质的回答常常具有一个显著特征，即将人的本质外在化，脱离人来抽象地谈论人的本质。伏尔泰、孟德斯鸠等近代思想家把人格化的意识视为全能的实体，将其提升到人的本质地位，进而把文明视为精神外化的产物。脱离人自身，撇开一切现实的社会关系，寻找一种离群索居的自然人，在远离人的外部世界中探寻人的本质，把人进行应然和实然的二分，并把应然的、理想的人置于实然的人之上的统摄地位，这种逻辑理路表面上尊崇人，实际上却是对于人的轻蔑和贬低。借由费尔巴哈人本主义的理论中介，马克思和思辨理性主义的致思逻辑进行了彻底告别，他不再向外部世界寻求人的本质，而是明确提出"人是人的最高本质"① 和"人的根本就是人本身"② 的论断。对于种种在人之外构成人的本质并把人的本质异化为某种神秘实体的宗教进行批判之后，在《〈黑格尔法哲学批判〉导言》中，马克思将其"最后归结为人是人的最高本质这样一个学说，从而也归结为这样的绝对命令：必须推翻使人成为被侮辱、被奴役、被遗弃和被蔑视的东西的一切关系"③。虽然马克思此时已经明确了要在人自身之中探寻人的本质，但是对于人的本质到底是什么的问题仍然没有作出回答。超越费尔巴哈"把人只看做是'感性对象'，而不是'感性活动'"④，马克思从人的生命活动特质维度对人的类本质进行了阐发，指出"一个种的整体特性、种的类特性就在于生命活动的性质"⑤。在《1844 年经济学哲

---

① 《马克思恩格斯文集》第 1 卷，人民出版社 2009 年版，第 11 页。
② 《马克思恩格斯文集》第 1 卷，人民出版社 2009 年版，第 11 页。
③ 《马克思恩格斯文集》第 1 卷，人民出版社 2009 年版，第 11 页。
④ 《马克思恩格斯文集》第 1 卷，人民出版社 2009 年版，第 530 页。
⑤ 《马克思恩格斯文集》第 1 卷，人民出版社 2009 年版，第 162 页。

学手稿》中，马克思把人和动物的类存在进行了对比，提出人的生命活动不同于动物紧紧依附于自然界，人的生命活动在自然面前具有主体地位，"人把自身当做普遍的因而也是自由的存在物来对待"①。人的生命活动不仅是自由的活动，而且是有意识的活动。"动物和自己的生命活动是直接同一的。动物不把自己同自己的生命活动区别开来。它就是自己的生命活动"②，动物仅凭本能生活，而不具有目的性。与动物相较，人则把"自己的生命活动本身变成自己意志的和自己意识的对象"③，不断思考自己生命活动的意义、方向、目的，并不断调整自己的行为以实现自己的人生意义。据此，马克思基于实践维度对于人的本质进行了全新界定，即"自由的有意识的活动恰恰就是人的类特性"④。凭借自由的、有意识的活动特性，人把自己的生命活动提升到了能动的实践层次。人的本质不是外在于人的实体，而是内在于人的存在，不是永恒不变的神秘物，而是随着实践展开而不断发展的过程。

　　基于历史唯物主义的分析路径，马克思、恩格斯揭示了一个崭新的人的本质观，即人的本质是生产劳动。生产劳动作为实践活动的核心，是"自由的有意识的生命活动"的集中体现，也是人与动物相揖别的突出标志，因此成为文明进步的源泉。通过用生产劳动区分人与动物，马克思主义经典作家对人的类本质进行了崭新的探索。马克思、恩格斯立足于物质生产实践活动领域，认为人类文明史首先是一部生产发展史，正如《德意志意识形态》所谈到的，"全部人类历史的第一个前提无疑是有生命的个人的存在"，"一当人开始生产自己的生活资料，人本身就开始把自己和动物区别开来"。⑤ 由于"人们为了能够'创造历史'，必须能够生活。但是为了生活，首先就需要吃喝住穿以及其他一

---

① 《马克思恩格斯文集》第1卷，人民出版社2009年版，第161页。
② 《马克思恩格斯文集》第1卷，人民出版社2009年版，第162页。
③ 《马克思恩格斯文集》第1卷，人民出版社2009年版，第162页。
④ 《马克思恩格斯文集》第1卷，人民出版社2009年版，第162页。
⑤ 《马克思恩格斯文集》第1卷，人民出版社2009年版，第519页。

些东西。因此第一个历史活动就是生产满足这些需要的资料，即生产物质生活本身"①。可见，物质生产活动，即劳动，在人类文明史中居于前提性、基础性的地位。其基本特征在于，劳动者既能按照"任何物种的尺度"即事物的客观规律进行生产，又能按照"内在固有的尺度"即自己的需要、目的和欲望进行生产。② 文明的历史就是"活劳动"不断转化为"物化劳动"的过程。"整个所谓世界历史不外是人通过人的劳动而诞生的过程"③。

劳动作为人类的共同本质，本身内蕴差异性、个体性，是普遍性和特殊性的统一。基于劳动实践活动，人的本质不再是抽象不变的，而是现实具体的。在劳动过程中，人与自然之间形成基于产品的需要关系，人与人之间形成基于交往的需要关系，人与自身之间则形成基于人的全面发展的需要关系，正是这些林林总总的关系定义了人。实践中人的不同劳动分工及其相异的各种关系凸显出每一个人的独特性。可以说，"他们是什么样的，这同他们的生产是一致的——既和他们生产什么一致，又和他们怎样生产一致"④。生产劳动的差异性决定了文明的差异性。人类文明史随着人的实践活动展开而展开，由劳动分工的差异性所决定，独特性也相应地成为文明的重要特性。具有不同需要、不同劳动能力的人作为文明史的主体，在把外部世界当作对象并进行对象化活动的同时，也把自己当作活动的对象，在推动自然、社会、人自身进步的过程中构建了五彩斑斓、姿态万千的文明图景。

2. 致力于满足现实的人的需要建构文明观，超越人性本能论

作为抽象的人的本质理论的引申，人性本能论把人性等精神因素作为评价历史的标尺。"凡是与人相适合、相适应的东西，便是善的；凡

① 《马克思恩格斯文集》第 1 卷，人民出版社 2009 年版，第 531 页。
② 参见《马克思恩格斯文集》第 9 卷，人民出版社 2009 年版，第 162 页。
③ 《马克思恩格斯文集》第 1 卷，人民出版社 2009 年版，第 196 页。
④ 《马克思恩格斯文集》第 1 卷，人民出版社 2009 年版，第 520 页。

是与它矛盾的东西，便是恶的、劣的。"① 基于人性原则的文明观大致分为两个流派，其一，以黑格尔为代表的思想家把人的欲望、动机引入文明进程，把文明视为满足人性的产物。其二，弗洛伊德、马尔库塞等思想家把文明视为人性本能压抑、转化的结果。虽然结论有所不同，但是他们都秉持抽象人性论。他们脱离了人的现实存在和社会实际，脱离了人的生产活动和社会关系，通过抽象的归纳，一劳永逸地找到了诸如理性、语言、意志、爱欲等特征，并将其绝对化，当成永恒的人性，以此作为文明史的出发点和根本动因。这样一来，文明进程是以人性本能为最终根据的历史，抽象人性的某一特征发挥了推动文明进程的元动力作用。

马克思主义经典作家对于人性问题采取了辩证的分析框架，一方面，承认了人性的客观存在，正如恩格斯明确对"兽性"和"人性"进行了比较，提出"人来源于动物界这一事实已经决定人永远不能完全摆脱兽性，所以问题永远只能在于摆脱得多些或少些，在于兽性或人性的程度上的差异"②；另一方面，否定了抽象的人性观，确立了具体的人性观。尽管有学者认为，人性包含着兽性，兽性是人性的共性，因此人性是抽象人性和具体人性的统一。③ 但是，综观《詹姆斯·穆勒〈政治经济学原理〉一书摘要》《神圣家族》等文本，马克思、恩格斯明确提出"在我个人的活动中，我直接证实和实现了我的真正的本质"④，以及"单个的、具体的人"⑤ 等观点，把对于具体人性的分析构成自身理论发展的重要环节。马克思、恩格斯批判以黑格尔为代表的抽象人性本能论的内在要义在于，揭示了在人之外建构何为人这一逻辑理路的荒

---

① 《费尔巴哈哲学著作选集》下卷，商务印书馆 1984 年版，第 434 页。
② 《马克思恩格斯文集》第 9 卷，人民出版社 2009 年版，第 106 页。
③ 参见韦汉军《人文关怀辨正之一："抽象人性"与"具体人性"的统一》，《广西社会科学》2007 年第 5 期。
④ 《马克思恩格斯全集》第 42 卷，人民出版社 1979 年版，第 37 页。
⑤ 《马克思恩格斯文集》第 1 卷，人民出版社 2009 年版，第 358 页。

谬，指出其逻辑缺陷在于"哲学家们在不再屈从于分工的个人身上看到了他们名之为'人'的那种理想，他们把我们所阐述的整个发展过程看做是'人'的发展过程，从而把'人'强加于迄今每一历史阶段中所存在的个人，并把'人'描述成历史的动力。这样，整个历史过程就被看成是'人'的自我异化过程，实质上这是因为，他们总是把后来阶段的一般化的个人强加于先前阶段的个人，并且把后来的意识强加于先前的个人。借助于这种从一开始就撇开现实条件的本末倒置的做法，他们就可以把整个历史变成意识的发展过程了"①。"只有具体的人性，没有抽象的人性"②，也是历史唯物主义在人性问题上的基本态度。

在历史唯物主义视域下，人性问题更多时候是用人的需要问题加以表述。个人总是从自己出发的，人们的"需要"即为"本性"。③ 在"自由的有意识的生命活动"这一类特性支配下，人的需要不是指先验性的需要，而是指客观的现实需要。人的需要不仅是指人与生俱来的生理性需要，更多的是指随着实践展开而不断生成的后天需要，它是社会历史的产物。马克思在《德意志意识形态》中批判施蒂纳时，以"胃"和"吃饭"的关系比喻"需要"和"人的活动"的关系，指出与"若不是同时为了胃而吃饭，是不可能吃饭的"类似，"任何人如果不同时为了自己的某种需要和为了这种需要的器官而做事，他就什么也不能做"。④ 在施蒂纳笔下，胃和吃饭的欲望是高于、支配着人的活动的固定观念，具有至高无上的权力，然而马克思、恩格斯却认为，人的活动不是在欲望的控制之下形成的，恰恰相反，欲望是在人的活动中历史地生成的。生产是由需要所引起，需要又是由生产所创造。生产和需要相互影响、相互制约，两者形成具有结构性张力的矛盾关系，推动着人类文明不断进步。在生产和需要何者为第一因的问题上，唯物史观坚持生

---

① 《马克思恩格斯文集》第 1 卷，人民出版社 2009 年版，第 582 页。
② 《毛泽东选集》第 3 卷，人民出版社 1991 年版，第 870 页。
③ 参见《马克思恩格斯全集》第 3 卷，人民出版社 1960 年版，第 514 页。
④ 《马克思恩格斯全集》第 3 卷，人民出版社 1960 年版，第 286 页。

产劳动决定论。由于人的根本属性在于社会性，而非自然性，人本身是在劳动中得以塑造、完善的，因此未经劳动中介的需要并非人之需要，只能是非人的、动物的需要。而人也在劳动的过程中不断产生、实现人的需要，不断增强自身人之为人的独特属性。正是在这个意义上，马克思、恩格斯认为，在满足了吃喝住穿等第一个需要之上的"新的需要的产生是第一个历史活动"①。随着人的需要及其满足程度不断提升，人类文明创造史也处于永无止境的状态。

3. 从个人属性和社会属性相统一的维度建构文明观，超越从个人或者社会出发的理论逻辑

近代以来，诸多文明观纷纷在不同程度上确认了人的主体地位，但是人是以什么形式存在的呢？霍布斯、洛克等思想家强调，个人是社会的基础，是文明的基石。埃利亚斯、麦克尼尔等思想家则主张，人存在于社会网络之中，社会互动关系推动文明进步。与之不同，马克思主义经典作家基于人们必须以社会结合的形式来从事生产生活的事实指出，人的"个体生活"与"类生活"不是完全不同的、对立的两种生活，人既是体现特殊性的个体，又是体现普遍性的总体，人的个体生活的存在方式就是"类生活的较为特殊的或者较为普遍的方式，而类生活是较为特殊的或者较为普遍的个体生活"②。正是个人与社会、人的个体性与社会性在其存在论意义上的一致性和统一性，决定了我们"应当避免重新把'社会'当做抽象的东西同个体对立起来。个体是社会存在物"③。

尽管基佐等思想家早已提出以社会进步和人性进步为两个尺度，以社会活动的发展和个人活动的发展为两个标志，来衡量一个国家是否达到了文明。但是，他们始终把个人和社会视为泾渭分明的两个领域，从

---

① 《马克思恩格斯文集》第1卷，人民出版社2009年版，第532页。
② 《马克思恩格斯文集》第1卷，人民出版社2009年版，第188页。
③ 《马克思恩格斯文集》第1卷，人民出版社2009年版，第188页。

而只能从个人和社会中择其一端作为解释文明进程的本体根据。然而，在历史唯物主义视域下，社会是个人的社会，而个人又是社会的个人，个人与社会相互建构。马克思指出人不是封闭的实体，是开放的、关系性的存在。"在社会中进行生产的个人，——因而，这些个人的一定社会性质的生产，当然是出发点。"① 生产的社会性决定了个人具有社会性，而且以社会性为根本属性。"各个人的出发点总是他们自己，不过当然是处于既有的历史条件和关系范围之内的自己"②。正是在社会关系中，个人得以形成、发展。个人不过是种种社会关系的人格化。

　　个人和社会实质上是人的个体属性和社会属性的体现。"人是特殊的个体，并且正是人的特殊性使人成为个体，成为现实的、单个的社会存在物，同样，人也是总体，是观念的总体，是被思考和被感知的社会的自为的主体存在"③。需要注意的是，社会是在人们相互作用的过程中产生的。社会关系是在自由的、有意识的活动过程中形成的，体现着人的意志，因此社会关系是为我而存在的关系。社会关系是以人自身为主体，以关系的另一方为客体的主客体关系。主客体之间不是等量的力量关系，而是一方改造另一方以实现自己目的之作用与反作用的关系。在社会关系的形成过程中，任何人都希望与他人建立为我而存在的关系，实现自觉、自主、自为的目标，这就使得人与人之间的社会关系具有了矛盾的性质。这一矛盾也成为文明时代开启的重要原因。在《德意志意识形态》中，马克思、恩格斯提出这样一个问题："各个人过去和现在始终是从自己出发的。他们的关系是他们的现实生活过程的关系。为什么会发生这样的情况：他们的关系会相对于他们而独立？他们自己生命的力量会成为压倒他们的力量？"④ 社会力量本来是由人们交互而产生，但是一直作为异己的力量统治着人们。这是因为，自发而非自愿

---

① 《马克思恩格斯文集》第 8 卷，人民出版社 2009 年版，第 5 页。
② 《马克思恩格斯文集》第 1 卷，人民出版社 2009 年版，第 571 页。
③ 《马克思恩格斯文集》第 1 卷，人民出版社 2009 年版，第 188 页。
④ 《马克思恩格斯文集》第 1 卷，人民出版社 2009 年版，第 587 页。

的分工使得人们的共同活动不是自愿而是自发形成的，所以这种社会力量不是他们自身的联合力量，而是某种异己的强制力量。当分工不断巩固，并且从生产领域中发展起来，产生了一个不参与生产却掌握生产领导权的商人阶级之后，生产劳动这一人的自由的有意识的活动完全沦为商品交换活动的从属地位之后，人类就进入了文明时代。① "文明时代是社会发展的这样一个阶段，在这个阶段上，分工、由分工而产生的个人之间的交换，以及把这两者结合起来的商品生产，得到了充分的发展，完全改变了先前的整个社会。"② 分工把每个人限定在一个狭小范围之中，必须依靠交换活动来建立社会联系，而愈益普遍的交换活动日渐凌驾于生产活动之上，这意味着人的社会关系物化为商品、货币、资本，它们统治着、支配着人。在异己的社会关系统治下，人的社会性和个体性之间始终处于紧张状态。

随着分工产生的生产资料私有制不断发展，这一自私自利的权利使每个人不是把他人看作自己自由的实现，而是看作自己自由的限制。在《论犹太人问题》中，马克思批判鲍威尔把犹太人解放问题归结为纯粹的宗教问题，指出只有消灭世俗桎梏，才能克服宗教狭隘性。此时，他虽然持人本主义的思想，但是明确提出"任何解放都是使人的世界即各种关系回归于人自身"③，也就是要求人的社会性和个体性相统一。但是，在资产阶级政治国家中，资产阶级在政治解放中所标榜的普遍人权，归根结底只是处置私有财产的权利，这种自私自利的权利同人的解放的要求背道而驰。从人的存在方式角度看，资产阶级政治革命的最大成果是造成了人的二重化存在，即"一方面把人归结为市民社会的成员，归结为利己的、独立的个体，另一方面把人归结为公民，归结为法人"④。要实现人的解放，就必须突破资产阶级政治解放的历史局限性，

---

① 参见《马克思恩格斯文集》第4卷，人民出版社2009年版，第185页。
② 《马克思恩格斯文集》第4卷，人民出版社2009年版，第193页。
③ 《马克思恩格斯文集》第1卷，人民出版社2009年版，第46页。
④ 《马克思恩格斯文集》第1卷，人民出版社2009年版，第46页。

对社会进行革命改造，消灭私有制，消除人的生活本身的异化，使"现实的个人把抽象的公民复归于自身"，并认识到由自身"固有的力量"组织起来形成的社会力量不再"以政治力量的形式同自身分离的时候，只有到了那个时候，人的解放才能完成"，① 从而初步阐明了开创人类文明新形态的路径在于改变生产从属于交换的分工体系，改变人与人之间的关系物化为商品的社会关系。人只有使自己改变异己本质对象化的地位，使自己的产品和活动从异己本质的支配下解放出来，人的个体感性存在和类存在的矛盾才能被消除。②

随着唯物史观的创立，马克思、恩格斯在《共产党宣言》中对于人的个体性和社会性分裂的问题进行了更加深入的探究，找到了上述分裂的根源在于积累劳动和活劳动的对立。尤其是，"在资产阶级社会里，活的劳动只是增殖已经积累起来的劳动的一种手段"③。作为人的社会属性的社会力量是以资本的形式存在，因此，要使人的社会属性复归人自身，只有消灭资本的私有属性，"把资本变为公共的、属于社会全体成员的财产"④。文明时代伴随着私有制而产生，"由于文明时代的基础是一个阶级对另一个阶级的剥削，所以它的全部发展都是在经常的矛盾中进行的。生产的每一进步，同时也就是被压迫阶级即大多数人的生活状况的一个退步"⑤。同时，文明时代又会随着公有制而终止。通过消灭私有制，一些人剥削另一些人的阶级对立关系转变为人与人的平等互助关系，人的社会性才不会以异己的形式出现，才会和个体性实现统一。自此，人类文明才能迈向人的进步和社会进步相统一的新阶段。

---

① 参见《马克思恩格斯文集》第 1 卷，人民出版社 2009 年版，第 46 页。
② 参见《马克思恩格斯文集》第 1 卷，人民出版社 2009 年版，第 54—55 页。
③ 《马克思恩格斯文集》第 2 卷，人民出版社 2009 年版，第 46 页。
④ 《马克思恩格斯文集》第 2 卷，人民出版社 2009 年版，第 46 页。
⑤ 《马克思恩格斯文集》第 4 卷，人民出版社 2009 年版，第 196—197 页。

二　马克思、恩格斯文明思想超越性的维度

推动人类文明持续进步，始终是世界各国人民共有的价值诉求。作为对于人类文明进程的深层反映，文明观也就相应地构成了自古以来思想家们关注、研究的重要论域。马克思、恩格斯的文明观作为近代文明理论发展的代表性成果，之所以能够产生深远的理论价值与现实影响，在于它在超越西方先验理性主义文明思想传统的基础上提供了一种全新的认识图景。长期以来国内外学者在呈现马克思、恩格斯文明思想本真精神及其当代意义的问题上，虽然也关注到了马克思、恩格斯在上述方面对于文明观发展做出的突出贡献，但是，许多研究却停留于从文明概念、文明起源、文明形态、文明类型等单一维度去解读马克思、恩格斯的文明思想。事实上，马克思、恩格斯的文明观建立在历史唯物主义超越西方先验理性主义世界观根本变革的基础之上，马克思、恩格斯的文明观是一个整体性的思想体系。如果仅仅从某种单一维度进行文本解读，就难以触及马克思、恩格斯文明观的逻辑深处，从而难以完整准确地理解马克思、恩格斯文明观相对于西方先验理性主义文明观的超越路径，更加难以呈现马克思、恩格斯文明观的整体性特征。鉴于这种情况，本书从文明进步的基础、文明进步的方式、文明进步道路的特征与文明进步的阶段四个维度提出，马克思、恩格斯相对于西方先验理性主义文明思想传统，实现了从精神进步到自主活动，从教化到阶级斗争与交流互鉴，从单一性到多样性，从"野蛮—文明"二元论到历史阶段论的全面超越。

（一）文明进步的源泉：从抽象理性到具体劳动

恩格斯曾说："全部哲学，特别是近代哲学的重大的基本问题，是

思维和存在的关系问题。"① 对于这一问题的不同回答，也成为马克思主义文明观与西方传统文明观相区别的重要界限。在西方先验理性主义思想家看来，理性是世界本原和人的本质存在。众多西方学者受理性决定论思想的影响，认为"人的自我完善化能力"是文明进步的源泉，伏尔泰、马奎斯·孔多塞甚至直接把文明进步的历程归结为人类精神进步的历史。托马斯·霍布斯、约翰·洛克寄希望于建立代表公共理性的国家，让·雅克·卢梭寄希望于建立体现公意的社会契约，查理·路易·孟德斯鸠寄希望于建立完备的法律制度，就连沙利·傅立叶、克劳德·昂列·圣西门等空想社会主义思想家也期望由少数天才人物建立充分理性的社会秩序。在这类理性决定论的文明观中，精神进步被认为是文明进步的最终动力，只有通过精英的理性完善及其外化为国家社会秩序，文明进步才能得以实现。

对于理性决定论的文明观，马克思、恩格斯进行了辩证的分析。他们基于社会存在与社会意识的辩证统一关系原理，一方面并不否认英雄人物、精神力量在文明进程中具有重要作用，另一方面又批判了格奥尔格·威廉·弗里德里希·黑格尔的"绝对精神"决定论、鲍威尔的"自我意识"本体论，批判他们以抽象的人的自我意识代替现实的人的实践活动，在物质与精神孰为第一性的问题上犯了头足倒置的错误。在实现哲学致思路径的变革以后，马克思、恩格斯把推动文明进步的决定性因素归结到物质生产领域，归结为物质生产活动。马克思在《1844年经济学哲学手稿》这一著述中指出："整个所谓世界历史不外是人通过人的劳动而诞生的过程"②，"劳动的对象是人的类生活的对象化"③。这一论断表明，劳动是指人的本质力量的对象化、现实化。人类文明的起源是由劳动开启，劳动塑造了人，创造了人类文明的丰富成果，文明

---

① 《马克思恩格斯文集》第 4 卷，人民出版社 2009 年版，第 277 页。
② 《马克思恩格斯文集》第 1 卷，人民出版社 2009 年版，第 196 页。
③ 《马克思恩格斯文集》第 1 卷，人民出版社 2009 年版，第 163 页。

的历史就是"活劳动"不断转化为"物化劳动"的过程。恩格斯在《自然辩证法》一文中明确指出劳动是文明进步的源泉。马克思主义经典作家一方面肯定精神、道德、政治制度方面的进步对于文明进步的重要作用，另一方面也指出，这些不过是"第二性"的。恩格斯在《反杜林论》这一重要著作中明确指出，一切社会的终极原因"不应当到有关时代的哲学中去寻找，而应当到有关时代的经济中去寻找"①，他批评少数人"劳动计划的头脑"压制了广大劳动者的劳动愿望、热情和能力，使劳动者的"人的世界"和对象性的"物的世界"严重分裂。

在马克思、恩格斯合著的《德意志意识形态》中，劳动对于文明进程的基础性地位得到了生动的描述。"人们为了能够'创造历史'，必须能够生活。但是为了生活，首先就需要吃喝住穿以及其他一些东西。因此第一个历史活动就是生产满足这些需要的资料，即生产物质生活本身"②，生产物质生活的过程就是劳动。劳动作为文明进步的源泉，是一种"有意识的生命活动"，其基本特征在于，劳动者既能按照"任何物种的尺度"即事物的客观规律进行生产，又能按照"内在固有的尺度"即自己的需要、目的和欲望进行生产。在马克思主义文明观的视域中，劳动包括了简单劳动和复杂劳动、脑力劳动和体力劳动两种类型。

在人类文明进步史上，劳动经历了由简单劳动向复杂劳动发展的历程。马克思、恩格斯在论述商品的价值量时，使用了简单劳动和复杂劳动的概念。"少量的复杂劳动等于多量的简单劳动"③，也就是说，相较于简单劳动来说，复杂劳动对于人类文明进步的推动作用更大。随着科技、分工的发展，推动文明进步的人类劳动会日益由简单劳动发展为复杂劳动。

---

① 《马克思恩格斯文集》第9卷，人民出版社2009年版，第284页。
② 《马克思恩格斯文集》第1卷，人民出版社2009年版，第531页。
③ 《马克思恩格斯文集》第9卷，人民出版社2009年版，第205页。

　　人类文明进步史也是由体力劳动发展到脑力劳动的历程。人类文明进程伊始，由于生产工具简单低级，所以人类改造自然界的活动基本上是繁重的体力劳动。在阶级社会的文明时代，脑力劳动和体力劳动的对立及强制性劳动分工构成了以阶级剥削为特征的文明时代的基础。少数人脱离了体力劳动而成为统治体力劳动者的专事脑的活动的人，同时为了提高生产效率，劳动者通过改进生产工艺和劳动工具，使劳动的分工越来越细，从而使知识、管理等要素在社会各部门的劳动中发挥了越来越重要的作用，某一具体劳动的体力繁重程度得以降低。时至今日，这一观点在现实社会中得到了更加明显的体现。人工智能在劳动中占据了越来越重要的位置，一些部门的劳动者甚至已经从体力劳动中解脱出来，他们通过给机器下达指令，由机器代替人力来从事具体的劳动活动。在马克思科学预见的未来文明社会，由于少数人剥削大多数人劳动的社会制度和强制性的劳动分工将会消灭，文明的共同创造和普遍享有将成为社会的基本特征。脑的活动不再是少数人的特权，简单的体力劳动将会大为缩减，劳动的技术附加值将显著增加，人类的劳动能力将向智能型的高级劳动迈进。

（二）文明进步的重要方式：从理性自觉到阶级斗争与交流互鉴

　　由文明进步的源泉所决定，西方传统文明观与马克思主义文明观对于文明进步方式问题也具有显著不同的回答。近代以来，许多西方学者认为文明是精神进步的历史，理性进步是文明的基础，进而认为精神、理性只能属于少数人所有，所以把文明进步的方式归结为教化的产物、少数精英的活动，认为通过理性自觉条件下少数人的头脑活动就能推动文明进步。

　　马克思、恩格斯深刻揭露了这种观点的阶级利益实质是，将推动文明进步的方式归结为理性的完善化，又将理性完善化的权利归结于少数统治精英，从而剥夺了劳动阶级的文明创造主体地位，其结果必然是

"精神的一切进步到现在为止都是损害人类群众的进步，群众陷入了日益严重的非人境遇"①。从其实质来看，这种精神进步说根本上是把资本主义制度美化为文明进步的顶峰，是在为资产阶级剥削劳动阶级的现象进行合理性、永恒性的辩护。

马克思、恩格斯并不排斥精神对于人类文明进步的推动作用，但是他们认为精神力量也要通过劳动阶级的实践活动发挥作用。唯物主义历史观是"现实的人及其历史发展的科学"②，以"一些现实的个人"及"他们的活动和他们的物质生活条件"为理论前提。③ 马克思、恩格斯立足于物质生产实践活动领域，认为人类文明史首先是一部生产发展史，正如《德意志意识形态》中所谈到的，"全部人类历史的第一个前提无疑是有生命的个人的存在"，"一当人开始生产自己的生活资料，人本身就开始把自己和动物区别开来"。④

然而，在原始社会末期，在不断分化的分工和田野农业的促进下，人们生产的生活资料有了剩余，于是他们拿出一部分自己的生活资料去交换其他物品，逐渐地"劳动产品中日益增加的一部分是直接为了交换而生产的"，各个家庭之间开始出现"财产差别"，受获取比邻人更多财富的贪欲所驱使，在各个家庭中，"获取财富已成为最重要的生活目的之一"。⑤ 从而，商品生产的地位上升，商人阶级登上了历史舞台，货币财富迅速地积聚到一个人数很少的阶级手中。于是，以富人和穷人之间日益尖锐化的对立为特征的文明时代便开始了。但是，"当文明一开始的时候，生产就开始建立在级别、等级和阶级的对抗上"，"没有对抗就没有进步。这是文明直到今天所遵循的规律"。⑥

"随着在文明时代获得最充分发展的奴隶制的出现，就发生了社会

---

① 《马克思恩格斯文集》第 1 卷，人民出版社 2009 年版，第 290 页。
② 《马克思恩格斯文集》第 4 卷，人民出版社 2009 年版，第 295 页。
③ 《马克思恩格斯文集》第 1 卷，人民出版社 2009 年版，第 519 页。
④ 《马克思恩格斯文集》第 1 卷，人民出版社 2009 年版，第 519 页。
⑤ 《马克思恩格斯文集》第 4 卷，人民出版社 2009 年版，第 182—183 页。
⑥ 《马克思恩格斯全集》第 4 卷，人民出版社 1958 年版，第 104 页。

分成剥削阶级和被剥削阶级的第一次大分裂。这种分裂继续存在于整个文明期。"① 随着文明时代的发展，在实际生产过程中劳动者与劳动资料的结合程度日益紧密，然而在所有制关系上劳动者与劳动资料却越来越疏离。由社会劳动生产力与劳动资料所有制之间的矛盾所决定，劳动者从统治者手中争取劳动资料所有权的阶级斗争，始终是处于阶级社会的文明时代发展进步的重要方式。在阶级社会的文明时代，文明进步始终建立在劳动阶级与剥削阶级对抗的基础之上，正如恩格斯在《家庭、私有制和国家的起源》中指出的，"由于文明时代的基础是一个阶级对另一个阶级的剥削，所以它的全部发展都是在经常的矛盾中进行的"②。当人类文明进程发展到了资本主义时代，劳动者与劳动资料完全分离了，阶级矛盾的激化也变得无以调和，"社会化生产和资本主义占有之间的矛盾表现为无产阶级和资产阶级的对立"③，因此，完全丧失了劳动资料的无产阶级作为彻底的革命的力量，必将通过"取得国家政权"，"把生产资料变为国家财产"的阶级斗争方式，④ 来实现真正的普遍的文明。

除了阶级斗争是人类文明进步的主要推动方式以外，不同类型文明之间的交流互鉴也有助于推动各种文明的共同进步。马克思主义创始人清楚地认识到，波澜壮阔的人类文明兴衰更替的历史表明每一种能够长期处于领先地位的文明都是开放性的，开放、包容是一种文明获得不竭生命力的前提，封闭、排他是一种文明走向衰亡的重要原因。

然而，资本主义对外扩张开启的世界历史并没有能够充分推动各种文明的交流互鉴，一方面，资本主义的对外扩张使各民族之间的联系加强了，"过去那种地方的和民族的自给自足和闭关自守状态，被各民族的各方面的互相往来和各方面的互相依赖所代替了"，"民族的片面性

---

① 《马克思恩格斯文集》第4卷，人民出版社2009年版，第195页。
② 《马克思恩格斯文集》第4卷，人民出版社2009年版，第196—197页。
③ 《马克思恩格斯文集》第9卷，人民出版社2009年版，第288页。
④ 《马克思恩格斯文集》第9卷，人民出版社2009年版，第296页。

和局限性日益成为不可能"；① 大工业资本使商品流通加速、资本集中，"它使每个文明国家以及这些国家中的每个人的需要的满足都依赖于整个世界"②。西方资本主义国家的殖民活动也在客观上推动了殖民地国家的文明进程。马克思在《不列颠在印度的统治》《不列颠在印度统治的未来结果》中客观分析了资产阶级给殖民地带来的文明推动作用，这集中表现在，资本主义扭转了"使人屈服于外界环境"的被动地位，打破了农村公社和东方专制制度"使人的头脑局限在极小的范围内，成为迷信的驯服工具，成为传统规则的奴隶"，使人表现不出任何伟大的作为和历史首创精神的地位，进而"把人提高为环境的主宰"，③ 这在客观上加速了殖民地国家的现代文明进程。

另一方面，资本主义的对外扩张"迫使一切民族——如果它们不想灭亡的话——采用资产阶级的生产方式；它迫使它们在自己那里推行所谓的文明，即变成资产者。一句话，它按照自己的面貌为自己创造出一个世界"④。通过强制、暴力手段被动地被纳入资本主义世界体系的其他民族国家，虽然是从封闭走向开放了，但是在被迫门户洞开的状态下只是作为资本主义的附庸而存在，因而是一种建立在不平等关系基础上的被动的开放状态。这些国家的劳动阶级，不仅要遭受本国买办资产阶级及其政权的剥削，还要遭受国际垄断资本集团的残酷剥削，双重剥削之下的生存境遇十分艰难。在这些国家，劳动者与劳动资料相分离的矛盾更加尖锐，阶级斗争的复杂性、激烈性也更加突出。

（三）文明进步道路的基本特征：从一维性到多样性

由于在文明进步的源泉、方式等问题的理解上存在显著差异，马克思主义文明观与西方传统文明理论在文明进步道路的基本特征问题上也

---

① 《马克思恩格斯文集》第 2 卷，人民出版社 2009 年版，第 35 页。
② 《马克思恩格斯文集》第 1 卷，人民出版社 2009 年版，第 566 页。
③ 《马克思恩格斯文集》第 2 卷，人民出版社 2009 年版，第 682—683 页。
④ 《马克思恩格斯文集》第 2 卷，人民出版社 2009 年版，第 35—36 页。

存在着显著不同，而这种不同恰恰反映了马克思主义文明观的科学性、超越性。历史上，许多作为剥削阶级意识形态的文明观往往在肯定自身文明模式的同时，漠视甚至否定其他国家、民族在推动文明进步方面的贡献。16世纪以来，托马斯·霍布斯、约翰·洛克等许多西方思想家甚至认为，文明史不过就是人类从"野蛮"到"文明"的进化史。18世纪以来，由于持理性是文明进步的源泉、少数精英主导文明进步的观点，奥古斯特·孔德、朗索瓦·皮埃尔·纪尧姆·基佐、查尔斯·罗伯特·达尔文等西方学者进而断言西方的一些民族"由于拥有足够数量的赋有高度理智与道德能力的人"，所以能够高居于文明的顶峰。① 他们大多主张西方文明中心论，将西方资本主义的发展模式视作"普世"的现代文明。在这种唯我主义的逻辑中，不同于西方资本主义发展模式的发展道路均被视为野蛮，人类从"野蛮"到"文明"的进化史进而被简单化为从"专制"社会到"自由民主"社会的一维的单线进化史，"文明"俨然成为现代西方资产阶级为自己的统治正名的话语工具。

关于不同类型文明之间的关系问题，历史唯心主义文明观基于普世文明论和西方文明中心论的观点，长期把不同文明之间视为绝对的较量、对立关系，进而以警惕敌视的态度来看待非西方文明模式的发展。例如，西方文明的忠诚卫士塞缪尔·亨廷顿提出了"文明冲突论"。他认为，不同文明之间如同部落之间的关系，冲突必然占据主导地位，建立紧密的文明间"伙伴关系"的愿望不会实现，② 表达出了对于西方文明走向衰落的深深忧虑。然而，在马克思主义文明观的视域中，部分与整体的关系是辩证统一的，世界各种文明作为世界文明大家庭的有机组成部分，都为世界文明的整体进步贡献出了独特的力量。不同类型文明

---

① ［英］达尔文：《人类的由来》，潘光旦、胡寿文译，商务印书馆1983年版，第216—217页。

② 参见［美］塞缪尔·亨廷顿《文明的冲突与世界秩序的重建》，周琪等译，新华出版社2010年版，第184页。

之间是对立统一的关系，彼此之间虽然有观点之异、有利益之别，但是每种类型文明都是世界文明大家庭的成员，你中有我、我中有你、相互依存而存在。人类文明始终在交流之中进步，独立自主、平等交流、取长补短、共同进步应该是不同类型文明关系的主流。

在马克思主义文明观的视域中，人类文明进程是多种类型文明共同进步的过程。不同类型文明之间的交流有助于各个民族文明的共同进步。六千多年的人类文明史充分证明，正视文明多样化特征、积极进行文明交流、虚心学习其他文明优秀成果的文明体才能够走在历史的前列。任何一种发达的文明都不是孤立发展起来的，而是在吸收借鉴其他类型文明成果的过程中取得了进步。历史上，东西文明的对话一直绵延不断、从未停止。通过古代丝绸之路，印度佛教、中亚伊斯兰教、欧洲基督教传入中国，中国的儒学与造纸术、印刷术、火药、指南针传到了欧洲，成为西方近代化历程的重要推动力。近代西方著名学者伏尔泰、查理·路易·孟德斯鸠、让·雅克·卢梭、德尼·狄德罗等，都曾高度赞赏中华文明，呼吁西方世界对之进行模仿学习。马克思、恩格斯主张，各民族国家的文明进程应立足于自身实际，不能千篇一律。例如，恩格斯以德国为例，认为由德国的自身国情所决定，它不能成为分散的联邦国家，因为"德国的文明已经很发达，除了统一的、不可分割的、民主的和社会的德意志共和国这种形式，它不能以任何其他形式统治"①。

马克思指出不能以资本主义制度的一尊独大来取代文明进步的多样性、丰富性。他一方面肯定了资本具有"有利于生产力的发展，有利于社会关系的发展，有利于更高级的新形态的各种要素的创造"的文明的方面;② 另一方面又在《哥达纲领批判》中批评"'现代社会'就是存在

---

① 《马克思恩格斯全集》第 10 卷，人民出版社 1998 年版，第 123 页。
② 《马克思恩格斯文集》第 7 卷，人民出版社 2009 年版，第 928 页。

于一切文明国度中的资本主义社会"的观点，① 提出不能把文明等同于资本主义化。在他看来，资本主义社会虽然体现现代文明进步的普遍性要求，但是这种要求毕竟是抽象的，资本主义社会只是体现这种要求的一种特殊的、具体的形式，而且是具有虚伪性、片面性、不彻底性的现代文明形式，因而并不能以偏概全、将之等同于现代文明的唯一发展道路。

不仅如此，马克思还提醒中国等东方社会在步入现代文明时，要对东西方文明的交流碰撞有清醒的认识。他在 1862 年撰写的《中国记事》中将中国比喻为一块"活的化石"，称"在中国，在这块活的化石上……在东方各国，我们经常看到社会基础不动而夺取到政治上层建筑的人物和种族不断更迭的情形"。他奉劝中国人要超越"改朝换代"的传统观念，清醒认识自己的历史使命，不能"仅仅是用丑恶万状的破坏来与停滞腐朽对立"，不能让"这种破坏没有一点建设工作的苗头"，②善意提醒中国等东方社会在步入现代文明的历史进程中，必须下定决心、突破陈规、不断探索自己的进步道路。

马克思在对原始公社的研究过程中，还发现了文明进步的多样史前状态。他在研读柯瓦列夫斯基的《公社土地占有制，其解体的原因、进程和结果》一书中认识到，在蒙昧、野蛮状态下，不同部落经历了向文明过渡的不同道路，具有不一致性。1881 年，马克思在《给维·伊·查苏利奇的复信》中谈到，由于"一切都取决于它所处的历史环境"③，西方的村社所有制是纯公有制，而东方的村社所有制并非纯公有制，耕地、林地归公有，房屋、园地及其他动产已私有化，因此不同的农村公社可能会有两种发展趋向，一种是私有制战胜公有制原则，导致公社制度解体；另一种是集体所有制战胜私有制原则，使公社长久地保存下去。

---

① 《马克思恩格斯文集》第 3 卷，人民出版社 2009 年版，第 444 页。
② 《马克思恩格斯全集》第 15 卷，人民出版社 1963 年版，第 545 页。
③ 《马克思恩格斯文集》第 3 卷，人民出版社 2009 年版，第 586 页。

（四）文明进步的演进阶段：从奴役制到真正的普遍的文明

马克思主义文明观最突出的理论贡献在于，科学划分了人类文明进步的历史阶段，这成为它区别于西方传统文明观的突出标志。由于从理性决定论和人性自私论出发，众多西方资产阶级学者都把私有制归结为人的"自我表现完善化能力"发展的必然结果，是文明的终极状态，进而对文明形态的历史演进作出了前资本主义和资本主义的"野蛮—文明"二元式划分，认为资本主义国家与制度是文明进步的顶点和终点。实际上，对于"野蛮—文明"的二元划分方式，西方早已有学者加以质疑。罗伯特·路威斯就认为文明没有统一的标准，城市、国家、技术仅仅是一种文明的突出标志。人之为人，就必然有野蛮的一面，野蛮并不必然比文明落后。文明人的文明并不一定高于野蛮人的"野蛮"。①空想社会主义思想家沙利·傅立叶则对人类历史进行了蒙昧、宗法、野蛮、文明、和谐的阶段划分，批评资本主义社会的文明具有虚假性，揭示出资本主义文明只是人类社会进步历程中的一个阶段，然而遗憾的是，他没有看到文明的历史外延远超过资本主义阶段，缺乏对文明历史演进阶段的科学划分。

马克思主义经典作家基于辩证唯物主义和历史唯物主义的科学世界观和方法论，在总体上把人类文明进程划分为"奴役制文明—真正的普遍的文明"两大历史阶段。马克思在 1858 年撰写的《关于俄国的农民解放》一文中谈到，自从 1842 年以来，农民反对地主及管家的起义成为一种流行的现象，激愤到极点的农奴有可能要爆发大规模的起义，"如果发生这种情形，俄国的 1793 年就会来到；这些半亚洲式农奴的恐怖统治将是历史上空前的现象，然而它将是俄国历史上的第二个转折

---

① ［美］罗伯特·路威斯：《文明与野蛮》，吕叔湘译，生活·读书·新知三联书店 2005 年版，第 262 页。

点，最终将以真正的普遍的文明来代替彼得大帝所推行的虚假的文明"①。恩格斯则在 1884 年创作的《家庭、私有制和国家的起源》中，把古代奴隶制、中世纪农奴制、现代雇佣奴役制称为"文明时代的三大时期所特有的三大奴役形式"②，其中，前两者是公开的奴役制，后一者则是隐蔽的奴役制，在奴役制的文明形态中，劳动者的劳动过程、实践活动始终处于强制状态。在马克思主义经典作家看来，只有社会主义才是能够代替奴役制的文明新形态，具有自主活动性质的"真正的普遍的文明"将是这一文明形态的显著特征。

由奴役劳动性质的文明过渡到普遍性的文明，是人类文明进程的必然趋势。奴役制文明的发展进程又经历了古代奴隶制、中世纪农奴制、现代雇佣奴役制三大历史阶段，劳动生产力的水平和社会化程度越来越高，而劳动活动受奴役的范围和程度却在不断加深。在中世纪的小农个体生产方式下，劳动产品的分配关系以劳动者自己的劳动为基础。个体生产者"用自己的劳动资料，用自己或家属的手工劳动来制造产品"③，这样一来，劳动产品自然属于劳动者所有。随着社会分工日益细化，生产资料日益集中于机器大生产的工厂，出现了生产资料在社会化劳动中使用的状态，然而"劳动资料的占有者还继续占有产品，虽然这些产品已经不是他的产品，而完全是别人劳动的产品了"，不仅如此，"产品已经不归那些真正使用生产资料和真正生产这些产品的人占有，而是归资本家占有"。④ 于是，生产的社会化与生产资料的资本主义私人占有制之间的不相容性就鲜明地凸显出来，并且表现为无产阶级与资产阶级之间的对立。

在资本主义雇佣劳动制无力驾驭社会化大生产的同时，生产力本身

---

① 《马克思恩格斯全集》第 12 卷，人民出版社 1962 年版，第 725 页。
② 《马克思恩格斯文集》第 4 卷，人民出版社 2009 年版，第 195 页。
③ 《马克思恩格斯文集》第 3 卷，人民出版社 2009 年版，第 550 页。
④ 《马克思恩格斯文集》第 9 卷，人民出版社 2009 年版，第 287 页。

却"要求在事实上承认它作为社会生产力的那种性质"①，于是必然以日益增长的巨大力量要求摆脱私人资本的束缚。因此，资本主义的占有方式，"即起初奴役生产者而后又奴役占有者的占有方式"②，就必然让位于适合社会化生产需要的产品占有方式，一方面是社会直接占有生产资料，另一方面是个人直接占有生活与享受的资料。

对于奴役制文明中的最高阶段——资本主义雇佣劳动制，马克思主义经典作家采取了辩证分析的态度。

一方面，承认资本主义社会具有积极的文明进步性，具有由生产方式所决定的历史必然性。在人类文明史上，资本主义社会克服了前资本主义社会存在的"人类的地方性发展和对自然的崇拜"问题，通过"以资本为基础的生产"创造出了"社会成员对自然界和社会联系本身的普遍占有"，使人成为"具有尽可能丰富的属性和联系的人"和"具有尽可能广泛需要的人"，这些都具有积极的文明进步意义。③

另一方面，指出资本主义只具有暂时的历史必然性，科学预见人类文明不会止步于资本主义社会，必将超越于资本主义社会，通向真正的普遍的文明。资本主义社会劳动者的自主劳动能力降低、社会生产的周期性危机"势必会把文明社会暂时抛进野蛮状态"④，为了避免这种情况，为了不致失掉文明的果实，无产阶级必然将通过现实的革命斗争使生产力置于共同的控制之下，从而实现真正的普遍的文明。这种真正的普遍的文明就是共产主义文明，到那时，劳动将不再是一种异己的、统治人的盲目力量，而将成为劳动者自觉控制下的自主活动。而社会主义文明则是通往共产主义文明道路上的必经阶段，自此生产关系开始自觉处于劳动者的控制之下，进而也开始了真正的劳动解放进程，人类也开始从根本意义上脱离动物界。恩格斯在《反杜林论》中对社会主义文

---

① 《马克思恩格斯文集》第9卷，人民出版社2009年版，第294页。
② 《马克思恩格斯文集》第9卷，人民出版社2009年版，第296页。
③ 《马克思恩格斯文集》第8卷，人民出版社2009年版，第90页。
④ 《马克思恩格斯全集》第7卷，人民出版社1959年版，第504页。

明的崭新特征和革命性意义进行了详细总结："一旦社会占有了生产资料，商品生产就将被消除，而产品对生产者的统治也将随之消除。社会生产内部的无政府状态将为有计划的自觉的组织所代替。个体生存斗争停止了。于是，人在一定意义上才最终地脱离了动物界，从动物的生存条件进入真正人的生存条件。人们周围的、至今统治着人们的生活条件，现在受人们的支配和控制，人们第一次成为自然界的自觉的和真正的主人，因为他们已经成为自身的社会结合的主人了。人们自己的社会行动的规律，这些一直作为异己的、支配着人们的自然规律而同人们相对立的规律，那时就将被人们熟练地运用，因而将听从人们的支配。人们自身的社会结合一直是作为自然界和历史强加于他们的东西而同他们相对立的，现在则变成他们自己的自由行动了。至今一直统治着历史的客观的异己的力量，现在处于人们自己的控制之下了。只是从这时起，人们才完全自觉地自己创造自己的历史；只是从这时起，由人们使之起作用的社会原因才大部分并且越来越多地达到他们所预期的结果。这是人类从必然王国进入自由王国的飞跃。"①

总的来说，在如何对待西方先验理性主义文明观的问题上，马克思、恩格斯采取了历史的、辩证的科学分析态度。一方面，充分肯定先验理性主义文明观在反教权、反封建专制斗争过程中的伟大历史功绩，肯定其人创文明观和文明进步观的历史进步意义；另一方面超越了先验理性主义文明观中"迅速前进的文明完全被归功于头脑，归功于脑的发展和活动"之理性决定论和"满足先验自私人性"之本体还原论的思维范式。马克思、恩格斯运用唯物史观的科学原理，把文明看作是人类自身社会生产实践的成果，是社会不断变革的过程，进而消解了先验理性主义文明理论从价值预设的"应然"之文明来解决"实然"之不文明问题的抽象致思路径，第一次把伏尔泰开创的文明进步史观建立在了历史唯物主义和历史辩证法的科学基础之上。

---

① 《马克思恩格斯文集》第 9 卷，人民出版社 2009 年版，第 300 页。

马克思、恩格斯科学地论证了人类文明进步的未来是实现"真正的普遍的文明",并揭示了实现这种文明的目标和道路。这就是,资本主义取得的种种巨大文明成果是社会主义"真正的普遍的文明"的必要物质基础,一旦资本主义生产社会化与生产资料私人占有之间的矛盾激化,生产力的高度发达、生产资料公有制的经济基础及人民当家作主的思想政治上层建筑得以确立,"真正的普遍的文明"就能得到实现和发展了,这正如马克思所说,"只有在伟大的社会革命支配了资产阶级时代的成果,支配了世界市场和现代生产力,并且使这一切都服从于最先进的民族的共同监督的时候,人类的进步才会不再像可怕的异教神怪那样,只有用被杀害者的头颅做酒杯才能喝下甜美的酒浆"①。从而,人类文明进步第一次不在阶级对抗的基础上艰难前行,人类文明的进程也第一次不在洒满人类自相残杀的鲜血的道路上艰难行进。在马克思主义文明观的视域中,以劳动解放程度为根本标志,人类文明的演进阶段必然经历从奴役制劳动到自主活动的发展。具体地说,就是经历古代奴隶制、中世纪农奴制、现代雇佣奴役制的奴役制度劳动阶段,进而过渡到社会主义、共产主义自主活动阶段的根本飞跃,从而实现真正的普遍的文明。②

三　马克思、恩格斯文明进程动力观的理论超越

在《德意志意识形态》中,马克思、恩格斯在与青年黑格尔派的对话过程中,把文明进程动力描述为"革命,而不是批判",提出"历史不是作为'源于精神的精神'消融在'自我意识'中而告终的"③,

---

① 《马克思恩格斯文集》第 2 卷,人民出版社 2009 年版,第 691 页。

② 参见李艳艳《论马克思、恩格斯文明思想超越性的四重维度》,《中南大学学报》(社会科学版) 2018 年第 6 期。

③ 参见《马克思恩格斯文集》第 1 卷,人民出版社 2009 年版,第 544 页。

而是在生产力与历史形成的社会生产关系的矛盾运动过程中得以展开，这一表述为我们理解文明进程动力问题提供了重要的线索。《德意志意识形态》《路德维希·费尔巴哈和德国古典哲学的终结》中对于现实的宗教、神秘主义的批判也表明，《〈黑格尔法哲学批判〉导言》写作时期试图结束的对于宗教的批判任务并未真正结束，基督教这种观念的神学演变成为黑格尔笔下"逻辑范畴的预先存在"这种造物主信仰的虚幻残余。① 种种材料表明，马克思、恩格斯对于文明进程动力问题的理解和创新，是立足于对以基督教、黑格尔为代表的两种代表性历史解释模式的反思与超越。因此，根据逻辑与历史相统一的方法，追寻历史唯物主义文明进程动力观的生成路径，在思想比较过程中阐明文明进程动力观诠释的典型范式，有助于增强其与种种流行历史观的对话能力，呈现历史唯物主义哲学变革的重大意义。

（一）基督教哲学关于善恶斗争的文明进程动力观及其思想局限

通过追溯西方思想史不难发现，对于文明进程动力问题的探究是一种历史自觉意识的产物，而这一意识的正式确立恰是始自基督教哲学。这是因为，知识论哲学传统下的古希腊热衷于现世生活，一般来说缺少历史感。② 而且，古希腊哲学着力于探寻某种始基背后的逻各斯，实体性逻各斯进而被视为历史展开的源泉，围绕着逻各斯而产生的各种神话传说往往成为解释历史产生发展的根据。人的意识被淹没在神话传说之中，人并不具有自身的独立意识。"智慧只在于一件事，就是认识那善于驾驭一切的思想。"③ 这个时候的历史被认为随同灵魂的转世轮回也呈现出一种周期性循环的状态，明确的历史意识没有得到提出，文明进

---

① 参见《马克思恩格斯文集》第 4 卷，人民出版社 2009 年版，第 281 页。
② 参见 [美] J. W. 汤普森《历史著作史》上卷第一分册，谢德风译，商务印书馆 2013 年版，第 210 页。
③ 北京大学哲学系外国哲学史教研室编译：《古希腊罗马哲学》，商务印书馆 1961 年版，第 22 页。

程动力问题也相应地没有得以提出。即使有一些对于文明进程动力问题的模糊思考，却被归结为某种神秘始基的主宰力量。在古希腊晚期，虽然伊壁鸠鲁也提出了历史进步观，但是这并不是古希腊历史观的主流思想。

正是立基于历史预设论的基督教哲学正式提出了历史具有明确发展方向的观点，从而开启了对于文明进程动力问题的学术探究。"由于圣奥古斯丁，西方世界开始相信，整个历史是可以解释的。"① 基督教哲学的文明进程动力观建立在历史进步论的基础之上，这对于古希腊以灵魂不朽、转世轮回观念为理论前提的循环史观来说是一大进步。在基督教哲学的历史解释框架中，人类开始具有自由意志，历史进而也开始具有追求进步的目标，这使得探究文明进程动力问题具备了理论前提。这一自由意志集中体现在，人类始祖亚当、夏娃在上帝赋予的选择善恶之自由意志的支配下，遵循撒旦的引诱，违抗上帝的禁令，偷食了知智慧树上的禁果犯下原罪。他们因此被上帝逐出伊甸园之后，其后代人类又凭借自由意志开始了重返上帝乐园的回归之路。圣奥古斯丁对于人类历史发端发展的上述理论阐述，形成了一种明确的文明进程动力观，即上帝之城与魔鬼之城之间，换言之，预设的"善"与现实的"恶"之绝对斗争被视为文明史发展的动力，这一历史理论阐释框架影响深远。在这一逻辑理路中，人类历史是从上帝之城分离出来的，是人类进行善恶选择之自由意志的初步显现。受自由意志的支配，上帝信徒与魔鬼信徒之间不断斗争的历史也随之展开。相应地，人类历史的主题便成为在上帝的启示下自由地选择顺服神的禁令，对神的恩赐报以感恩，赎罪便成为贯穿历史的主线，以无罪身份重回神的乐园便成为历史发展的既定方向。

可见，善与恶之间的斗争作为基督教哲学视域中的文明进程动力，

① ［美］A. 斯特恩：《历史哲学：起源与目的》、［英］格鲁内尔编：《历史哲学——批判的论文》，隗仁莲译，广西师范大学出版社 2003 年版，第 162 页。

着眼于探究上帝与人之间的关系，并且把历史发展的目标寄托于上帝的救赎之上。它所宣扬的历史发展归宿是神的国度，是上帝的恩赏。由于基督教哲学历史观认为，神的国度存在于人们的心中，因此历史进程中的善恶斗争表现为人的自由意志中"顺从上帝意志"与"隶从魔鬼权势"心理之间的斗争。因此，基督教哲学虽然提出了文明进程动力的问题，也开启了人的自由意志之历史作用的积极维度，但是它不是致力于寻找历史发展的内生动力，而是试图通过建立"人—神"关系进而探究历史发展的动力，这一思路并不能真正把握历史的规律。从本质上来看，基督教哲学的文明进程动力观是把人类此岸世界的历史推向了彼岸世界，未能找到观察历史的科学基点和路径，从而必将陷入"空洞的、实际上毫无实效的道德说教"①。值得一提的是，基督教哲学基于预设论的文明进程动力观对于近代启蒙时期历史观产生了深远影响，与善恶斗争类似的理性与迷信之间的斗争，被伏尔泰等诸多思想家视为历史发展的动力。

（二）黑格尔关于先验理性自我否定的文明进程动力观及其逻辑困境

经过文艺复兴的思想洗礼，欧洲大陆上的神学历史观逐渐让位于人创历史观。对于文明进程动力的追寻，其着眼点也从对于"人—神"关系的探究，转向对于"人—人"关系的探讨。自从意大利人文主义者马基雅维利开始，人又重新开始发现自己的历史，这种重新发现具有超出基督教哲学历史观的新特征，即人不再仅仅是神的意旨履行者，而且具有自身独立的历史现实性。维柯等人进一步把人类历史看作一个有规律发展的过程，并且提出了"历史是人创造的"重要思想，也使得"人如何推动历史发展"成为哲学家们思考的重要问题。在伏尔泰、孔多塞、康德等众多思想家的笔下，先验理性主义成为这一时期历史阐释的哲学基础，理性作为一种神秘的实体充当了历史发展的动力。作为先

---

① 《马克思恩格斯全集》第3卷，人民出版社1960年版，第285页。

验理性主义发展的巅峰，黑格尔的文明进程动力观最具有代表性，他用注入历史生成维度的"理性的狡计"之说，把康德开启的客观理性史观推向了理论的高峰。他把理性理解为绝对精神这一神秘实体，在"实体即主体"思想的支配下，黑格尔认为"'精神'无论过去和现在都是世界历史各大事变的推动者"①，从而明确提出了精神动力观。与之相应，社会发展进程不过是绝对精神不断自我展开和复归的过程。

凭借辩证逻辑超越了形式逻辑的思辨传统，持能动实体观的黑格尔超越基督教哲学与部分启蒙思想家历史观的重要之处在于，他不再把作为推动文明进程动力的矛盾理解为两种实体之间的斗争，即善与恶之间或者理性与迷信之间的绝对斗争，而是认为理性在自身发展的进程中存在着自我矛盾，这一矛盾不断地进行自我否定、发展。世界历史的发展随着这一矛盾的自我展开、解决过程而实现，矛盾的每一次解决又是下一个矛盾的开始，这是因为绝对精神只有通过不停歇地否定自身的斗争，才能实现自身的目的。既然支配历史的绝对精神尚且是自我矛盾的，那么历史发展的进程也不会一帆风顺。尤其值得肯定的是，黑格尔已经无意识地把历史发展的动因归结为人们对于私人利益的追寻，他已经把由绝对精神决定的、人们追求私人利益的"恶劣的情欲"看作历史进程中起着重要作用的因素。这一思想是相当深刻的，已经接近历史唯物主义了。所以，普列汉诺夫评论道："黑格尔暗中指出了唯物主义的历史观。"②

然而，受先验理性主义逻辑范式的制约，黑格尔在文明进程动力问题上不可避免地存在着以下几个方面的逻辑困境。

第一，黑格尔从历史之外寻找支配历史进程的根据，从而无法把握推动历史发展的真正动力。"黑格尔所论说的是，只有那些由人的自我

① ［德］黑格尔：《历史哲学》，王造时译，生活·读书·新知三联书店1956年版，第46页。

② 《普列汉诺夫哲学著作选集》第1卷，人民出版社1972年版，第482页。

意识、由对有意识地阐明的目标的追求所导致的事件序列，才能够真正地被看作是历史的。"① 他把先验理性的自我否定运动视为历史发展的动力，并且对其进行神秘化和实体化。在黑格尔看来，绝对精神是先验理性的最高体现，是历史产生发展的源泉，他认为"规律是事物的理性"②，进而把人贬低为理性的工具。对于黑格尔的这种本质主义和实体论思维范式下的历史观，马克思、恩格斯在《神圣家族》中评论道："黑格尔的历史观以抽象的或绝对的精神为前提……人类的历史变成了抽象精神的历史，因而也就变成了同现实的人相脱离的人类彼岸精神的历史。"③ 从而，鲜明深刻地揭示了黑格尔历史观的唯心主义本质。

第二，黑格尔将历史视为个体私欲的体现，这种观点仍然没有突破宗教神秘主义的基地。在他看来，自私心作为绝对精神的表现形式，在推动历史进步过程中发挥了重要作用。理性在利用人类的热情，使它成为实现绝对精神目的的工具。绝对精神和人类热情二者交织成为世界历史的经纬线。对于这种由私利动机生发的人类热情，黑格尔指出："热情这个名词，意思是指从私人的利益，特殊的目的，或者简直可以说是利己的企图而产生的人类活动。"④ 以牺牲一切为代价的私人利益，成为人类无可遏制的最高目标，随之而来的利己主义和盲目冲动也表现为恶。对此，恩格斯在《路德维希·费尔巴哈和德国古典哲学的终结》中谈道："在黑格尔那里，恶是历史发展的动力的表现形式。这里有双重意思，一方面，每一种新的进步都必然表现为对某一神圣事物的亵渎，表现为对陈旧的、日渐衰亡的、但为习惯所崇奉的秩序的叛逆；另一方面，自从阶级对立产生以来，正是人的恶劣的情欲——贪欲和权势

---

① ［英］斯蒂芬·霍尔盖特：《黑格尔导论：自由、真理与历史》，丁三东译，商务印书馆 2013 年版，第 26 页。

② ［德］黑格尔：《法哲学原理》，范扬等译，商务印书馆 1961 年版，第 7 页。

③ 《马克思恩格斯文集》第 1 卷，人民出版社 2009 年版，第 292 页。

④ ［德］黑格尔：《历史哲学》，王造时译，上海书店出版社 1999 年版，第 24 页。

欲成了历史发展的杠杆"①。与基督教哲学文明进程动力观类似的是，"绝对精神"神秘化为"上帝"这一实体，追求私人利益的"恶劣的情欲"类似于"魔鬼之城"。虽然基督教哲学历史观中善与恶、上帝之城与世俗之城的绝对斗争，在黑格尔这里转化成为理性自身的矛盾运动，但是这种具体表述上的差异并不意味着黑格尔已经突破了宗教神秘主义的认识误区。

第三，黑格尔的文明进程动力观具有明显的逻辑悖谬。他一方面主张绝对精神自身的不断否定运动，另一方面又陷入所谓绝对精神具有自明能力的独断论窠臼。由于黑格尔在逻辑路径上犯了思辨唯心主义的错误，即"通过诡辩，把事物的概念当作独立存在的实体，也就是把本来是从个别事物中抽象出来的一般当作独立存在的本质，并把它作为感性存在物的来源和基础"②，从而无法建立历史主体与历史事件之间的科学联系。这导致了他在对于文明进程动力问题的认识上，"不在历史本身中寻找这种动力，反而从外面，从哲学的意识形态把这种动力输入历史"③。在实质上，这种思维逻辑把人的主观能动性变成了凌驾于历史之上的神秘实体。这种历史理论与历史事实之间的悖反现象迫切要求，对于文明进程动力的认识必须突破先验理性论的逻辑外壳。

（三）马克思、恩格斯基于社会内在矛盾辩证运动的文明进程动力观及其理论超越

虽然黑格尔已经尝试超越历史人物的表面动机去寻找某种客观实体，并且从私人利益角度出发去探究历史发展的动力，但是他并不认为这种私人利益产生于历史进程的内部，而认为其是由某种绝对精神所决定的。受黑格尔思想的影响，鲍威尔等青年黑格尔派从自我意识出发追

① 《马克思恩格斯文集》第 4 卷，人民出版社 2009 年版，第 291 页。
② 顾海良主编：《马克思主义发展史》，中国人民大学出版社 2009 年版，第 54 页。
③ 《马克思恩格斯文集》第 4 卷，人民出版社 2009 年版，第 303 页。

寻历史发展的动力。对于这类神秘主义的逻辑理路，马克思在《1844年经济学哲学手稿》中进行了评述，指出"这种思想上的扬弃，在现实中没有触动自己的对象，却以为实际上克服了自己的对象"①。恩格斯则在《路德维希·费尔巴哈和德国古典哲学的终结》中指出，即使是以费尔巴哈为代表的旧唯物主义，也只是把宗教意识的变迁作为历史发展的动力，从而"在历史领域内自己背叛了自己，因为它认为在历史领域中起作用的精神的动力是最终原因，而不去研究隐藏在这些动力后面的是什么，这些动力的动力是什么"②。

与上述西方历史哲学思想流派显著不同的是，马克思、恩格斯在与其进行对话反思的过程中，创立了历史唯物主义。并且，在历史唯物主义世界观和方法论的指导下，他们对于文明进程动力问题的理论探索取得了巨大突破。

1. 从历史之内把握文明进程动力，超越了从历史之外进行探究的逻辑路径。

从基督教神学史观、先验理性史观对于该问题的探索历程来看，他们试图从历史之外寻找某种神秘力量，神学家认为历史是上帝的作品，黑格尔则将历史归结为绝对精神的外化，不仅如此，他们还把上帝、绝对精神视为历史的主体，认为它们决定了历史的进程。虽然黑格尔的先验理性主义史观超越于基督教神学史观，使得实体成为一种自在自为、自我运动的主体，例如黑格尔强调："不动的东西自身却能引起运动，所以它是主体。它引起运动的力量，抽象地说，就是自为存在或纯粹的否定性"③。但是，同是基于上述实体即主体的思想，历史就变成了"绝对理念自身通过思想范畴以特定的逻辑自我运动、自我凸显和自我认识的结果，历史探讨相应地成为了对'无人身的人类理性'自我运

---

① 《马克思恩格斯文集》第 1 卷，人民出版社 2009 年版，第 216 页。
② 《马克思恩格斯文集》第 4 卷，人民出版社 2009 年版，第 303 页。
③ ［德］黑格尔：《精神现象学》（上），贺麟、王玖兴译，商务印书馆 1979 年版，第 13 页。

动的考察"①。在《黑格尔法哲学批判》中，马克思揭露了黑格尔的历史观、国家观建立在逻辑主义泛神论的基础之上，把一切人类活动的历史看作是逻辑推演出来的，使得"理念变成了独立的主体，而家庭和市民社会对国家的现实关系变成了理念所具有的想象的内部活动"②，市民社会"作为出发点的事实没有被理解为事实本身，而是被理解为神秘的结果"③。由此看来，黑格尔不仅使整个物质世界依附于思想世界，而且使整个人类的历史依附于思想的历史。

　　马克思发现黑格尔的世界观、历史观存在着本末倒置的问题，他在《〈黑格尔法哲学批判〉导言》开篇明确指出"真理的彼岸世界消逝以后，历史的任务就是确立此岸世界的真理"④，从而提出了从现实的社会生活内部探寻历史发展规律的思想。超越于从历史之外的某种神秘力量之中探寻文明进程动力的思辨唯心主义历史观，马克思认为，事实上"家庭和市民社会都是国家的前提，它们才是真正活动着的；而在思辨的思维中这一切却是颠倒的"⑤。马克思、恩格斯在《德意志意识形态》中明确提出"现实中的个人"是观察历史问题的出发点。历史唯物主义对于历史的观察是以"一些现实的个人"及"他们的活动和他们的物质生活条件"为理论前提。⑥ 简言之，"历史不过是追求着自己目的的人的活动而已"⑦。在马克思、恩格斯创立的历史唯物主义逻辑框架中，既然历史的前提是有生命的个人的存在，历史的进程必然体现人的意志，人类历史贯穿着合目的性与合规律性的对立统一关系，而使二者实现统一的中介就是实践，实践构成了历史产生发展的基础。因此，

---

　　① 李成旺：《历史唯物主义的超越对象与超越路径》，《马克思主义与现实》2014 年第 5 期。

　　② 《马克思恩格斯全集》第 1 卷，人民出版社 1956 年版，第 250 页。

　　③ 《马克思恩格斯全集》第 3 卷，人民出版社 2002 年版，第 12 页。

　　④ 《马克思恩格斯文集》第 1 卷，人民出版社 2009 年版，第 4 页。

　　⑤ 《马克思恩格斯全集》第 3 卷，人民出版社 2002 年版，第 10 页。

　　⑥ 《马克思恩格斯文集》第 1 卷，人民出版社 2009 年版，第 517 页。

　　⑦ 《马克思恩格斯文集》第 1 卷，人民出版社 2009 年版，第 295 页。

"任何历史记载都应当从这些自然基础以及它们在历史进程中由于人们的活动而发生的变更出发"①，而不是从神的意旨、绝对精神出发。由此可见，立基于"现实的人及其历史发展的科学"② 这一历史唯物主义思维框架，马克思、恩格斯明确提出了从历史之内把握文明进程动力的思想，从而超越了从历史之外进行探究的方式，实现了逻辑起点及其路径的根本转变。

2. 立足于物质生产实践活动本身探究文明进程动力，超越了探寻某种先验终极实体的思维范式。

在黑格尔的辩证逻辑框架中，对象化、外化是他进行理论演绎的重要逻辑环节，他"把人的自我产生看做一个过程，把对象化看做非对象化，看做外化和这种外化的扬弃"③，因而非常难得的是，他抓住了劳动的本质，把对象化的人理解为人类劳动的结果。然而，遗憾的是，他把"劳动"这种能动的方面抽象化、绝对化了，这正如马克思在《关于费尔巴哈的提纲》中所说，"和唯物主义相反，唯心主义却把能动的方面抽象地发展了"④，而并不承认活动的感性客观性方面。

如上文所述，超越于基督教、黑格尔从历史之外的某种神秘力量之中探寻文明进程动力的唯心主义历史观，马克思、恩格斯进行了历史唯物主义的理论建构，提出"在思辨终止的地方，在现实生活面前，正是描述人们实践活动和实际发展过程的真正的实证科学开始的地方"⑤。由于他们观察历史的逻辑起点是"从事实际活动的人"⑥，因而系统考察人类实践活动的产生发展就相应地成为首要的研究工作。如上所述，马克思、恩格斯不是从历史之外的预设论出发看历史，而是在历史生成

---

① 《马克思恩格斯文集》第 1 卷，人民出版社 2009 年版，第 519 页。
② 《马克思恩格斯文集》第 4 卷，人民出版社 2009 年版，第 295 页。
③ 《马克思恩格斯文集》第 1 卷，人民出版社 2009 年版，第 205 页。
④ 《马克思恩格斯文集》第 1 卷，人民出版社 2009 年版，第 499 页。
⑤ 《马克思恩格斯文集》第 1 卷，人民出版社 2009 年版，第 526 页。
⑥ 《马克思恩格斯文集》第 1 卷，人民出版社 2009 年版，第 525 页。

的视野中看历史。他们立足于现实的人的存在状态和现实的人之实际生活需要，看到"一切历史的第一个前提"是"人们为了能够'创造历史'，必须能够生活。但是为了生活，首先就需要吃喝住穿以及其他一些东西。因此第一个历史活动就是生产满足这些需要的资料，即生产物质生活本身"①。在他们看来，人不是抽象的存在物，而是"从事活动的，进行物质生产的，因而是在一定的物质的、不受他们任意支配的界限、前提和条件下活动着的"②。不同于以理性作为人与动物相揖别的观点，马克思、恩格斯认为："一当人开始生产自己的生活资料……人本身就开始把自己和动物区别开来。"③

这样一来，人类社会内部的生产实践活动终于得到了历史哲学的正视。正是在实践活动的基础上，人与自然之间形成的生产力、人与人之间形成的以生产关系为主的社会关系，相应地开始了不断自我否定、自我更新的矛盾运动进程。进而言之，历史发展运动过程建立在以物质生产为主的实践活动基础之上，因此在《德意志意识形态》中，马克思、恩格斯指出："历史的动力以及宗教、哲学和任何其他理论的动力是革命，而不是批判。"④ 这意味着，探寻文明进程动力的立足点不再是逻辑批判的思辨活动，而是现实的革命实践活动。

3. 坚持主观辩证法和客观辩证法的统一，超越了理性自我辩证否定的精神动力观。

正如恩格斯所言，受思辨唯心主义这种颠倒意识形态的影响，在黑格尔那里，历史"只是概念的自己运动的翻版"，所以需要"我们重新唯物地把我们头脑中的概念看做现实事物的反映，而不是把现实事物看做绝对概念的某一阶段的反映"，⑤ 从而，在具体的历史的实践基础上，

---

① 《马克思恩格斯文集》第1卷，人民出版社2009年版，第531页。
② 《马克思恩格斯文集》第1卷，人民出版社2009年版，第524页。
③ 《马克思恩格斯文集》第1卷，人民出版社2009年版，第519页。
④ 《马克思恩格斯文集》第1卷，人民出版社2009年版，第544页。
⑤ 《马克思恩格斯文集》第4卷，人民出版社2009年版，第298页。

推动主观辩证法与客观辩证法的相互统一。

在马克思、恩格斯看来，主观精神、人的思维领域并不具有独立辩证运动的能力，而是需要依托于、反映于客观物质世界的辩证运动，同时对客观辩证法的把握又是在不断发展的辩证思维过程中而逐渐实现。这是因为，生产一开始就"表现为双重关系：一方面是自然关系，另一方面是社会关系"①。具体地说，虽然生产是一切历史活动的基础，但是"为了进行生产，人们相互之间便发生一定的联系和关系；只有在这些社会联系和社会关系的范围内，才会有他们对自然界的影响，才会有生产"②。正因为如此，人们在从事物质资料生产的同时，也在生产着他们的社会关系，包括物质关系、政治关系和思想关系。换言之，人们在通过物质资料生产活动处理人与自然关系的同时，也必然要处理人与人之间随着生产分工的发展而形成的，以生产关系为核心的丰富的社会关系，这就相应地形成了客观辩证法与主观辩证法的关系问题。

事物发展的客观辩证法决定着人们认识事物的主观辩证法。恩格斯说："所谓的客观辩证法是在整个自然界中起支配作用的，而所谓的主观辩证法，即辩证的思维，不过是在自然界中到处发生作用的、对立中的运动的反映"③。客观物质世界不依赖于人们的意识而独立地存在着，并且是一个充满着矛盾的、相互联系和不断发展着的过程，这就是客观世界本身的辩证法，即客观辩证法；主观辩证法是在人们头脑中反映和加工的客观辩证法，虽然它在反映形式上是主观的，但其内容却是客观的。所以，从实质上来看，无论是客观辩证法还是主观辩证法，它们归根结底都具有客观实在性。这种客观辩证法与主观辩证法的统一就是唯物辩证法。马克思、恩格斯研究文明进程动力问题，一方面立足于客观辩证法观察历史的矛盾运动发展，另一方面则立足于主观辩证法再现历

---

① 《马克思恩格斯文集》第 1 卷，人民出版社 2009 年版，第 532 页。
② 《马克思恩格斯文集》第 1 卷，人民出版社 2009 年版，第 724 页。
③ 《马克思恩格斯文集》第 9 卷，人民出版社 2009 年版，第 470 页。

史的客观进程，从而坚持历史的客观辩证法与主观辩证法相互统一。基于对历史辩证运动的认识，历史的内在矛盾运动规律就成为探寻文明进程动力、形成科学文明进程动力观的关键环节。

4. 致力于对文明进程动力系统的揭示，超越了单一实体的唯一动力观

无论是基督教哲学视域下的上帝，还是黑格尔逻辑中的绝对精神，他们都是将某个单一实体作为历史发展的唯一动力。然而，在马克思、恩格斯看来，文明进程动力不是指某一个具体的实体，而是一个具有多层次的动力系统。如上文所述，马克思、恩格斯立足于现实的人的物质生产实践活动，基于主观辩证法与客观辩证法相统一的原则，认识到，体现在生产力中的人与自然的关系，以及体现在生产关系中的人与人的关系，犹如社会历史的经纬线，构成了社会发展过程中最基本的矛盾，从而揭示出，生产力与生产关系的基本矛盾运动构成了历史发展的动力。

在文明进程动力系统中，各对矛盾的地位和作用并不完全一样，最终起决定作用的乃是生产力和生产关系之间的矛盾。在这个动力系统中，生产力与生产关系之间的矛盾，不仅决定着作为生产关系总和的经济基础与上层建筑之间的矛盾产生和发展，而且又会引起其他社会矛盾的产生和发展。对于由生产力与生产关系之间矛盾引起的文明进程动力系统的运动方式，马克思在《〈政治经济学批判〉序言》中作出了详细表述："社会的物质生产力发展到一定阶段，便同它们一直在其中运动的现存生产关系或财产关系（这只是生产关系的法律用语）发生矛盾。于是这些关系便由生产力的发展形式变成生产力的桎梏。那时社会革命的时代就到来了。随着经济基础的变更，全部庞大的上层建筑也或慢或快地发生变革。"[1] 正是在这个意义上来看，"一切历史冲突都根源于生产力和交往形式之间的矛盾"[2]。

---

[1] 《马克思恩格斯文集》第 2 卷，人民出版社 2009 年版，第 591—592 页。
[2] 《马克思恩格斯文集》第 1 卷，人民出版社 2009 年版，第 567—568 页。

生产力与生产关系之间的矛盾也决定着阶级矛盾，这体现为历史发展基本动力对于直接动力具有决定作用。这是因为，在阶级社会中，社会基本矛盾往往会通过一定社会阶级的矛盾表现出来，对此，恩格斯指出，要"用'历史唯物主义'这个名词来表达一种关于历史过程的观点……这种观点认为，一切重要历史事件的终极原因和伟大动力是社会的经济发展，是生产方式和交换方式的改变，是由此产生的社会之划分为不同的阶级，是这些阶级彼此之间的斗争"①。由阶级矛盾的激烈程度所决定，革命或者改革便成为解决阶级冲突的手段，这就构成了推动历史发展的直接动力。可见，从基本动力到直接动力，对于文明进程动力系统的建构，成为马克思、恩格斯在文明进程动力问题上的突出贡献。

如上所述，作为西方历史观思想演进史上具有开创性贡献的杰出思想家，马克思、恩格斯虽然继承了基督教哲学开创的历史进步观，也承续了黑格尔的历史辩证法，但是他们在文明进程动力问题上作出了进一步的科学探讨。这突出表现在，基于社会基本矛盾辩证运动过程，他们进而对于文明进程动力系统进行了深刻揭示。②

四　恩格斯文明时代起点观的发展辨析

文明时代始于何时？其判断依据是什么？学界通常把这类问题称为"文明时代的起点问题"。近年来，随着国际社会对于文明影响世界秩序的观点的广泛认同，以及国内对于中国特色社会主义文明实践的迫切需要，文明也日益成为当今我国学术界研究的一个热点问题。作为文明观研究基石的文明时代起点问题也引起多学科视域的关注。

---

① 《马克思恩格斯文集》第 3 卷，人民出版社 2009 年版，第 508—509 页。
② 参见李艳艳《马克思恩格斯历史发展动力观的理论超越及其当代启示》，《马克思主义研究》2019 年第 1 期。

其中，恩格斯关于文明时代起点的一些重要论述成为马克思主义视域中文明研究的重要理论依据。然而，虽然同是对恩格斯的文明时代起点观进行解读阐释，不同学者的论述也可谓是众说纷纭、莫衷一是。当前，廓清恩格斯文明时代起点观的本真语境，对于我们构建社会主义文明理论、促进中国特色社会主义文明进步，无疑具有十分紧迫的理论和现实意义。

（一）恩格斯关于文明时代起点的两种表述及其认识困惑

许多学者在对恩格斯文明时代起点观的解读过程中都会遇到一个问题，那就是恩格斯在文明时代起点的问题上曾有过两种不同表述，从而使我们产生了认识上的困惑。本书将就此问题进行深入探讨分析。

一是恩格斯笔下的文明时代始于资本主义社会。持这种观点的学者以《反杜林论》为文本依据，认为恩格斯肯定了"傅立叶最了不起的地方表现在他对社会历史的看法上。他把社会历史到目前为止的全部历程分为四个发展阶段：蒙昧、野蛮、宗法和文明"，并进一步明确指出傅立叶语境中的"最后一个阶段就相当于现在所谓的资产阶级社会"。①

二是恩格斯笔下的文明时代始于奴隶社会。持这种观点的学者根据恩格斯在《家庭、私有制和国家的起源》中指出的奴隶制、中世纪的农奴制和近代的雇佣劳动制作为三大奴隶形式存在于"文明时代的三大时期"这一论断，②进而认为，奴隶社会作为一般性意义上文明时代的第一阶段，因而也就是文明时代的起始节点。这种观点，由于正好与学界早已流行的"文字标志说""国家标志说"相互印证，现在已经得到国内多数学者的认同。

那么，从1878年至1884年，仅仅六年间，为什么恩格斯对于文明时代起点的认识，发生了从资本主义社会到奴隶社会的巨大转变呢？恩

---

① 《马克思恩格斯文集》第9卷，人民出版社2009年版，第276页。
② 《马克思恩格斯文集》第4卷，人民出版社2009年版，第195页。

格斯的这一认识发展又是如何实现的呢？这的确是我们应该关注的重大问题。对此，也许有人会质疑，是不是经典作家的理论依据出现了显著变化，进而导致两种文明时代起点观的前后矛盾。甚或有人会怀疑历史上是否出现了两个截然不同的恩格斯，即作为革命家的恩格斯和作为人类学家的恩格斯。

笔者认为，在恩格斯的思想发展历程中，确实客观存在着两种关于文明时代起点的表述，恩格斯先是认为文明时代始于 16 世纪以来的资本主义社会，后来又把奴隶制社会作为文明时代的起点。这两种表述在恩格斯不同历史时期的著作中均有所体现。一是在 1878 年首次出版的《反杜林论》中，恩格斯引用并高度赞赏傅立叶对于人类社会进行"蒙昧、野蛮、宗法和文明"的划分，对此观点，恩格斯作出了独创性的进一步发展，指出傅立叶所说的文明阶段"就相当于现在所谓的资产阶级社会"①。仅隔两年，恩格斯于 1880 年首次出版的《社会主义从空想到科学的发展》中又对"文明"阶段作出了补充，"即从 16 世纪发展起来的社会制度"②。在这里，文明时代起点被定位在了 16 世纪以来的资本主义社会；二是在 1884 年首次出版的、主要根据摩尔根的人类学研究成果而写成的《家庭、私有制和国家的起源》中，恩格斯又明确指出：奴隶制、中世纪的农奴制和近代的雇佣劳动制作为三大奴隶形式，存在于"文明时代的三大时期"，③ 从而将文明时代起点定位于奴隶社会。

对此，有人可能质疑恩格斯在《反杜林论》和《社会主义从空想到科学的发展》中作出的文明阶段"就相当于现在所谓的资产阶级社会"的论断是否仅是引述傅立叶的话，而非恩格斯自己的观点，进而只认同恩格斯在《家庭、私有制和国家的起源》中关于文明时代始于奴

---

① 《马克思恩格斯文集》第 9 卷，人民出版社 2009 年版，第 276 页。
② 《马克思恩格斯文集》第 3 卷，人民出版社 2009 年版，第 532 页。
③ 《马克思恩格斯文集》第 4 卷，人民出版社 2009 年版，第 195 页。

隶社会的那种表述。对此，笔者认为有一个细节不容忽视。这就是，对于傅立叶作出的"乐园、蒙昧、宗法、野蛮、文明"① 的迄今为止人类社会的历史划分，恩格斯作了新的历史排序，即"蒙昧、野蛮、宗法、文明"的序列。这一变化表明了，傅立叶与恩格斯对于文明时代起点的认识分歧。傅立叶认为文明时代仅指 18 世纪资产阶级革命胜利并掌握政权以后"创造了大规模的工业生产、高度发展的科学和艺术"② 的历史，然而，1884 年恩格斯笔下的文明时代是指，涵盖了欧洲资本主义原始积累时期的"从 16 世纪发展起来的社会制度"，即资本主义生产方式萌芽、资产阶级专政、资本主义世界历史开启的整个历史时期。

笔者认为，要澄清对该问题的诸种疑惑，需要在历史唯物主义的指导下，结合科学社会主义原理发展历程，辩证看待恩格斯在文明时代起点问题上的思想发展。这或许能为我们解答这一困惑提供一个思路，进而为我们准确把握恩格斯的文明时代起点观提供一个重要视角。

（二）恩格斯文明时代起点观的发展是对国际共产主义运动条件的认识深化

为什么恩格斯会在《反杜林论》《社会主义从空想到科学的发展》和《家庭、私有制和国家的起源》中先后作出文明时代始于资本主义社会，以及始于奴隶社会的两种不同表述呢？众所周知，马克思、恩格斯作为无产阶级革命家，他们思考和研究理论问题是为了寻找无产阶级解放的现实道路。实际上，恩格斯对于文明时代起点表述的先后变化，与这一价值语境密切相关。通过深入研读相关文本，笔者认为恩格斯关注和研究文明时代的核心目的在于探求共产主义运动的现实条件和途径。因为，从 19 世纪六七十年代以后国际共产主义运动的实践来看，国际共产主义运动呈现出向经济文化比较落后的资本主义国家和东方不

---

① 《傅立叶选集》第 3 卷，汪耀三等译，商务印书馆 2009 年版，第 352 页。
② 《傅立叶选集》第 1 卷，赵俊欣等译，商务印书馆 2009 年版，第 4 页。

发达国家地区转移的趋势，这种新的实践在理论上的反映就是，落后国家可不可以跨越资本主义阶段直接通往共产主义？共产主义运动的现实条件是否仅存在于发达资本主义国家范围内？出于国际共产主义运动形势变化的需要，马克思主义创始人对于共产主义运动条件进行了新的反思和研究，恩格斯文明时代起点观的演变就是在历史唯物主义指导下对共产主义运动条件认识发展的结果。

第一，恩格斯文明时代起点观的发展是他对于共产主义运动生产关系条件认识发展的结果。我们知道，生产力和生产关系是马克思主义创始人观察人类社会历史的两个基本维度。恩格斯既一以贯之地坚持发达的生产力是共产主义运动的物质基础，同时对共产主义运动的生产关系条件进行了发展。他在《家庭、私有制和国家的起源》中通过考察原始社会分工、家庭、氏族的演变，发现《共产主义原理》《德意志意识形态》《反杜林论》中指出的商品、私有制、普遍交往、阶级矛盾等资本主义文明基本特征，早在私有制形成和史前社会瓦解之后的人类文明社会初期就已经开始出现了。所以，恩格斯得出结论说，"文明时代的基础是一个阶级对另一个阶级的剥削"①，从而，使文明时代从资本主义提前到奴隶制社会，这一认识的发展实质上实现了对于共产主义运动生产关系条件的认识发展，即从资本主义生产关系到一切阶级对立关系的认识飞跃。

第二，恩格斯文明时代起点观的发展也是他对于社会生产方式和社会基本矛盾认识发展的结果。基于"一切社会变迁和政治变革的终极原因，不应当到人们的头脑中，到人们对永恒的真理和正义的日益增进的认识中去寻找，而应当到生产方式和交换方式的变更中去寻找"②的历史唯物主义基本观点，恩格斯在《反杜林论》中认为生产方式仅仅是物质资料的生产方式，进而指出资本主义社会生产力和生产关系的矛盾

---

① 《马克思恩格斯文集》第4卷，人民出版社2009年版，第196页。
② 《马克思恩格斯文集》第9卷，人民出版社2009年版，第284页。

是建立在大工业基础上的"资本主义生产方式在它生而具有的""社会化生产和资本主义占有"矛盾，"它毫无出路地处在早已为傅立叶所发现的'恶性循环'中"。① 换言之，共产主义运动将会是恶性循环的资本主义文明制度的物质资料生产力和生产关系矛盾激化的结果。

在《家庭、私有制和国家的起源》中，恩格斯则进一步发现了除了物质生产力和物质资料生产关系之外的人的自身生产和血缘关系，从而完整阐述了生产力和生产关系的两种基本类型。恩格斯在考察原始社会家庭史的过程中发现，随着以生理的自然分工为主演变为以社会分工为主，以血缘关系为主要纽带的家庭形式逐渐被以经济关系为重要基础的专偶制家庭所取代，家庭的功能从以人自身生产（种的繁衍）为主逐渐发展成为专偶制家庭中以物质生产功能为主。② 随着物质生产力的发展冲破了血缘关系的社会组织形式，作为文明时代基础和首要标志的阶级，是人自身生产、物质生产与血缘关系、物质资料生产关系矛盾逐渐激化的历史过程的产物。从而，恩格斯通过两种生产的理论发展，完整地揭示了物质生产和人自身生产对于社会历史发展的共同决定作用。包含着两种生产在内的生产力与血缘关系、物质资料生产关系的矛盾激化，既是阶级产生的原因，同时也是消灭阶级的社会基础。

第三，恩格斯文明时代起点观的发展体现了从特殊到一般、从偶然到必然的科学认识发展路径。如果说马克思、恩格斯通过对资本主义文明内在矛盾的剖析，得出了"资产阶级的灭亡和无产阶级的胜利是同样不可避免的"③ 结论，那么，恩格斯则通过对原始社会走向文明时代的历史实证研究，也同样得出了阶级必然灭亡和"古代氏族的自由、平等和博爱"将会"在更高级形式上的复活"的结论。这样一来，通过完成从资本主义"人体"到整个人类社会"猴体"的解剖，进一步论证

① 《马克思恩格斯文集》第9卷，人民出版社2009年版，第287—290页。
② 《马克思恩格斯文集》第4卷，人民出版社2009年版，第15—16页。
③ 《马克思恩格斯文集》第2卷，人民出版社2009年版，第43页。

了共产主义运动发生和胜利的科学真理性，使得共产主义运动发生和胜利的科学预言具有了历史的一般性、必然性。这一重大思想对于国际共产主义运动的现实意义在于，明确了落后国家在一定历史条件下可以跨越资本主义发展阶段，从而揭示了社会形态发展上的规律普遍性与实践特殊性的统一，共产主义运动的普遍性规律寓于各国的特殊实践过程之中。同时也揭示了，虽然共产主义革命的次序可以颠倒和超越，但是作为人类历史物质性基础的经济社会发展不能逾越。所以说，生产力和生产关系极为不发达的、具有原始公社性质的国家，不可能不经过促使原始公社解体的革命第一幕，而直接从共产主义运动的第五幕开始。但是，在私有制、阶级对立占据统治地位的经济文化比较落后的国家地区则可能进行共产主义运动的第五幕。不过，即使革命胜利了也必须大力发展物质生产力，因为经济社会为基础的历史发展阶段是不能超越的。

可以看出，恩格斯最终将文明时代的起点定位在了奴隶社会。这一发展，是无产阶级革命运动深入发展和思想家本人思想成熟的共同结果。

（三）恩格斯关于文明时代起点的两种表述具有高度的思想一致性

如前所述，虽然恩格斯在文明时代起点问题上先后作出过两种貌似不同的具体表述，但是笔者认为，这两种表述具有思想的内在一致性。这就是，都是从生产力和生产关系矛盾运动的角度来考察文明时代的起点，从而得出结论为，文明时代是生产力和生产关系矛盾表现为阶级矛盾之后的历史性产物。

在《反杜林论》《社会主义从空想到科学的发展》中，恩格斯谈到过剩是文明时代的基本特征，而这种过剩则是由于物质生产力发展和生产社会化、商品生产的出现和商品交换广泛展开所导致的。恩格斯对此过程作了较为详细的描述，他说，在中世纪以交换为目的的商品生产还只是在形成之中，"但是，随着商品生产的扩展，特别是随着资本主义生产方式的出现，以前潜伏着的商品生产规律也就越来越公开、越来越有力地发挥作用了"①，这种盲目的无政府状态下的商品生产造成了生产资料、生活资料、可供支配的工人相对过剩，总之，"生产和一般财富的一切因素，都过剩了"②。与之相类似，在《家庭、私有制和国家的起源》中，恩格斯通过对原始社会的实证性研究发现，在不断分化的分工和田野农业促进下，人们生产的生活资料有了剩余，于是他们拿出一部分自己的生活资料去交换其他物品，逐渐地"劳动产品中日益增加的一部分是直接为了交换而生产的"③，从而商品生产出现，商人阶级登上了历史舞台，货币财富迅速地积聚到一个人数很少的阶级手中。于是，以富人和穷人之间日益尖锐化的对立为特征的文明时代便开始了。可以看出，恩格斯关于文明时代起点问题先后作出的两种具体表述都把商品生产作为文明时代产生的根本推动力量。

在《反杜林论》《社会主义从空想到科学的发展》中，恩格斯提到在资本主义文明时代，一切传统的血缘关系都解体了，劳动者从拥有稳定的生活条件转到天天都在忧心变化的毫无保障的生活条件。这样一来，一种新的生产关系建立起来了，这种生产关系"仅仅使个别人发财而使群众受奴役"④。与之相类似，在《家庭、私有制和国家的起源》中，恩格斯通过研究原始社会的家庭形式的变迁发现，在专偶制家庭成为社会的经济单位后，各个家庭之间开始出现"财产差别"，并受获取比邻人更多财富的贪欲所驱使，"获取财富已成为最重要的生活目的之一"⑤。从而，恩格斯关于文明时代起点问题的两种具体表述都把私有财产制作为文明时代产生的重要标志。

在《反杜林论》《社会主义从空想到科学的发展》中，恩格斯鲜明

---

① 《马克思恩格斯文集》第9卷，人民出版社2009年版，第289页。
② 《马克思恩格斯文集》第9卷，人民出版社2009年版，第293页。
③ 《马克思恩格斯文集》第4卷，人民出版社2009年版，第182页。
④ 《马克思恩格斯文集》第9卷，人民出版社2009年版，第279页。
⑤ 《马克思恩格斯文集》第4卷，人民出版社2009年版，第183页。

地指出"文明时代是在'恶性循环'中运动，是在它不断地重新制造出来而又无法克服的矛盾中运动"，① 这种无法克服的矛盾是尽享权利的阶级和尽履义务的阶级之间的对立，文明时代至今的历史便是阶级斗争的历史。与之相类似，在《家庭、私有制和国家的起源》中，恩格斯发现，随着以经济条件为基础的专偶制家庭取代以血缘关系为基础的家庭，男性在家庭中的统治地位越来越强，女性被男性奴役的程度也不断加深，这意味着，奴役制的萌芽在专偶制家庭中首先出现了。"随着在文明时代获得最充分发展的奴隶制的出现，就发生了社会分成剥削阶级和被剥削阶级的第一次大分裂。这种分裂继续存在于整个文明期。"② 在这里，恩格斯在文明时代起点问题上先后作出的两种具体表述，都认为阶级对立标志着文明时代的开始。

可见，恩格斯在《反杜林论》《社会主义从空想到科学的发展》中谈到的资产阶级社会文明时代和在《家庭、私有制和国家的起源》中作出的文明时代始于奴隶社会的论断，都是生产力和生产关系矛盾运动到这样一个历史时期，在那时，商品生产、私有财产制、阶级对立的出现标志着文明时代的开始。

（四）恩格斯文明时代起点观研究的当代启示

通过考察恩格斯关于文明时代起点的两种表述及其思想发展，给我们揭示了文明时代始于奴隶社会的重大结论，对于我们深化对马克思主义文明观的研究、正确把握人类文明发展的基本规律具有十分重要的价值。

文明时代是社会历史性的范畴，它与体现某一或某些要素的文明范畴有着质的区别。由于文字、城市、金属工具等文明要素的出现，在文明时代之前的野蛮时代便开启了人类文明史的历程。而文明时代在马克

---

① 《马克思恩格斯文集》第9卷，人民出版社2009年版，第276页。
② 《马克思恩格斯文集》第4卷，人民出版社2009年版，第195页。

思、恩格斯的语境下，则被赋予了人类解放的价值意蕴。阶级性是文明时代的本质属性，不过"自从文明时代开始以来所经过的时间，只是人类已经经历过的生存时间的一小部分"①，随着对商品生产、私有财产制、阶级对立的历史扬弃，不平等的顶点必将被权利的平等所取代，这一过程是不以人的意志为转移的客观历史进程，社会主义的真正的普遍的文明必然到来。

同时也要看到，社会主义新质文明取代奴役性质的阶级社会文明虽然是历史发展的必然趋势，但这个趋势的最终实现和完成却是一个长期而艰巨甚至曲折的过程。此外，人类文明的进步必然指向社会主义文明，这是从人类社会整体根本性进步的意义上来说的，而不能简单地套入某一特定的国家的具体道路。不过，人类文明整体进步道路的一般性又要通过各国具体文明进步道路而表现出来，既可能经过资本主义文明过渡到社会主义文明，也可能不经过资本主义文明过渡到社会主义文明，因此文明的进步是一般性和特殊性的统一。

此外，考察恩格斯关于文明时代起点的两种表述及发展原因，对于我们以全面、发展的态度去研读和理解马克思主义创始人的著作也具有方法论上的启示意义。

第一，防止脱离具体的文本语境，静止地把某一观点当作一般性结论。长久以来，去语境化引用是传统马克思主义哲学教科书研究范式的特点。通过研究恩格斯文明时代起点观的发展历程，我们可以看到，马克思主义创始人的思想在不同时期的著作中其内涵和语境有较大差异，也就是说，经历了一个不断发展成熟的过程。这对我们的启示是，研究马克思主义创始人某一具体观点时，必须联系其具体的写作目的及文本语境，特别要关注思想的递进、研究角度的转变和逻辑的发展过程，切不可断章取义，更不能把马克思、恩格斯的思想当作是预设的科学真理，甚至法典化，从而将经典文本用于狭隘地解释和泛泛地佐证某一并

---

① 《马克思恩格斯文集》第4卷，人民出版社2009年版，第179页。

不准确的观点。

第二，防止脱离历史生成的视野，孤立地看待某一观点。长久以来，一些马克思主义版本学考证研究，过于注重从学理的角度来探讨马克思主义的逻辑发展和完善，从而使马克思主义变成了抽象的哲学，脱离了马克思主义以实践为首要的基本的观点这一根本特征。通过对恩格斯文明时代起点观发展历程的考察，我们知道，文明时代的内涵演进与时代背景尤其是和国际共产主义运动发展状况的变化密切相关。如果不能将文明时代起点的逻辑演进和历史发展联系起来进行考察，在方法论上就可能犯类似于西方哲学那种单纯进行理论推演和完善的唯理论错误，而这也正是马克思、恩格斯终生所致力批判的对象。这对我们的进一步启示是，必须按照历史生成的方法来考察理论逻辑的演变，确立和坚持历史在逻辑建构过程中的首要的决定性作用。

第三，防止脱离思想的一致性，片面地看待某一思想的发展性。时下，学界有一种流行的观点认为，马克思的早年与晚年、恩格斯的早期著作和晚期著作，以及马克思与恩格斯之间的思想是对立的。通过研究恩格斯文明时代起点观的发展历程，笔者发现，两种表述都是建立在对于人类社会生产力和生产关系矛盾发展的认识和把握基础上的，这是它们内在一致性的根本所在。至于先后出现的两种不同表述，则是在不同历史时期从不同角度、根据不同的实践目的，对同一问题的不同讲法，思想上的根本一致性并没有发生改变。这给我们的启示是，在对马克思主义创始人著作进行研究时，要克服非此即彼的两极对立思维，而要始终坚持从辩证唯物主义和历史唯物主义的基本立场、观点和方法入手，来考察某一具体思想发展的脉络，才可能得出该思想的本真意蕴。①

---

① 参见李艳艳《恩格斯文明时代起点观的发展辨析与当代启示》，《湖南师范大学社会科学学报》2013 年第 5 期。

第三章

中国特色社会主义文明观探索

中国特色社会主义开辟了人类现代文明新道路，具有世界历史意义。在文明道路、文明结构、文明关系方面，中西方采取了相异的模式。与部分西方民族文明的保守封闭相比，中国特色社会主义文明具有和谐、全面、包容的特征，形成了物质文明、精神文明、政治文明、社会文明、生态文明全面发展的格局。进入中国特色社会主义新时代，中国特色社会主义文明理论紧紧围绕"什么是人类文明新形态""如何建设中华民族现代文明""怎样推动世界文明交流互鉴"的理论主题，建构了以人民为中心的文明结构论、以劳动为动力的文明形态论、以劳动分工合作为基石的文明交往论，为人类文明理论的发展做出了杰出贡献。

一　中国和西方现代文明道路的同与异

文明问题涉及民族、国家的认同，同时又是超越民族、国家等传统认同对象的崭新领域，因而是当今国内外思想理论界十分关注的重大问题。放眼当今世界，信息科技取得突破，经济全球化遭遇逆流，国际关系深刻变化，全球治理体系正在重塑，世界各国社会结构不断调整，在这一历史进程中，"黑天鹅""灰犀牛"事件频发，一系列重大事件标志着人类文明形态正在发生重大变化。习近平总书记在庆祝中国共产党成立一百周年大会上的重要讲话中指出："我们坚持和发展中国特色社会主义，推动物质文明、政治文明、精神文明、社会文明、生态文明协调发展，创造了中国式现代化新道路，创造了人类文明新形态。"① 与西方资本主义文明形态相较，中国特色社会主义作为人类现代文明进程的一种崭新类型和形态，既体现了全人类共同的历史方向和时代呼唤，又展现了独立自主的发展道路。

（一）同处于现代社会，但是选择了相异的现代文明道路

与充斥着神性、迷信、无知的前现代文明相比，现代文明是一个以人性扬弃神性、以理性驱逐迷信、以科学替代无知的时代，人类在高举理性旗帜的过程中确立起了自己的世界历史主体地位，人类探索和应用知识的能力受到了极大鼓舞。科技突飞猛进、社会商品丰富、教育普及化、医疗卫生水平显著提升、城市化水平迅速提高，在人类文明史上，从来没有哪一个历史时期能够像现代社会那样，给人类带来如此巨大的发展空间。现代社会的上述显著特征，被世界人民共同接受和广泛享有，并且成为世界各国各民族关于现代社会的基本共识。从 18 世纪 60 年代至今，西方主要发达国家用 200 多年的时间完成了工业化，进入了现代社会。与之相较，我国仅用 70 多年的时间，就基本完成了工业化，创造了彪炳人类史册的罕见发展奇迹。虽然进入现代社会的起点不同，但是在中国共产党的集中统一领导下，如今，中国人民众志成城，勠力前行，已经和西方主要发达国家基本站到了同一起跑线上，共同迎接第四次工业革命开启的现代文明新阶段。

虽然中国和西方主要发达国家同处于现代社会，然而中西方国家选择的现代文明道路显著不同。在西方资本主义文明体系中，劳动主体和客体对象之间分离的关系导致了，虽然"资产阶级在它的不到一百年的

---

① 习近平：《在庆祝中国共产党成立 100 周年大会上的讲话》，《人民日报》2021 年 7 月 2 日。

阶级统治中所创造的生产力，比过去一切世代创造的全部生产力还要多，还要大"①，但是，在生产力取得巨大成绩的背后却是理性的偏执和滥用。理性被简单等同于工具理性，价值理性的光芒被日益遮蔽。对于工具理性的过分依赖和崇信，导致社会发展如同脱缰的野马，越来越偏离以人类解放为最高价值的现代文明基本方向，导致了严重的文明悖论。对此，一些近代西方文明理论家屈服于"一切文明社会都是建立在不平等的基础上"的不合理现实，主张"文明需要一个有闲阶级存在，而有闲阶级又需要奴隶存在"，把人民贬低为"贡献出一部分时间和精力养活别人的人们"，② 从而把文明看作部分人享有的特权。对此，马克思基于历史辩证法，揭示文明悖论的根本原因在于，"资本一出现，就标志着社会生产过程的一个新时代"③，西方的现代化以资本主义生产方式为内核，是资本主导的现代文明。资本"按照自己的面貌为自己创造出一个世界"④，资本主体性在事实上代替了劳动人民的历史主体地位，因此，在资本主义文明体系中，人与人、人与自然、人与自身的关系日趋紧张、分裂，甚至对立，导致社会矛盾频发，环境问题突出。人的生存状况日益异化，人的存在价值日趋虚无化。人类文明陷入"文明每前进一步，不平等也同时前进一步。随着文明而产生的社会为自己所建立的一切机构，都转变为它们原来的目的的反面"之两难境地而无法自拔。⑤ 随着资本主义主导的全球化进程加速，发达资本主义国家也在通过经济全球扩张、意识形态渗透等方式，深刻影响世界其他发展中国家和地区。资本主义的内在紧张也在通过对外转移和输出的方式，不断引发世界性的环境危机、社会动荡。资本主义文明模式正在成为引发世界范围社会、生态危机的一个重要因素。

---

① 《马克思恩格斯文集》第 2 卷，人民出版社 2009 年版，第 36 页。
② ［英］克莱夫·贝尔：《文明》，张静清等译，商务印书馆 1990 年版，第 127—129 页。
③ 《马克思恩格斯文集》第 5 卷，人民出版社 2009 年版，第 198 页。
④ 《马克思恩格斯文集》第 2 卷，人民出版社 2009 年版，第 36 页。
⑤ 《马克思恩格斯文集》第 9 卷，人民出版社 2009 年版，第 147 页。

面对资本主义现代文明的诸种悖论，马克思敏锐发现了其内在紧张关系的根源在于资本主体化，而非劳动主体化。他发现，工业文明启动的现代社会实质上并非人的主体性的真正确立，而是物的依赖性基础上的人的独立性的事实确立。这种独立性是片面的、部分的、不完整的，具有很强的虚假成分。资本主义文明内在的痼疾，随着 20 世纪上半叶两次世界大战的爆发而日益显露，引起了西方思想理论界对于自身现代文明道路的集中反思。斯宾格勒、汤因比等思想家反思了西方文明单线进化论，明确提出了文明多元进步论，对于人类现代文明的其他实践探索给予了极大期望。约翰·霍布斯甚至在《西方文明的东方起源》一书中，直接挑战西方文明单线进步论中的中心主义偏见，把"文明—半文明—野蛮"叙事逻辑中处于边缘地位的中国等东方文明推到了世界文明进程的前列。

社会主义现代文明和资本主义现代文明的本质区别不在于是否注重发展生产力，而在于是否以牺牲人自身的发展为代价来发展生产力。中国特色社会主义文明新形态是中国现代文明进程的自然结果。中国的现代文明道路，在西方的坚船利炮撞击下被迫开启。面对国家蒙辱、人民蒙难、文明蒙尘的民族危亡形势，中华民族伟大复兴成为中国现代文明道路的最宏伟主题，成为中国人民的最伟大梦想。自 19 世纪 40 年代以来，尤其是 20 世纪 20 年代以来，围绕中西方文明关系的论争一直持续，复归传统、全盘西化、独立自主开辟人类文明新形态等思想相持不下。在马克思主义的指导下，中国的现代文明建设摒弃思辨理性决定论的唯心主义哲学致思路径，始终立足于中国实际的实践需要，逐渐通过新民主主义革命、社会主义革命和建设，成功探索出了一条独立自主、自力更生的现代文明道路，这就是中国特色社会主义道路。尤其是，"党的十八大以来，中国特色社会主义进入新时代，我们坚持和加强党的全面领导，统筹推进'五位一体'总体布局、协调推进'四个全面'战略布局，坚持和完善中国特色社会主义制度、推进国家治理体系和治理能力现代化，坚持依规治党、形成比较完善的党内法规体系，战胜一系列重大风险挑战，实现第一个百年奋斗目标，明确实现第二个百年奋斗目标的战略安排，党和国家事业取得历史性成就、发生历史性变革，为实现中华民族伟大复兴提供了更为完善的制度保证、更为坚实的物质基础、更为主动的精神力量"[1]。百年间，中国共产党领导中国人民团结一心、砥砺前行，在世界的东方开创并成功走出了一条社会主义性质的人类崭新现代文明道路，极大地鼓舞了世界广大发展中国家独立自主探索自身发展道路的信心和勇气。

（二）弘扬人类共同价值，但是根据不同的利益关系选择了相异的文明结构

文明发端于价值发现和实现，是人类满足自身需要的劳动实践成果。人类自觉运用主体能力满足价值需要是文明进步的基本途径，人类主体能力的发挥程度则在很大意义上标志着人类文明的进步程度。在马克思主义文明观视域下，主体不是单个的、抽象的存在，而是集合的、具体的存在。恩格斯指出："文明是实践的事情，是社会的素质"[2]。文明是价值发现和实现过程的产物，而价值则是客体属性和主体需要之间关系的体现。文明实践主体受一定社会关系的制约，必然反映某个历史时期、某个社会领域的发展面貌，集中要求解决该时期、该社会的重大问题、重大挑战。人类文明正是在面对问题、解决问题的过程中，不断满足人类自身的价值需要，从而取得了一个又一个进步成果。同时，文明的进步也使人类日益摆脱分散、隔绝的状况，逐渐走向普遍联系、日益紧密的状态，不断促进人类自身的发展。人类文明的价值基础在这一历史进程中形成越来越多的共识，成为人类需要共同承担的时代使命。

---

[1] 习近平：《在庆祝中国共产党成立 100 周年大会上的讲话》，《人民日报》2021 年 7 月 2 日。

[2] 《马克思恩格斯文集》第 1 卷，人民出版社 2009 年版，第 97 页。

2021 年 7 月 6 日，习近平总书记在中国共产党与世界政党领导人峰会上强调："我们要担负起凝聚共识的责任，坚守和弘扬全人类共同价值。各国历史、文化、制度、发展水平不尽相同，但各国人民都追求和平、发展、公平、正义、民主、自由的全人类共同价值。我们要本着对人类前途命运高度负责的态度，做全人类共同价值的倡导者，以宽广胸怀理解不同文明对价值内涵的认识，尊重不同国家人民对价值实现路径的探索，把全人类共同价值具体地、现实地体现到实现本国人民利益的实践中去。"① 共同价值是抽象的，然而实现价值的实践却是具体的。中西方各国在进入现代社会以后，分别根据自身的国情选择了相异的文明结构。

启蒙运动以来，杜尔哥等众多西方思想家都把文明当作人性复归、趋向于善的意志活动，试图诉诸理性的自我完善来推动文明的进步。在这一世界观中，以理性为中心，世界被划分为主体和客体、中心和边缘等一系列的二元结构。西方诸国在进入现代文明以后，虽然在具体的文明实践形式方面有所区别，但是在总体上受人性自私论和理性决定论思维范式的影响，社会的文明结构围绕着资本的利益而展开，呈现出诸多二元对立的状况，这集中体现在劳动与资本、个人与社会、人类与自然、此文明与彼文明、当代人与下一代人生存状况之间的对立。其中，积累的劳动和直接的劳动的对抗，即劳动与资本的对抗是导致其他一系列对立关系的根源。在近代思想史上，赫伯特·斯宾塞、亚当·弗格森等思想家明确提出，文明是人类从工商业实践中进化而来，是个体的、利己的、直观的自发活动。在利己主义原则指导下，文明产生和进步的基本逻辑是，每个人都由利己的人性出发，为了个人利益而参与社会生活。由于利己主义的因素，个人各自不同的利益又必然产生人际冲突，为此人类摸索出了国家制度、法律、政治体制等文明社会规范，来保护

---

① 习近平：《加强政党合作 共谋人民幸福——在中国共产党与世界政党领导人峰会上的主旨讲话》，人民出版社 2021 年版，第 4 页。

社会成员自由竞争的权利，以期最终实现每个人的利益。然而，实际上，在"个人—社会"二元对立的解释框架下，文明实践以满足个人利益为最高目标，文明制度不过是满足个人利益的工具。由于经济地位的显著不平等，资本及其人格化身的资本家的利益无限膨胀，而广大劳动群众的利益却被不断挤压，因此资本主义文明"表面上承认理性从而使非理性真正达到顶点"①，社会矛盾、环境危机异常突出。

中国特色社会主义文明新形态是对于马克思主义文明观的自觉运用和实践。马克思主义并不否定文明的人文价值意蕴，而且非常强调在社会生产生活中践行文明的人文价值意蕴，但是，它认为不能头足倒置地依赖抽象理性推动文明进步，而是强调把文明进步建立在社会实践基础之上。同时，文明实践的主体不是某个抽象的个人，也不是某种抽象的理性，而是处于社会关系中的，具有自觉维护社会利益之责任的具体的个人，因此文明进步的价值不是满足和鼓励个人无限膨胀的私欲，而是增进社会的共同利益，促进真正的社会共同体发展。在上述文明观的指导下，中国特色社会主义文明新形态在实践中，不断摒弃以资本为中心，不断超越资本主义的文明二元结构，逐渐探索和建立以人民为中心的和谐统一的文明结构。中国特色社会主义是包含物质文明、政治文明、精神文明、社会文明、生态文明在内的"五位一体"的文明新形态，以人民为中心的价值理念贯穿于上述五个方面的全过程，促进彼此相互影响、协调发展。在物质文明领域，坚持发展为了人民的理念，解决极端贫困问题，增进共同富裕。在政治文明领域，坚持和完善人民当家作主的制度，推动民主和集中的统一，创造性地发展了中国特色社会主义民主政治。在精神文明领域，不断满足人民日益增长的文化需要，促进文化事业和文化产业协调发展，持续提供丰富多彩的社会主义先进文化产品。在社会文明领域，围绕人民群众对于和谐社会的需要，不断化解社会矛盾，增进社会互信，积极建设社会事业。在生态文明领域，

---

① 《马克思恩格斯文集》第 1 卷，人民出版社 2009 年版，第 94 页。

围绕人与自然和谐发展的目标，坚持和完善生态文明制度体系，积极建设美丽中国，推动可持续发展。坚持人民至上的基本价值，物质文明、政治文明、精神文明、社会文明、生态文明相互协调，共同发展，构成了中国特色社会主义文明新形态的鲜明特点。

（三）处于共同历史变局，但是在处理不同文明关系方面作出了相异选择

文明具有鲜明的历史性、时代性特征，是对于时代呼唤的根本回答，是时代精神的集中体现。人类文明的历史长河是一个相互影响、相互交汇的生生不息的伟大进程，文明交汇形成的世界历史是自然历史进程的必然结果。新科技革命往往是文明交汇的巨大引擎，在第四次工业革命的巨大推动作用下，在气候变化、疫情蔓延、社会动荡等全球共同问题显著增多的背景下，当今世界各国的联系比历史上任何时期都更加紧密，构建人类命运共同体的呼声比历史上任何时期都更加强烈。在中国共产党与世界政党领导人峰会上的主旨讲话中，习近平总书记指出："当今世界正经历百年未有之大变局，世界多极化、经济全球化处于深刻变化之中，各国相互联系、相互依存、相互影响更加密切。"[1] 世界各国共同处于百年未有之大变局，这一判断得到了世界各国的广泛响应。

百年未有之大变局的突出特征是世界秩序的巨大变化，是国际经济、政治、文化、社会、生态、科技等格局的历史性变化，是以统筹发展和安全为重要主题的国际治国理政格局的历史性变化。在这一大变局中，和平与发展的时代主题没有变化，但是世界进入了加速变革期。世界多极化的趋势没有变化，但是世界格局演变充满不确定性风险。经济全球化的基本方向没有变化，但是正在遭遇巨大波折。对此，习近平总

---

① 习近平：《加强政党合作 共谋人民幸福——在中国共产党与世界政党领导人峰会上的主旨讲话》，人民出版社 2021 年版，第 2 页。

书记指出："我们要深入分析世界转型过渡期国际形势的演变规律，准确把握历史交汇期我国外部环境的基本特征，统筹谋划和推进对外工作。既要把握世界多极化加速推进的大势，又要重视大国关系深入调整的态势。既要把握经济全球化持续发展的大势，又要重视世界经济格局深刻演变的动向。既要把握国际环境总体稳定的大势，又要重视国际安全挑战错综复杂的局面。既要把握各种文明交流互鉴的大势，又要重视不同思想文化相互激荡的现实。"① 如何迎接这一历史巨变，成为世界各国都急需面对的重要课题，也是人类文明进程的巨大考验。

当今，不同文明之间的交流、交融和交锋更加明显。虽然文明交流互鉴的大势没有变，但是经济、政治、文化领域的霸权主义对于人类文明进步的威胁不断加大。虽然促进文明交汇是一个世界共识，但是关于文明交汇的方式，中西方国家却有着显著差异。在西方"普世文明观""文明优越论""文明等级论"的视域下，在以个别西方国家为中心的文明等级序列中，不同文明之间只有教化和被教化的不平等关系。西方文明肩负着改造非西方文明的所谓神圣使命，非西方文明只有朝着西方文明不断趋近的所谓唯一正道。在这种世界观中，人为预设的文明等级序列导致不同文明之间难以进行平等的交流互鉴，这成为单边主义、霸权主义、保护主义滋生的思想温床。在文明等级观的认识体系中，西方社会发展模式被等同于现代文明的中心，进而以某种单一社会发展模式为显著特征的"普世文明观"得以确立。无论是 19 世纪的武装殖民扩张，还是 20 世纪以来屡见不鲜的霸凌行为，都无一例外地祭出"文明"的旗帜，试图为自身不择手段追求利益最大化的不当得利行为正名，从而成为影响世界各国共同发展的严重隐患。对此，甚至一些欧美国家内部的学者也发文批判文明话语的意识形态滥用。2019 年 4 月，哈佛大学教授斯蒂芬·霍尔特曾在美国《外交政策》网站撰文，批评

---

① 《习近平在中央外事工作会议上强调 坚持以新时代中国特色社会主义外交思想为指导 努力开创中国特色大国外交新局面》，《人民日报》2018 年 6 月 24 日。

当今个别国家的单边主义傲慢心态严重，试图以自身为标准去改造世界，在国际交往中索求无度，且稍一不合心意就撂挑子，要么公然违反国际公约，退出国际组织，要么对别国极限施压、武力制裁。这类以自我为中心的无礼做法，实际上是"普世文明观""文明优越论""文明等级论"的错误思潮在作祟，它拒绝文明交流与对话，拒绝互利共赢，试图将自身利益凌驾于别国利益之上，对于世界的和平、稳定、发展、繁荣构成了巨大威胁。

以人类解放，尤其是以劳动解放为核心价值的人类文明进步事业，具有促进交流、增进互鉴的内在要求。马克思深刻指出："劳动的解放既不是一个地方的问题，也不是一个国家的问题，而是涉及存在现代社会的一切国家的社会问题，它的解决有赖于最先进的国家在实践上和理论上的合作"[1]。人类解放事业需要各个国家民族发挥优长，通力合作，携手共进。中国特色社会主义文明新形态在实践上始终坚持"树立平等、互鉴、对话、包容的文明观，以文明交流超越文明隔阂，以文明互鉴超越文明冲突，以文明共存超越文明优越"[2]。在充分尊重各种人类文明价值平等和相互区别的原则基础上，积极推动不同文明之间的交流互鉴。习近平总书记把文明比作我们每一个人都需要沐浴的阳光，正如阳光有七种颜色，文明也应该璀璨多彩。他指出："文明因多样而交流，因交流而互鉴，因互鉴而发展。""文明交流互鉴应该是对等的、平等的，应该是多元的、多向的。"[3] 同时，他也主张文明的独立自主发展道路，认为"每一种文明都扎根于自己的生存土壤，凝聚着一个国家、一个民族的非凡智慧和精神追求，都有自己存在的价值"[4]。中国特色

① 《马克思恩格斯文集》第3卷，人民出版社2009年版，第226页。
② 习近平：《弘扬"上海精神"构建命运共同体——在上海合作组织成员国元首理事会第十八次会议上的讲话》，人民出版社2018年版，第4页。
③ 习近平：《深化文明交流互鉴 共建亚洲命运共同体：在亚洲文明对话大会开幕式上的主旨演讲》，人民出版社2019年版，第5、7页。
④ 习近平：《深化文明交流互鉴 共建亚洲命运共同体：在亚洲文明对话大会开幕式上的主旨演讲》，人民出版社2019年版，第6页。

社会主义文明新形态既坚持独立自主，又始终尊重差异、开放包容、交流互鉴。2019年5月，习近平主席在亚洲文明对话大会开幕式上提出："我们应该秉持平等和尊重，摒弃傲慢和偏见，加深对自身文明和其他文明差异性的认知，推动不同文明交流对话、和谐共生。"① 历史的基本经验是，开放带来繁荣，封闭导致落后。推动不同文明交流对话、和平共处、和谐共生，不能唯我独尊、贬低其他文明，而是应该注重汲取不同国家、不同民族创造的优秀文明成果，取长补短，兼收并蓄，共同绘就人类文明美好画卷。当今中国正是在积极吸收人类一切先进文明成果的基础上，取得了综合国力迅速跃升，开辟出了一条令世界瞩目的独特现代文明之路。

社会主义文明实践区别于资本主义文明实践的显著特征是劳动的形式。资本主义文明实践建立在奴役劳动基础之上，社会主义文明实践建立在自主劳动基础之上，因此，资本主义文明具有狭隘性、排他性的特质，社会主义文明则具有开放性、包容性的特征。辩证唯物主义和历史唯物主义的世界观和方法论反复启示，文明不是与世隔绝、孤立封闭的实体，它需要与外部交往，通过与其他文明的接触、对话和交流，从外界不断吸取营养，获得新的活力，才能焕发新的生机，才能不断取得进步。文明作为一种把个人和社会紧密结合的社会实践活动，它应该是超越了私人利益狭隘性的实践活动，应该是标志着人类真正脱离了动物性的实践活动。恩格斯认为，以阶级对立为特征的文明时代只是人类文明史的一个时期。他借摩尔根对文明时代的论断表示，"自从文明时代开始以来所经过的时间，只是人类已经经历过的生存时间的一小部分，只是人类将要经历的生存时间的一小部分。社会的瓦解，即将成为以财富为唯一的最终目的的那个历程的终结，因为这一历程包含着自我消灭的因素。管理上的民主，社会中的博爱，权利的平等，教育的普及，将揭

① 习近平：《深化文明交流互鉴 共建亚洲命运共同体：在亚洲文明对话大会开幕式上的主旨演讲》，人民出版社2019年版，第6页。

开社会的下一个更高的阶段，经验、理智和科学正在不断向这个阶段努力"①。在中国共产党的领导下，当今中国正处于实现社会主义现代化的关键时期，我们具有超越西方现代化局限性的信心和勇气，需要始终坚持独立自主、开放包容、兼收并蓄的基本精神，努力发展和完善符合中国国情同时又具有世界历史意义的中国特色社会主义文明新形态。②

二 中国特色社会主义文明开辟了人类现代文明的新境界

在马克思主义视域下，文明是指一定历史时期、地域和文化共同体下的劳动人民及其他社会成员在促进生产、生活、生态进步的实践过程中所取得的积极成果。从文明演进角度来看，人类文明总体上经历了原始文明、古代文明、现代文明的进步阶段。由于资本主义使人从神权、封建专制统治的束缚中解放出来，开启了人类现代文明，代表了人类文明进步的一个高峰，由此尼尔·弗格森等当代西方思想家进而宣称，资本主义这种文明模式已经在全世界取得胜利，其他国家的现代文明进程只不过是在向西方文明靠拢。本书研究认为，社会主义作为人类现代文明的一种新形态而客观存在，并且中国特色社会主义文明作为一个典型代表，具有和谐、全面、包容的崭新特征，从而开辟了人类现代文明的新境界。

（一）中国特色社会主义文明的性质与主要任务

在马克思主义视域下，社会主义不仅是一种社会形态，更是一种崭新的文明形态。从文明的视角来看，社会主义开辟了文明成果共同创造、共同享有的崭新时代，为人类文明的持续进步提供了一种制度保

---

① 《马克思恩格斯文集》第 4 卷，人民出版社 2009 年版，第 198 页。
② 李艳艳：《中国特色社会主义创造了人类文明新形态》，《人民论坛》2021 年第 34 期。

障。因为，社会主义能够解决阶级社会文明时代中"生产的每一进步，同时也就是被压迫阶级即大多数人的生活状况的一个退步"① 的问题，能够解决"文明的进步只会增大支配劳动的客体的权力"②、文明创造者与文明成果之间始终疏离的问题，避免人类文明的进程总是在曲折中艰难前行甚至走向灭亡的命运。在马克思主义视域中，由于劳动是推动文明进步的最终动力，那么改变上述文明与野蛮如影随形这一历史悖论的关键就在于，实现劳动者的"自主活动"③。

社会主义作为文明形态的"崭新"之处就在于，它超越于"奴隶制""农奴制""雇佣劳动制"条件下以阶级剥削为基础的"文明时代"，④ 把主奴颠倒的社会关系颠倒了回来，使劳动人民重新成为文明的主人。这样一来，文明创造者与文明创造过程、文明成果紧密结合起来，文明创造者的活动也由被动、强制转变为了主动、自觉，人类文明从而获得了持续进步的不懈动力。简言之，社会主义就是在不断提高文明创造者"自主活动"的过程中，进入了人与人利益相一致的"真正的普遍的文明"崭新历史阶段。⑤

中国特色社会主义文明是社会主义文明形态的一个具体的、特殊的表现，它体现了社会主义文明形态的普遍要求与当今中国的特殊国情之间的辩证统一。一方面，社会主义作为一种文明形态，要求作为文明创造者的劳动者获得"自主活动"的地位；另一方面，中国处于社会主义初级阶段，作为不发达、不合格的社会主义无法完全赋予劳动者"自主活动"的权利。因而，中国特色社会主义文明在本质上是以"自主活动"为主要标志的社会主义文明形态在中国社会主义初级阶段的具体实践，既要以不断增进劳动人民利益、促进劳动者自主活动为价值指

---

① 《马克思恩格斯文集》第 4 卷，人民出版社 2009 年版，第 197 页。
② 《马克思恩格斯全集》第 30 卷，人民出版社 1995 年版，第 267 页。
③ 《马克思恩格斯文集》第 1 卷，人民出版社 2009 年版，第 581 页。
④ 参见《马克思恩格斯文集》第 4 卷，人民出版社 2009 年版，第 195 页。
⑤ 参见《马克思恩格斯全集》第 12 卷，人民出版社 1962 年版，第 725 页。

向，又要实事求是地探索符合自身实际的具体道路和方式方法，因而是一个不断前进、动态发展的过程性存在。

中国特色社会主义文明的主要任务由社会主义这一文明形态的性质所决定，这就是要对以往阶级对立的社会关系进行历史性的扬弃，确保劳动人民成为自己所处社会关系的主人，促使劳动形式逐渐由奴役劳动转变为"自主活动"，真正实现人类文明成果创造者和受益者之间的统一，从而推动中华文明的繁荣复兴，促进世界文明的持续进步。由于苏联东欧对于社会主义文明的探索终因割裂文明创造者和受益者的关系、背离劳动人民而失败，中国特色社会主义文明成为人类历史上首次以增进劳动人民福祉为文明进步价值旨向的大规模的探索性实践活动，中国特色社会主义文明的建设道路也只能是一条没有现成经验可循的艰难探索历程。为此，中国共产党自觉肩负起了这一历史重任，不断推进中国特色社会主义文明的理论与实践向前发展。

（二）中国特色社会主义文明在实践中不断作出理论创新

中国特色社会主义文明的理论与实践始终是一个相互促进的历史进程。中国共产党深刻认识到，中国特色社会主义文明是紧密团结和依靠全国劳动人民的伟大建设事业，必须充分调动人民的劳动积极性，增进劳动人民的福祉。简言之，就是要促进文明创造与文明享有之间的相互统一。从社会主义改造完成至今，党领导中国人民已经开创了中国特色社会主义文明的崭新历史事业，初步回答了中国特色社会主义文明建设的目标、动力、主体、领导力量和基本内容等重大问题，形成了中国特色社会主义文明的基本建设方略。

1. 中国特色社会主义文明建设的目标与动力

目标是事关中国特色社会主义文明发展方向的重大问题，是以前瞻的视野对现下的中国特色社会主义文明进行历史定位。对此，以江泽民同志为核心的党的第三代中央领导集体明确指出社会主义文明建设的总目标是走"生产发展、生活富裕、生态良好的文明发展道路"①。至于中国特色社会主义文明目标的实现，则需要良好的动力机制。党的十六大以来，胡锦涛同志面对科技革命日新月异的新形势，明确指出科学技术是"人类文明进步的基石和原动力"②，"劳动是人类文明进步的源泉"③。习近平总书记则强调："文明是包容的，人类文明因包容才有交流互鉴的动力。"④ 中国共产党人搭建起来的文明动力系统，核心是通过尊重劳动的价值来突出中国劳动人民在社会主义文明建设事业中的主体地位。

2. 中国特色社会主义文明的建设主体与领导力量

中国特色社会主义文明建立在实践基础之上，由什么人来推动中国特色社会主义文明进步就成为一个首要的问题。在社会主义改造和建设初期，为了建设"一个被新文化统治因而文明先进的中国"⑤，以毛泽东同志为核心的党的第一代中央领导集体明确提出"人民，只有人民，才是创造世界历史的动力"⑥，全国人民要"以勇敢而勤劳的姿态工作着，创造自己的文明和幸福"⑦，从而把人民群众确立为中国特色社会主义文明事业的建设主体。同时，人民的主体力量也需要体现和引导，中国共产党就成为带领中国人民建设中国特色社会主义文明的领导力量，正如邓小平同志曾明确指出，中国共产党是"领导全国人民进行社会主义物质文明和精神文明建设的坚强核心"⑧。

---

① 《江泽民文选》第3卷，人民出版社2006年版，第462页。

② 胡锦涛：《在中国科学院第十五次院士大会、中国工程院第十次院士大会上的讲话》，人民出版社2010年版，第5页。

③ 胡锦涛：《在2010年全国劳动模范和先进工作者表彰大会上的讲话》，人民出版社2010年版，第12页。

④ 习近平：《出席第三届核安全峰会并访问欧洲四国和联合国教科文组织总部、欧盟总部时的演讲》，人民出版社2014年版，第11页。

⑤ 《毛泽东选集》第2卷，人民出版社1991年版，第663页。

⑥ 《毛泽东选集》第3卷，人民出版社1991年版，第1031页。

⑦ 《毛泽东文集》第5卷，人民出版社1996年版，第344页。

⑧ 《邓小平文选》第3卷，人民出版社1993年版，第39页。

3. 中国特色社会主义文明的建设布局日臻完善

中国特色社会主义文明建设的目标，需要落实为具体的内容，形成建设的着力点。毛泽东同志对中国特色社会主义文明建设事业的基本内容进行了初步探索，涵盖经济、政治、教育、生态等多个方面，为社会主义文明建设的总体布局奠定了基础。一是在经济上，初步提出了发展生产力、工业化等建设任务；二是在政治上，确立人民民主专政的新型国体和人民代表大会制度的政体，实行民族区域自治制度和中国共产党领导的多党合作制度；三是在教育上，提出培育"又红又专"的社会主义新人，培养德、智、体全面发展的"有社会主义觉悟的有文化的劳动者"的目标；① 四是在生态建设方面，提出了植树造林、水土保持、环境保护的思想。早在 20 世纪 50 年代，以毛泽东同志为核心的党的第一代中央领导集体就成立了水土保持委员会，提出了"要使我们祖国的河山全部绿化起来，要达到园林化"② 的生态建设目标，为人民创造美丽的生活家园。

以邓小平同志为核心的党的第二代中央领导集体在社会主义文明建设的总体布局问题上，立足于人民物质和文化生活水平还不高的国情，指出这一问题"不能靠谈论人的价值和人道主义来解决，主要地只能靠积极建设物质文明和精神文明来解决"③。一是加强社会主义物质文明建设，"致力于发展生产力，并在这个基础上逐步提高人民的生活水平"④；二是推进社会主义精神文明建设。他指出"所谓精神文明，不但是指教育、科学、文化（这是完全必要的），而且是指共产主义的思想、理想、信念、道德、纪律，革命的立场和原则，人与人的同志式关

---

① 参见《邓小平文选》第 2 卷，人民出版社 1994 年版，第 103 页。
② 中共中央文献研究室、国家林业局：《毛泽东论林业》，中央文献出版社 2003 年版，第 51 页。
③ 《邓小平文选》第 3 卷，人民出版社 1993 年版，第 41 页。
④ 《邓小平文选》第 3 卷，人民出版社 1993 年版，第 28 页。

系，等等"①。此外，邓小平同志还初步从政治角度对于社会主义文明进步提出了要求，在"党的政治路线的表述中增加了高度民主、高度文明的内容"②，指出要完善社会主义民主制度，改善人民代表大会制度，健全干部任用制度，加强社会主义法治建设，从而为党的第三代中央领导集体明确提出政治文明建设任务奠定了理论基础。

此后，中国共产党继续推进中国特色社会主义文明的进步，逐步形成了涵盖社会主义物质文明、精神文明、政治文明、社会文明和生态文明的总体建设布局。江泽民同志不仅对社会主义物质文明和精神文明建设的根本目标进行了界定，要求"不断推进人的全面发展"③，还首次明确提出"建设社会主义政治文明，是全面建设小康社会的重要目标"④，形成了"社会主义物质文明、政治文明和精神文明的协调发展"的中国特色社会主义文明建设总体布局。⑤ 21 世纪初，以胡锦涛同志为总书记的党中央针对日益严峻的全球性生态危机，提出了"建设山川秀美的生态文明社会"的新要求，⑥ 指出必须把生态文明建设的理念、原则、目标等深刻融入和全面贯穿到我国经济、政治、文化、社会建设的各方面和全过程，建设"美丽中国"。习近平总书记从发展生产力的高度，对生态文明思想进行了发展。他认为，人与自然界是一个内在统一的整体，生态良好本身就是生产力发展的重要内涵。他在 2013 年 5 月 24 日中央政治局第六次集体学习时强调，要"牢固树立保护生态环境就是保护生产力、改善生态环境就是发展生产力的理念"⑦，为此必须"完善经济社会发展考核评价体系，把资源消耗、环境损害、生态效益等体现生态文明建设状况的指标纳入经济社会发展评价体系，使之成为

---

① 《邓小平文选》第 2 卷，人民出版社 1994 年版，第 367 页。
② 《邓小平文选》第 2 卷，人民出版社 1994 年版，第 276 页。
③ 《江泽民文选》第 3 卷，人民出版社 2006 年版，第 294 页。
④ 《江泽民文选》第 3 卷，人民出版社 2006 年版，第 553 页。
⑤ 《江泽民文选》第 3 卷，人民出版社 2006 年版，第 574 页。
⑥ 《十六大以来重要文献选编》上，中央文献出版社 2005 年版，第 326 页。
⑦ 《习近平谈治国理政》，外文出版社 2014 年版，第 209 页。

推进生态文明建设的重要导向和约束"①，从而切实保障了劳动人民的生态权益。此外，他在全面开启社会主义现代化新征程的时代背景下，明确提出了"社会文明"的概念，指出社会文明和物质文明、政治文明、精神文明、生态文明一起构成了中国特色社会主义的基本结构，五大文明的协调发展创造了中国式现代化新道路，创造了人类文明新形态。② 可见，物质文明、政治文明、精神文明、社会文明和生态文明形成了中国特色社会主义文明事业的总体建设布局，它们将在生产发展、生活富裕、生态良好的文明进步道路上发挥合力作用。

4. 中国特色社会主义文明与其他文明的关系

中国共产党不仅尊重本国人民的自主活动权利，也尊重其他国家人民的这一权利。在如何处理不同类型文明关系的问题上，江泽民同志创造性地提出"和而不同"的原则，强调这是"社会事物和社会关系发展的一条重要规律，也是人们处世行事应该遵循的准则，是人类各种文明协调发展的真谛"③。在如何处理社会主义文明与世界其他类型文明的关系问题上，胡锦涛同志认为，社会主义文明不是贬低或抑制世界上其他类型文明的进步，更不能以相互对抗、相互冲突的思维来看待社会主义文明与其他类型文明的关系，而应该"尊重和维护人类文明多样性和发展模式多样化"④，使社会主义文明与其他不同文明和发展模式"在竞争比较中取长补短，在求同存异中共同发展"⑤，以实现不同类型文明的共同进步，真正使"不同文明交流借鉴、兼容并蓄"成为社会进步的不竭动力。⑥

---

① 《习近平谈治国理政》，外文出版社 2014 年版，第 210 页。

② 参见习近平《在庆祝中国共产党成立 100 周年大会上的讲话》，《人民日报》2021 年 7 月 2 日。

③ 《江泽民文选》第 3 卷，人民出版社 2006 年版，第 522 页。

④ 《十七大以来重要文献选编》上，中央文献出版社 2009 年版，第 621 页。

⑤ 《十六大以来重要文献选编》上，中央文献出版社 2005 年版，第 312 页。

⑥ 《胡锦涛主席在联合国系列会议及二十国集团领导人金融峰会上的讲话》，人民出版社 2009 年版，第 13 页。

以习近平同志为核心的党中央对于中国特色社会主义文明与西方文明模式的关系有了更加深刻的认识。习近平总书记多次表示，中国的社会主义建设是明显不同于现代文明的崭新模式。中国的现代文明以社会主义为根本性质，在此基础上，"我们要虚心学习借鉴人类社会创造的一切文明成果，但我们不能数典忘祖，不能照抄、照搬别国的发展模式"①。一方面，增强中国特色社会主义文明自信与尊重人类文明多样性进步并重。对于中国劳动人民在人类文明发展史上的历史功绩，习近平总书记表现出充分自信，多次表示，"中华民族具有5000多年连绵不断的文明历史，创造了博大精深的中华文化，为人类文明进步作出了不可磨灭的贡献"②，"不同历史和国情，不同民族和习俗，孕育了不同文明，使世界更加丰富多彩，文明没有高下、优劣之分，只有特色、地域之别。文明差异不应该成为世界冲突的根源，而应该成为人类文明进步的动力"③。他在与希腊、墨西哥等国领导人会晤时多次强调世界是丰富多彩的，真诚希望各国以开明开放的态度相互包容、和平相处、共同发展、共同繁荣。

另一方面，中国特色社会主义文明进步的事业与其他国家的文明进步事业之间不是对抗的关系，而是交流互鉴的关系。超越于历史唯心主义文明观以竞争、对抗的态度来对待不同类型文明之间的关系，中国特色社会主义文明思想建立在历史唯物主义的思想基础之上，主张世界各个民族都对文明进步贡献出了自身的力量，人类文明进步是世界各个民族在交流互鉴的过程中实现的进步。对此，习近平总书记指出："尊重世界文明多样性，以文明交流超越文明隔阂、文明互鉴超越文明冲突、

① 《习近平著作选读》第1卷，人民出版社2023年版，第214页。
② 习近平：《在第十二届全国人民代表大会第一次会议上的讲话》，人民出版社2013年版，第2页。
③ 《习近平著作选读》第1卷，人民出版社2023年版，第568页。

文明共存超越文明优越，共同应对各种全球性挑战"①。"意识形态、社会制度、发展模式的差异，不应成为人类文明交流的障碍，更不能成为相互对抗的理由。我们应该积极维护文明多样性，推动不同文明对话交流，相互借鉴而不是相互排斥，让世界更加丰富多彩。"

（三）中国特色社会主义文明具有和谐、全面、包容的基本特征

马克思主义创始人关注和研究奴役社会文明的核心目的在于探求通往社会主义这一文明新形态的现实条件和途径。马克思在《关于俄国的农民解放》中指出，"最终将以真正的普遍的文明来代替彼得大帝所推行的虚假的文明"②，这里的"真正的普遍的文明"就是指社会主义。当今，以劳动人民为主体的中国特色社会主义文明，相较于以对抗、片面、排他为基本特征的"虚假的"剥削阶级统治的文明时代，具有和谐、全面、包容的基本特征，从而标志着人类现代文明进入了广大劳动人民共建共享的"真正的普遍的"崭新阶段。

1. 和谐是中国特色社会主义文明的主要特征

早从奴隶社会开始，人类就进入了文明时代，然而在从"奴隶制、中世纪的农奴制"到"近代的雇佣劳动制"的"文明时代的三大时期"中，"没有对抗就没有进步。这是文明直到今天所遵循的规律"。③ 在马克思主义视域下，人类进入文明时代有两个方面的显著标志：在生产力方面，人类通过制造和使用工具，取得了对于自然界的主动地位；在生产关系方面，"文明时代是社会发展的这样一个阶段，在这个阶段上，分工、由分工而产生的个人之间的交换，以及把这两者结合起来的商品生产，得到了充分的发展，完全改变了先前的整个社会"④。然而，"建

---

① 《习近平著作选读》第 1 卷，人民出版社 2023 年版，第 552 页。
② 《马克思恩格斯全集》第 12 卷，人民出版社 1962 年版，第 725 页。
③ 参见《马克思恩格斯全集》第 4 卷，人民出版社 1958 年版，第 104 页。
④ 《马克思恩格斯文集》第 4 卷，人民出版社 2009 年版，第 193 页。

立在劳动奴役制上的罪恶的文明"① 社会中，"鄙俗的贪欲"② 是文明时代起推动作用的灵魂。生产力的发展逐渐走向了人类中心主义的极端，在主客二元对立论的哲学基础上，在对"单个的个人的财富"无止境的追逐过程中，人类与自然界站在了对立面，人类对自然界进行着可怕的征服和榨取行为；生产关系方面的分工精细化却日渐成为奴役人的枷锁，自发的分工导致"文明时代的基础是一个阶级对另一个阶级的剥削"③。正是由于这种"普遍利益和私人利益之间的冲突"④，人与人之间产生了阶级利益分化、形成了对立关系。

中国特色社会主义文明建立在消灭阶级对抗的基础之上，体现了人、自然、社会和谐进步的特征，从而标志着人类文明进入了一个崭新的、更高的阶段。虽然中国特色社会主义文明建设的出发点和落脚点都是人，但是这里的人不是孤立的、原子式的人，而是与外部世界结合为统一整体的人，更为重要的是，中国特色社会主义文明不是为了少数人的个别利益服务，而是旨在增进最大多数人民的普遍利益。从现实来看，改革开放以来，我国人民生活水平明显改善，劳动力素质显著提高，就业规模持续扩大，城乡居民收入快速增长，产业结构优化升级取得积极进展，节能减排和生态环境保护扎实推进，控制温室气体排放取得积极成效，以人、自然、社会和谐为基本特征的中国特色社会主义文明建设事业取得了巨大成绩，为世界所瞩目。对于辉煌的成绩，中国共产党始终保持谦虚谨慎、戒骄戒躁的作风，在以《高举中国特色社会主义伟大旗帜　为全面建设社会主义现代化国家而团结奋斗》为题的党的二十大报告中中肯地指出"发展不平衡不充分问题仍然突出，推进高质量发展还有许多卡点瓶颈"⑤，从而为下一步的中国特色社会主义文明

---

① 《马克思恩格斯文集》第 3 卷，人民出版社 2009 年版，第 175 页。
② 《马克思恩格斯文集》第 4 卷，人民出版社 2009 年版，第 196 页。
③ 《马克思恩格斯文集》第 4 卷，人民出版社 2009 年版，第 196 页。
④ 《马克思恩格斯文集》第 1 卷，人民出版社 2009 年版，第 31 页。
⑤ 《习近平著作选读》第 1 卷，人民出版社 2023 年版，第 12 页。

建设事业指明了努力方向。对此，我们要正确认识到，目前存在的问题是在发展过程中出现的，发展与进步始终是中国特色社会主义文明建设的主流，出现的问题只是支流，并且能够通过进一步的科学发展而加以解决，对此，我们一定要有充分的信心。

2. 全面是中国特色社会主义文明的重要特征

在阶级社会的文明时代，统治者为了巩固自己的统治地位、维护自己的统治利益，往往根据自己的需要主观地诠释文明进步的内涵，以偏概全地、单向度地推动所谓的文明进步。在奴隶制和封建制社会，统治者极力推崇德性修为，贬低物质方面的生活需要，宣扬神权支配人类文明进程，认为全智全能全善的上帝形象就是文明的化身，愚弄人民匍匐于上帝等神的脚下，实则使人民服帖地听从统治者的役使。启蒙运动以后，资产阶级在推翻"神创文明观"的过程中确立了"人创文明观"，取得了历史性的进步。然而，资产阶级把自我利益作为人类文明的原初动力，主张文明进步的方向就是满足私欲。这种功利主义的文明观使狂热地生产和占有财富成为文明的唯一目的。令人遗憾的是，"在私有制的统治下，这些生产力只获得了片面的发展，对大多数人来说成了破坏的力量，而许多这样的生产力在私有制下根本得不到利用"①。

"随着现存社会制度被共产主义革命所推翻……以及与这一革命具有同等意义的私有制的消灭"，人类进入社会主义的崭新历史阶段，"单个人才能摆脱种种民族局限和地域局限而同整个世界的生产（也同精神的生产）发生实际联系，才能获得利用全球的这种全面的生产（人们的创造）的能力"。② 由于社会主义是以促进最大多数人的全面发展为目标，这种全面发展的个人的活动方式应当是"用那种把不同社会职能当做互相交替的活动方式的全面发展的个人，来代替只是承担一种

---

① 《马克思恩格斯文集》第 1 卷，人民出版社 2009 年版，第 566 页。
② 《马克思恩格斯文集》第 1 卷，人民出版社 2009 年版，第 541—542 页。

社会局部职能的局部个人"①，从而摆脱了自发分工对劳动者自身劳动能力的束缚。由于人的活动能力是全面的，包括物质生产、精神生产、政治活动、社会活动、处理人和自然关系的活动等，因而社会主义也具有全面的特征，它通过尊重和促进人的全面发展而推动文明全面进步。

中国特色社会主义文明具有显著的全面性特征。提高劳动人民的自主活动能力不仅是经济领域的事情，还应该贯穿于精神、政治、社会、生态等领域。中国共产党在领导人民进行社会主义建设的过程中，针对社会主义建设过程中不断出现的新问题、适应中国人民不断产生的新要求，与时俱进、迎难而上，逐渐提出了物质文明、精神文明、政治文明、社会文明和生态文明的建设任务，有力地推动了中国特色社会主义文明建设事业的全面发展。虽然，中国特色社会主义文明的建设布局还处于探索阶段，全面建设的方式方法还有待于在实践中继续完善，偶尔也可能出现不能很好地适应人民期待等问题，但是我们要清醒地认识到，这些都是在文明进步过程中出现的暂时的、局部的困难，能够通过我们的共同努力而加以解决。

3. 包容是中国特色社会主义文明的显著特征

在阶级社会的历史上，任何一种发展程度较高的文明都往往会奉行自我中心主义思想。英国历史学家汤因比曾谈到，这种"自我中心"思想不过是一种"错觉"，历史上深患此病的有，自认为是上帝唯一选民的犹太人、以天朝上国自居的中国清王朝、自认为是普世真理的近代西方文明。尤其是，近代西方社会普遍怀有一种自满情绪，即资本主义作为文明模式能够使世界"历史统一"，甚至断言"文明的河流只有我们西方的这一条，其余所有的文明不是它的支流，便是消失在沙漠里的死河"②。实质上，各式各样的文明中心主义思想都是，统治者通过排

---

① 《马克思恩格斯文集》第9卷，人民出版社2009年版，第312页。

② ［英］汤因比：《历史研究》上，曹未风等译，上海人民出版社1986年版，第46—47页。

斥、贬低其他文明来骗取本国人民对于其所推行的文明模式的认同和遵循。资本主义甚至宣扬单线进步的文明观，塑造自身的文明正统地位，以消灭世界其他文明为己任，通过"中心—边缘—外围"的划分，诱使世界其他国家主动向资本主义文明中心靠拢，将这些国家纳入资本主义世界体系而成为其附庸。近些年来，一些西方国家以抽象的自由、民主、人权为文明标准，自诩为文明的裁判员，用资本主义标准衡量世界的一切，顺之者方属文明，逆之者则属野蛮。

兼容并包是社会主义的独特品质，是人类文明进入社会主义阶段的新特征。由于致力于提高本国与他国人民的自主活动能力，使文明进步为全世界劳动人民服务，致力于实现个别利益与普遍利益的统一，社会主义作为一种崭新的文明形态，能够摆脱自身利益的狭隘局限，站在维护全世界人民大团结的高度上，尊重世界文明多样性的发展道路，以更加开放包容的胸怀尊重世界其他民族国家对于文明道路的选择。

中国特色社会主义文明进步事业在如何处理与其他文明的关系问题上，采取了包容而非排斥的方针，具体体现为：一是尊重世界文明多样化进步的规律，"尊重和维护人类文明多样性和发展模式多样化"[1]；二是提出并坚持"和而不同"的原则，促进中国特色社会主义文明与其他类型文明"在竞争比较中取长补短，在求同存异中共同发展"[2]；三是"推动不同文明的对话和交融，相互借鉴而不是相互排斥，让世界更加丰富多彩"[3]；四是在信任本国人民的基础上，树立了对中华文明历史功绩的充分信心，进而坚定了独立自主、自力更生走中国特色社会主义文明进步道路的信念。

（四）在超越资本主义的进程中推动中国特色社会主义文明持续进步

从文明形态角度来看，资本主义和社会主义是人类现代文明的两种

---

① 《十七大以来重要文献选编》上，中央文献出版社 2009 年版，第 621 页。
② 《十六大以来重要文献选编》上，中央文献出版社 2005 年版，第 312 页。
③ 《十六大以来重要文献选编》下，中央文献出版社 2008 年版，第 432 页。

主要类型。一方面，资本主义是社会主义最充分的准备阶段，社会主义是在资本主义基础之上的进一步超越。这一历史进程"随着对商品生产、私有财产制、阶级对立的历史扬弃，不平等的顶点必将被权利的平等所取代，这一过程是不以人的意志为转移的客观历史进程，社会主义的真正的普遍的文明必然到来"①；另一方面，在当今世界格局中，资本主义和社会主义将长期共存、竞争交流，社会主义的优越性需要在学习、借鉴和超越资本主义的过程中得以体现。我们只有不断超越资本主义背离人民群众利益的历史局限性，才能推动中国特色社会主义文明继续进步。

1. 始终以实现人的自由全面发展为价值目标，致力于满足人民合理的利益需要

马克思主义指导下的中国特色社会主义文明超越于西方资本主义之处在于，不是以实现先验的抽象人权为价值目标，而是在人的自由全面发展的价值目标指引下，立足于我国所处的具体历史发展阶段，"促进人的全面发展，做到发展为了人民、发展依靠人民、发展成果由人民共享"②。

人的自由全面发展的价值目标，不是某种未来的终极状态，而是体现在现实实践之中的具体活动。七十多年来，党领导中国特色社会主义文明进步事业的历程，是不断满足人民群众文明进步要求的过程，中国特色社会主义文明事业的总体建设布局就是在这一过程中得以形成的。党的历届领导人对此均做出了贡献，邓小平同志表示，物质文明建设旨在提高人民生活水平，精神文明建设旨在使人民树立共产主义理想信念；江泽民同志表示，政治文明建设旨在实现和发展人民民主、支持人民当家作主；胡锦涛同志认为，生态文明建设旨在为人民群众创造安居

---

① 李艳艳：《恩格斯文明时代起点观的发展辨析与当代启示》，《湖南师范大学社会科学学报》2013 年第 5 期。

② 《中国共产党第十七次全国代表大会文件汇编》，人民出版社 2007 年版，第 15 页。

乐业的良好环境；在习近平总书记看来，生态良好本身就是生产力发展的重要内涵，从而使生态文明的理论产生了跃升。

实现人的自由全面发展，具体来说是指人的自我意志得到自由体现，人的个性、潜能、各种需要获得最充分的发展。马克思指出，自由发展的个人是指个性自由、选择自由，全面发展的个人应当是"那种把不同社会职能当作互相交替的活动方式的全面发展的个人"，他能够"适应于不断变动的劳动需求而可以随意支配"自己的劳动。① 由此可见，促进人的自由全面发展，最根本在于推动人的劳动能力依其个性而全面发展，而不是迫于生计终生束缚在某种难以体现自身兴趣爱好的职业上。事实证明，当人们还不能基本满足自己的吃穿住行的时候，就只能发展某种片面性的谋生技能以获取生活资料。因此，我们要下力气解决好人民的住房、就业、教育、医疗等基本民生问题，为实现人民的自由全面发展打下坚实的物质基础，为每个人自由选择劳动方式提供必备的社会条件。同时，彻底改变在中国流传千年的"万般皆下品，唯有读书高"及"三六九等"的职业观，从宣传、教育、社会保障等各方面着手，创造条件使各种职业都获得平等地位和应有尊严。

2. 始终紧密依靠人民建设中国特色社会主义文明，推动人、自然和社会的全面进步

马克思主义指导下的中国特色社会主义文明超越西方资本主义之处在于，不是以少数专门进行脑力活动的精英为文明建设主体，而是将文明建设的权力交还给了广大劳动人民手中。通过回顾党领导社会主义文明建设事业的历程，我们看到，中国共产党始终坚持以全心全意为人民服务为根本宗旨，中国广大的劳动人民群众，不分性别、民族、宗教、职业，都是党领导中国特色社会主义文明进步事业的依靠力量。党领导的中国特色社会主义文明建设事业，就是在尊重人民群

---

① 《马克思恩格斯文集》第9卷，人民出版社2009年版，第312页。

众的历史主体地位、不断发挥劳动人民生产积极性的过程中，才取得了巨大的成绩。

在历史唯物主义视域下，文明在本质上是指作为主体的人处理与对象世界的关系，即在处理人与自然、人与社会、人与自身的关系过程中所取得的积极成果，体现的是人与世界的和谐状态。党领导的中国特色社会主义文明建设事业不应是单向度的经济增长，而是要统筹兼顾人、自然、社会等要素的全面进步。由于人民群众是中国特色社会主义文明建设事业的主体，中国特色社会主义文明是人民群众自主建设的事业，文明进步事业与人民群众的利益具有高度一致性，因而人民群众能够积极投身于这一伟大事业之中。

为此，要继续尊重和保护人民群众的文明建设主体地位，激发人民群众的创造活力，具体来说，在物质文明建设领域，要发展和完善社会主义公有制，实施向劳动者倾斜的财税政策，保障和扩大劳动者在就业、收入分配等方面的权利；在精神文明建设领域，发挥人民群众自觉提高自身思想道德素质和科学文化素质的积极性，保障人民选择和享有健康积极文化产品的权利；在政治文明建设领域，要落实人民民主权利，通过保障和落实人民的知情权、参与权、表达权、监督权，使广大人民群众积极主动地参与到党和国家的政治生活中来；在社会文明建设领域，维护社会公平、正义、和谐，创造有利于人民群众发展的良好社会环境；在生态文明建设领域，要发挥人民自觉保护生态环境、节约资源能源的热情，从根源上突破以赢利为目的的工业文明模式的弊病。

3. 始终坚持发展生产力和促进社会生产关系合理化相统一的途径，实现社会主义普遍文明

马克思主义指导下的中国特色社会主义文明超越于西方资本主义文明之处在于，不是片面地以生产和占有物质财富为文明进步的途径，而是致力于促进生产力和生产关系的协调发展。马克思主义创始人曾指出，通过提高以生产工具为标志的生产力水平实现人类的物种文明、摆

脱人与人之间的生存斗争实现社会生产关系文明，是人类文明进程的两大重要任务。

改革开放 40 多年来，我们在发展生产力和促进生产关系合理化方面取得了巨大成就。同时需要正视的是，在生产力方面，我们在量上取得了巨大增长的成绩，然而在质上却呈现出高耗能、高污染、低效益的问题；在生产关系方面，我们在广度上取得了不断丰富延伸的成绩，然而在深度上却呈现出劳动占收入分配比例下降等问题。正是由于生产力和生产关系方面的诸多问题，我国一些地区的文明进步程度呈现出不平衡、不协调的状况。一部分人、一部分地区的文明进步却伴随着另一部分人、另一部分地区的愚昧贫困，城市的飞速发展却伴随着农村的相对滞后。

促进自觉社会分工，是促进生产力和生产关系协调发展的关键环节。当前的突出问题是，大量的自发社会分工造成了我国一些社会领域的个人利益和公共利益不一致甚至冲突对立。所以，只有努力改变我国在社会主义初级阶段存在的自发分工状况，才能提高劳动者的生产积极性，释放劳动者的创造活力，从而提高社会的劳动生产率，使生产力与生产关系协调发展这一社会主义制度优越性得以充分发挥。为此，在社会生产领域，我们必须在社会主义核心价值观指引下，巩固和发展以公有制经济、以按劳分配为主体的社会主义基本经济制度和分配制度，促进社会主义自觉分工的发展；在社会生活领域，我们必须贯彻集体主义原则，扭转交易性、工具性的人际关系，构建团结友爱、平等互助的社会主义新型社会关系。[①]

三　中国特色社会主义文明结构论

马克思主义文明观作为马克思主义学说的重要组成部分，必然立足

[①]　参见李艳艳《中国社会主义文明开辟了人类现代文明的新境界》，《思想政治教育研究》2015 年第 5 期。

和反映人类社会发展的系统性特征，并且侧重于解决人与自身、人与社会、人与自然之间的矛盾关系，因而，对于践行马克思主义文明观的基本领域进行划分实际上就是有针对性地解决社会发展与人类文明进程不同侧面的重大问题。出于解决人与自身、人与社会、人与自然之间矛盾的需要，主体文明、广义的社会文明和生态文明构成了马克思主义文明观践行系统的三个基本领域。

（一）主体文明

主体文明侧重于解决人与自身的矛盾，旨在实现人与自身关系的和谐。主体文明是指人类在改造自身的历史进程中产生的积极成果，体现为人的文明素质不断提高，这正如马克思所说，"因为要多方面享受，他就必须有享受的能力，因此他必须是具有高度文明的人"[①]。在马克思主义文明观的视域中，文明进步并不仅仅体现为物质财富的增长，同时还体现为人自身的进步。对于当代中国来说，这就是"必须把发展社会生产力同提高全民族文明素质结合起来"[②]。

主体文明是马克思主义文明观对于西方传统文明观的一个重要超越。在西方传统文明观的视域中，文明创造的主体仅仅是少数有闲阶级，广大的劳动阶级只能简单地跟随模仿统治精英、被动地执行统治精英的意图，这造成的严重后果是，劳动成为劳动者的异己之物，成为否定自身劳动能力、统治劳动者自身的力量。于是乎，人的生命意义在世间难以体现，只得寄托于宗教虚幻来世来寻求精神安慰。在西方世界，财富积累不断加速，人的精神世界问题却纷纷出现，小到孤独、焦虑、抑郁、丧失人生乐趣、对社会消极厌世，大到人格分裂、患精神疾病、绝望自杀，人与自身的矛盾冲突始终无法缓解，反而呈现加剧之势。20

---

① 《马克思恩格斯文集》第 8 卷，人民出版社 2009 年版，第 90 页。
② 胡锦涛：《在纪念党的十一届三中全会召开 30 周年大会上的讲话》，人民出版社 2008 年版，第 23 页。

世纪以来，精神病学在西方已经成为一门显学，兰恩的《精神分裂和家庭》、福柯的《疯癫与文明》等著述都表现出对于西方人冲突性内心世界的深深忧虑。然而，在马克思主义文明观的视域中，文明创造的主体不仅包括发挥历史进步作用的统治者，更主要的是指广大的劳动阶级。人民群众才是历史的真正创造者，正是"各国人民在自身的发展进程中创造了丰富多彩的文明"①。人民创造文明成果的过程，正是对自身力量的确证，是肯定自我、发挥自我创造力、体现自我价值的过程，因而能够促进人与自身的和谐关系。

主体文明建设的基本途径是，人类通过改造客观世界的活动，同时自觉改造主观世界，即要求文明创造者不断提高认识世界和改造世界的能力。其具体要求是，"培育有理想、有道德、有文化、有纪律的社会主义公民，提高整个中华民族的思想道德素质和科学文化素质"②。

在阶级社会的文明时代，在私有制生产关系的束缚下，劳动阶级不得不把自身当作谋生的工具甚至把自身作为换取生活资料的商品，只能根据统治者的利益需要来片面地进行认识世界和改造世界的活动，因而无法很好地发挥推动文明进步的主体作用。令人欣喜的是，"社会的发展到了今天的时代，正确地认识世界和改造世界的责任，已经历史地落在无产阶级及其政党的肩上"③。在社会主义文明新阶段，生产资料社会共同占有，劳动产品按劳分配，阶级剥削关系已经消灭，劳动阶级第一次在历史上成为全面的、自由自觉的有尊严的人，从而保障了广大劳动者的文明创造主体地位。

在社会主义这一崭新的文明阶段中，劳动阶级取得了文明建设的价值主体、实践主体、权利主体、评价主体的地位，社会主义文明建设的出发点和落脚点都在于提高以劳动人民为主体的广大人民群众的文明素

---

① 《江泽民文选》第 3 卷，人民出版社 2006 年版，第 474 页。
② 《十二大以来重要文献选编》下，人民出版社 1988 年版，第 1176 页。
③ 《毛泽东选集》第 1 卷，人民出版社 1991 年版，第 296 页。

质，"必须把发展社会生产力同提高全民族文明素质结合起来"①。出于建设社会主义现代化的需要，出于建设社会主义道德新风尚的需要，中国共产党明确提出了提高人民文明素质的要求。一方面，社会主义现代化事业是一项崭新的文明进步事业，而以劳动人民为主体的广大人民群众作为这一事业的实践主体，他们的文明素质直接关系到社会主义现代化事业的前途；另一方面，只有提高以劳动人民为主体的广大人民群众的文明素质，才能增强他们对于社会主义道路的凝聚力、向心力，从而汇聚力量、集中智慧进一步加强社会主义现代化建设，提高他们对于中国特色社会主义文明的认同感、自信心。总的来说，每个人的自由全面发展是马克思主义的最高价值追求，提高以劳动人民为主体的广大人民群众的文明素质则是社会主义建设事业的最终落脚点。在社会主义文明建设过程中，不断提高以劳动人民为主体的广大人民群众的文明素质，是促进人与自身和谐的根本途径。

（二）广义的社会文明

广义的社会文明，侧重于解决人与社会之间的矛盾，旨在实现人与社会之间的和谐。对于此问题，胡锦涛同志在中共十六届六中全会第二次全体会议的讲话中指出，"要从'大社会'着眼，把和谐社会建设落实到包括经济建设、政治建设、文化建设、社会建设和党的建设等在内的党和国家全部工作之中"②，在实际上提出了广义的社会文明建设的要求。习近平总书记在党的十八大报告中明确作出了"全面推进经济建设、政治建设、文化建设、社会建设、生态文明建设"的"五位一体"总体布局，从而丰富了马克思主义文明结构思想。物质文明、精神文明、政治文明和狭义的社会文明，构成了广义的社会文明建设的基本领域。

---

① 《十七大以来重要文献选编》上，中央文献出版社 2009 年版，第 103 页。
② 《十六大以来重要文献选编》下，中央文献出版社 2008 年版，第 675 页。

1. 物质文明

物质文明概念，是由中国共产党在改革开放初期明确提出，并且作为社会主义现代化建设的基础方面而加以实践的。什么是物质文明？邓小平同志有一个精彩的表述，"在社会主义国家，一个真正的马克思主义政党在执政以后，一定要致力于发展生产力，并在这个基础上逐步提高人民的生活水平。这就是建设物质文明"①。其中，包含了三层基本意思。

（1）物质文明是社会主义的内在要求

物质文明是社会主义建设事业的基础。江泽民同志指出："物质文明建设是一切社会事业发展的基础，经济建设在现代化建设中必须始终处于中心地位。"② 换言之，只有物质文明发达了，才能为社会主义的各项事业提供经济支持，社会主义事业才可能搞好，民族振兴和国家富强才有可能实现。

物质文明是社会主义优越性的一个重要表现。江泽民同志指出："只有物质文明和精神文明都高度发达起来，社会主义所具有的区别于其他一切社会的巨大优越性才能充分体现出来。"③ 物质文明作为社会主义制度优越性的重要表现之一，标志着社会主义是人类社会发展的崭新阶段。

（2）物质文明是以发展生产力为现实基础

1983 年，邓小平同志在总结我们以往社会主义建设的经验教训时说道："过去很长一段时间，我们忽视了发展生产力，所以现在我们要特别注意建设物质文明"④。物质文明建设要求，党要在"发展生产力"的"基础上逐步提高人民生活水平"，"只有在发展生产力的基础上才能随之逐步增加人民的收入"，⑤ 从而明确提出了，把发展生产力作为

---

① 《邓小平文选》第 3 卷，人民出版社 1993 年版，第 28 页。
② 《江泽民文选》第 1 卷，人民出版社 2006 年版，第 571 页。
③ 《江泽民文选》第 1 卷，人民出版社 2006 年版，第 576 页。
④ 《邓小平文选》第 3 卷，人民出版社 1993 年版，第 28 页。
⑤ 《邓小平文选》第 2 卷，人民出版社 1993 年版，第 312 页。

物质文明建设的现实基础。①

　　发展生产力是物质文明建设的首要任务。毛泽东同志曾说:"社会主义革命的目的是为了解放生产力。"② 邓小平同志指出:"社会主义的第一个任务是要发展社会生产力"③,"搞社会主义,中心任务是发展社会生产力"④。江泽民同志也数次讲道:"社会主义的根本任务是发展生产力"⑤,"社会主义的本质是解放和发展生产力"⑥,"改革的目的是促进社会生产力的发展"⑦。对此,习近平总书记特别进行了强调,"解放和发展社会生产力是中国特色社会主义的根本任务,所以必须坚持以经济建设为中心,以科学发展为主题,实现以人为本、全面协调可持续的科学发展"⑧。

　　(3)物质文明是以提高人民生活水平、实现共同富裕为根本目标

　　发展生产力是物质文明建设的首要任务,但不是唯一任务。虽然有学者把物质文明和发展生产力画等号,认为物质文明不包括完善生产关系的要求。⑨ 但是,邓小平同志从生产关系合理化角度,强调"我们要发展社会生产力,发展社会主义公有制,增加全民所得"⑩,"社会主义发展生产力,成果是属于人民的"⑪。对于这一观点,胡锦涛同志也不断加以重申,进而提出"人民群众既是先进生产力和先进文化的创造者,又是其成果的享有者"⑫。这是因为历届中国共产党领导人都牢固

---

① 《邓小平文选》第3卷,人民出版社1993年版,第28页。

② 《毛泽东文集》第7卷,人民出版社1999年版,第1页。

③ 《邓小平文选》第3卷,人民出版社1993年版,第227页。

④ 《邓小平文选》第3卷,人民出版社1993年版,第130页。

⑤ 《江泽民文选》第2卷,人民出版社2006年版,第253页。

⑥ 《江泽民文选》第2卷,人民出版社2006年版,第193页。

⑦ 《江泽民文选》第2卷,人民出版社2006年版,第215页。

⑧ 习近平:《紧紧围绕坚持和发展中国特色社会主义　学习宣传贯彻党的十八大精神——在十八届中共中央政治局第一次集体学习时的讲话》,人民出版社2012年版,第8页。

⑨ 参见谢立中等《物质文明不包括生产关系》,《江西大学学报》(人文社会科学版)1983年第1期。

⑩ 《邓小平文选》第3卷,人民出版社1993年版,第195页。

⑪ 《邓小平文选》第3卷,人民出版社1993年版,第255页。

⑫ 胡锦涛:《在"三个代表"重要思想理论研讨会上的讲话》,人民出版社2003年版,第18页。

确立了这样一个意识："我们的分配原则是按劳分配。当然分配中还会有差别，但我们的目的是共同富裕"①。从而明确地把生产关系领域的所有制关系、分配关系作为物质文明建设的核心内容。

提高人民生活水平、实现共同富裕是物质文明建设的根本目标。我们知道，"社会主义的本质，是解放生产力，发展生产力，消灭剥削，消除两极分化，最终达到共同富裕"②。改革开放以来，中国共产党不断强调要把发展生产力和提高人民生活水平密切结合。邓小平同志指出"社会主义的首要任务是发展生产力，逐步提高人民的物质和文化生活水平"③，"在发展生产力的基础上不断改善人民的物质文化生活"④，江泽民同志指出"通过发展生产力不断提高人民群众的生活水平"⑤，胡锦涛同志指出"社会主义的根本任务是解放和发展社会生产力，不断改善人民生活"⑥，习近平总书记进而指出"解放和发展社会生产力是中国特色社会主义的根本任务"⑦，由此可见，在建设物质文明的过程中，发展生产力只是第一步，是基础，其根本目的在于普遍提高人民生活水平、实现共同富裕。

2. 精神文明

早在 1979 年，邓小平同志就明确提出了要"建设高度的社会主义精神文明"的要求。⑧ 其后，中国共产党的主要领导人也十分重视精神文明的建设。那么，什么是精神文明呢？根据中国共产党的相关文献，这是特指一种反映社会成员精神层面状态的、社会主义性质的文明类

---

① 《邓小平文选》第 3 卷，人民出版社 1993 年版，第 255 页。
② 《邓小平文选》第 3 卷，人民出版社 1993 年版，第 373 页。
③ 《邓小平文选》第 3 卷，人民出版社 1993 年版，第 116 页。
④ 《邓小平文选》第 3 卷，人民出版社 1993 年版，第 63 页。
⑤ 《江泽民文选》第 3 卷，人民出版社 2006 年版，第 273 页。
⑥ 胡锦涛：《在纪念党的十一届三中全会召开 30 周年大会上的讲话》，人民出版社 2008 年版，第 17 页。
⑦ 习近平：《紧紧围绕坚持和发展中国特色社会主义　学习宣传贯彻党的十八大精神——在十八届中共中央政治局第一次集体学习时的讲话》，人民出版社 2012 年版，第 8 页。
⑧ 《邓小平文选》第 2 卷，人民出版社 1994 年版，第 208 页。

型，它是"以马克思主义为指导的，批判继承历史传统而又充分体现时代精神的，立足本国而又面向世界的"①。

（1）精神文明是以思想道德建设和教育科学文化建设为主要内容

1986年，《中共中央关于社会主义精神文明建设指导方针的决议》指出，"精神文明建设，包括思想道德建设和教育科学文化建设两个方面"②。

1996年，《中共中央关于加强社会主义精神文明建设若干重要问题的决议》对于"思想道德建设"和"教育科学文化建设"作出了进一步阐述，指出"思想道德建设的基本任务是：坚持爱国主义、集体主义、社会主义教育，加强社会公德、职业道德、家庭美德建设，引导人们树立建设有中国特色社会主义的共同理想和正确的世界观、人生观、价值观"。"社会主义道德建设要以为人民服务为核心，以集体主义为原则，以爱祖国、爱人民、爱劳动、爱科学、爱社会主义为基本要求，开展社会公德、职业道德、家庭美德教育，在全社会形成团结互助、平等友爱、共同前进的人际关系"；文化建设要"深深植根于人民群众的历史创造活动，继承发扬民族优秀文化和革命文化传统，积极吸收世界文化优秀成果"。③

2011年，胡锦涛同志在庆祝中国共产党成立90周年大会上的讲话中进一步指出，精神文明建设"要坚持发展面向现代化、面向世界、面向未来的，民族的科学的大众的社会主义文化，推动社会主义先进文化更加深入人心"，"不断开创全民族文化创造活力持续迸发、社会文化生活更加丰富多彩、人民基本文化权益得到更好保障、人民思想道德素质和科学文化素质全面提高的新局面，建设中华民族共有精神家园"。④

---

① 《十二大以来重要文献选编》下，人民出版社1988年版，第1178页。
② 《十二大以来重要文献选编》下，人民出版社1988年版，第1176页。
③ 《十四大以来重要文献选编》下，人民出版社1999年版，第2054、2056、2188页。
④ 胡锦涛：《在庆祝中国共产党成立90周年大会上的讲话》，人民出版社2011年版，第23—24页。

习近平总书记则强调"文化的弘扬和繁荣","道德境界充分升华"是"精神文明"的应有之义，是实现中国梦的重要方面。①

（2）精神文明是以培养"四有"新人为根本任务

1986年，《中共中央关于社会主义精神文明建设指导方针的决议》指出，"社会主义精神文明建设的根本任务，是适应社会主义现代化建设的需要，培育有理想、有道德、有文化、有纪律的社会主义公民，提高整个中华民族的思想道德素质和科学文化素质"②。

在这一任务中，"有理想"是指，"建立各尽所能、按需分配的共产主义社会"；"有道德"是指，"全民范围的道德建设，就应当肯定由此而来③的人们在分配方面的合理差别，同时鼓励人们发扬国家利益、集体利益、个人利益相结合的社会主义集体主义精神"；"有文化"是指，"始终把社会效益作为最高标准"，"自觉地依靠科学，发扬尊重科学、追求知识的精神，努力在全民族范围扎扎实实地组织教育科学文化的普及和提高"；"有纪律"是指，"使人们懂得公民的基本权利和义务，懂得与自己工作和生活直接有关的法律和纪律，养成守法遵纪的良好习惯"，"在法纪面前人人平等"。④

（3）精神文明建设的主要目标是树立建设有中国特色社会主义的共同理想和坚持党的基本路线不动摇的坚定信念，提高公民素质、文化生活质量和城乡文明程度

1996年，《中共中央关于加强社会主义精神文明建设若干重要问题的决议》指出，"我国社会主义精神文明建设的主要目标是：在全民族牢固树立建设有中国特色社会主义的共同理想，牢固树立坚持党的基本路线不动摇的坚定信念；实现以思想道德修养、科学教育水平、民主法

---

① 习近平：《出席第三届核安全峰会并访问欧洲四国和联合国教科文组织总部、欧盟总部时的演讲》，人民出版社2014年版，第17页。

② 《十二大以来重要文献选编》下，人民出版社1988年版，第1176页。

③ 这里的"由此而来"是指，社会主义市场经济条件下，在以公有制为主体的前提下发展多种经济成分。

④ 《十二大以来重要文献选编》下，人民出版社1988年版，第1179—1185页。

制观念为主要内容的公民素质的显著提高，实现以积极健康、丰富多采、服务人民为主要要求的文化生活质量的显著提高，实现以社会风气、公共秩序、生活环境为主要标志的城乡文明程度的显著提高；在全国范围形成物质文明建设和精神文明建设协调发展的良好局面"①。

2008 年，胡锦涛同志在纪念党的十一届三中全会召开 30 周年的大会上总结改革开放以来精神文明建设的经验时指出，30 年来，我们"实行依法治国和以德治国相结合，以科学的理论武装人、以正确的舆论引导人、以高尚的情操塑造人、以优秀的作品鼓舞人，着力培育有理想、有道德、有文化、有纪律的公民，不断提高全民族的思想道德素质和科学文化素质，为改革开放和社会主义现代化建设提供强大精神动力和智力支持、营造良好舆论环境"②。

2010 年，胡锦涛同志进一步提出，要"继续加强社会主义精神文明建设，努力为推动科学发展提供良好文化条件"，重点是"要深入推进社会主义核心价值体系建设，坚定中国特色社会主义理想信念，弘扬爱国主义、集体主义、社会主义思想，深入进行中华民族传统美德教育和民主法制教育，加强社会公德、职业道德、家庭美德、个人品德建设，高度重视青少年思想道德教育，培育文明风尚。要深化文化体制改革，发展公益性文化事业，构建公共文化服务体系，加快发展文化产业，满足人民群众多样化的精神文化需求。要坚持一手抓繁荣、一手抓管理，健全文化市场监管机制，努力营造健康向上的社会文化环境。要继承和发扬中华优秀文化，吸收和借鉴世界有益文化，有效抵御各种消极腐朽思想文化侵蚀，使广大人民群众始终保持昂扬向上的精神风貌"。③

---

① 《十四大以来重要文献选编》下，人民出版社 1999 年版，第 2052 页。
② 胡锦涛：《在纪念党的十一届三中全会召开 30 周年大会上的讲话》，人民出版社 2008 年版，第 23—24 页。
③ 胡锦涛：《在深圳经济特区建立 30 周年庆祝大会上的讲话》，人民出版社 2010 年版，第 9—10 页。

党的十八大以来，习近平总书记提出并深刻阐述了实现中华民族伟大复兴中国梦，指出"实现中国梦，是物质文明和精神文明均衡发展、相互促进的结果"①，从而把物质文明和精神文明上升为实现中华民族伟大复兴基本途径的高度，在思想认识层面取得了进一步的深化。

（4）精神文明建设并不具有完全的独立性，它具有依附和反作用于物质文明的特性

马克思主义文明理论是在超越传统西方先验理性主义文明观、空想社会主义文明观的过程中创立的，它与让·雅克·卢梭、沙利·傅立叶等人思想的显著不同之处是，不是以"从意识出发，把意识看做是有生命的个人"为观察方法，而是"从现实的、有生命的个人本身出发，把意识仅仅看做是他们的意识"。② 基于上述历史唯物主义的思维方式，马克思、恩格斯认为"意识在任何时候都只能是被意识到了的存在，而人们的存在就是他们的实际生活过程"③。正是以生产劳动为主的实践活动为基础，人们实际的生活过程得以展开，并且体现为物质文明和精神文明两个方面。具体到文明理论来说，这一论述对我们的启示是，物质文明建设是精神文明建设的根基，精神文明建设是物质文明发展到一定程度后的必然要求。对此，江泽民同志指出："物质文明建设是一切社会事业发展的基础，经济建设在现代化建设中必须始终处于中心地位"④，"精神文明的发展，要有一定的物质条件，经济建设搞好了，生产力发达了，就会给精神文明建设提供更充实的物质基础"⑤。

但是，物质文明发展并不意味着精神文明就一定能自然而然地进步。因为正如列宁曾经说过的，工人阶级不可能自发地具有马克思主义

---

① 习近平：《出席第三届核安全峰会并访问欧洲四国和联合国教科文组织总部、欧盟总部时的演讲》，人民出版社 2014 年版，第 16—17 页。
② 《马克思恩格斯文集》第 1 卷，人民出版社 2009 年版，第 525 页。
③ 《马克思恩格斯全集》第 3 卷，人民出版社 1960 年版，第 29 页。
④ 《江泽民文选》第 1 卷，人民出版社 2006 年版，第 571 页。
⑤ 《江泽民文选》第 1 卷，人民出版社 2006 年版，第 575 页。

思想，"这种意识只能从外面灌输进去"①，先进的思想在当今中国也不可能自发地产生，这就凸显出了精神文明建设的必要性和重要性。对此，江泽民同志具有深刻洞见，他强调"不能简单地把精神文明看作是物质文明的派生物和附属品，精神文明有它的相对独立性"②。对于当今中国来说，改革开放以来的中国特色社会主义建设取得了巨大成绩，使中国社会发生了翻天覆地的变化，在物质文明取得飞速发展的同时，精神文明建设的相对滞后性也日渐显露，促进两个文明协调进步的任务愈加迫切。胡锦涛同志强调："中国特色社会主义是全面发展、全面进步的事业，是物质文明和精神文明相辅相成、协调发展的事业。物质贫乏不是社会主义，精神空虚也不是社会主义。"③ 以习近平同志为核心的党中央敏锐地认识到，必须"推动社会主义精神文明和物质文明协调发展"④"中国式现代化是物质文明和精神文明相协调的现代化"⑤。物质贫困不是社会主义，精神贫乏也不是社会主义。我们不断厚植现代化的物质基础，不断夯实人民幸福生活的物质条件，同时大力发展社会主义先进文化，加强理想信念教育，传承中华文明，促进物的全面丰富和人的全面发展。

此外，精神文明对于物质文明建设具有巨大的反作用。精神的力量可以鼓舞人，也可以使人颓废。新中国成立初期，红旗渠精神、铁人精神、雷锋精神等曾经激励了几代中国劳动者，创造出了种种人间奇迹。可见，"社会主义精神文明是社会主义社会的重要特征。建设高度的社会主义精神文明是社会主义现代化的重要目标。精神文明对物质文明建设起巨大推动作用，并且保证它的正确发展方向"⑥。反之，"不加强精

---

① 《列宁专题文集　论无产阶级政党》，人民出版社 2009 年版，第 76 页。

② 《江泽民文选》第 1 卷，人民出版社 2006 年版，第 575 页。

③ 胡锦涛：《在纪念党的十一届三中全会召开 30 周年大会上的讲话》，人民出版社 2008 年版，第 24 页。

④ 《习近平著作选读》第 2 卷，人民出版社 2023 年版，第 34 页。

⑤ 《习近平著作选读》第 1 卷，人民出版社 2023 年版，第 19 页。

⑥ 《江泽民文选》第 1 卷，人民出版社 2006 年版，第 571 页。

神文明的建设，物质文明的建设也要受破坏，走弯路。光靠物质条件，我们的革命和建设都不可能胜利"①。当今，精神文明建设就是要以社会主义先进文化塑造社会主义劳动者，以中国梦激发亿万人民的奋斗热情，使他们的思想境界不断提升，自觉将个人价值融入实现社会主义现代化、实现中华民族伟大复兴的事业中来。

总的来说，"社会主义现代化事业是物质文明和精神文明相辅相成、协调发展的事业"②，"物质文明为精神文明的发展提供物质条件和实践经验，精神文明又为物质文明的发展提供精神动力和智力支持。我们必须全面把握两个文明建设的辩证关系"③。

3. 政治文明

政治文明概念早在 1844 年 11 月马克思写作的《关于现代国家的著作的计划草稿》中就已经出现，其内容主要包括民主政治制度、民族和人民、代议制国家、立法权、执行权和司法权、政党、宪法和法律等。在中国共产党的历史上，这一概念特指社会主义政治文明，则是首次出现在党的十六大报告之中。2002 年，江泽民同志在党的十六大报告中首次提出了"建设社会主义政治文明"的新要求。什么是政治文明？政治文明，就是指"在坚持四项基本原则的前提下，继续积极稳妥地推进政治体制改革，扩大社会主义民主，健全社会主义法制，建设社会主义法治国家，巩固和发展民主团结、生动活泼、安定和谐的政治局面"④。

（1）政治文明的根本原则是坚持党的领导、人民当家作主和依法治国有机统一

江泽民同志指出："发展社会主义民主政治，最根本的是要把坚持党的领导、人民当家作主和依法治国有机统一起来。"中国共产党之所

---

① 《邓小平文选》第 3 卷，人民出版社 1993 年版，第 144 页。
② 《江泽民文选》第 3 卷，人民出版社 2006 年版，第 276 页。
③ 《江泽民文选》第 1 卷，人民出版社 2006 年版，第 575 页。
④ 《十六大以来重要文献选编》上，中央文献出版社 2005 年版，第 24 页。

以确立这一根本原则，是因为，"党的领导是人民当家作主和依法治国的根本保证，人民当家作主是社会主义民主政治的本质要求，依法治国是党领导人民治理国家的基本方略"。①

（2）政治文明的主要内容是积极稳妥地推进政治体制改革

政治文明建设要求发展社会主义民主政治，在坚持四项基本原则的前提下，积极稳妥地推进政治体制改革。2002 年，江泽民同志在党的十六大报告中指出："要着重加强制度建设，实现社会主义民主政治的制度化、规范化和程序化。"具体来说，这包括坚持和完善社会主义民主制度、加强社会主义法制建设、改革和完善党的领导方式和执政方式、改革和完善决策机制、深化行政管理体制改革、推进司法体制改革、深化干部人事制度改革、加强对权力的制约和监督、维护社会稳定九个改革方面。②

2003 年，胡锦涛同志曾指出"要继续积极稳妥地推进政治体制改革，大力建设社会主义政治文明"③，他在党的十七大报告中进一步指出，发展社会主义政治文明，必须积极稳妥推进政治体制改革。具体地说，"深化政治体制改革，必须坚持正确政治方向，以保证人民当家作主为根本，以增强党和国家活力、调动人民积极性为目标，扩大社会主义民主，建设社会主义法治国家"④。

建设社会主义政治文明，推进政治体制改革，最重要的是要坚持好、发展好人民代表大会制度、中国共产党领导的多党合作和政治协商制度以及民族区域自治制度为主的社会主义政治制度。⑤ 坚持和完善人民代表大会制度，开展政治协商、民主监督、参政议政，都是社会主义

---

① 《江泽民文选》第 3 卷，人民出版社 2006 年版，第 553 页。

② 参见《十六大以来重要文献选编》上，中央文献出版社 2005 年版，第 24—28 页。

③ 《十六大以来重要文献选编》上，中央文献出版社 2005 年版，第 650 页。

④ 《十七大以来重要文献选编》上，中央文献出版社 2009 年版，第 22 页。

⑤ 参见胡锦涛《在庆祝中国人民政治协商会议成立 55 周年大会上的讲话》，人民出版社 2004 年版，第 10—11 页。

政治文明的重要内容。①

关于政治体制改革的方向，习近平总书记特别强调，"我们需要借鉴国外政治文明有益成果，但绝不能放弃中国政治制度的根本"，"在前进道路上，我们要坚定不移走中国特色社会主义政治发展道路，继续推进社会主义民主政治建设、发展社会主义政治文明"。②

（3）政治文明的目标是增强党和国家活力、调动人民积极性

2003 年，胡锦涛同志在纪念毛泽东同志诞辰 110 周年座谈会上曾提出，大力建设社会主义政治文明，必须发展社会主义民主政治，"充分调动广大人民群众的积极性、主动性和创造性，增强党和国家的活力，巩固和发展民主团结、生动活泼、安定和谐的政治局面"③。

2008 年，胡锦涛同志明确指出："以增强党和国家活力、调动人民积极性为目标，不断发展社会主义政治文明。"④ 2010 年，胡锦涛同志进一步指出，要坚持中国特色社会主义政治发展道路，"加强社会主义政治文明建设，不断推进社会主义政治制度自我完善和发展，保证人民当家作主，增强党和国家活力，调动人民积极性"⑤。

2014 年，习近平总书记在庆祝全国人民代表大会成立 60 周年大会上的讲话中明确指出，"在全面深化改革进程中，我们要积极稳妥推进政治体制改革，以保证人民当家作主为根本，以增强党和国家活力、调动人民积极性为目标，不断建设社会主义政治文明"⑥，为了实

---

① 参见胡锦涛《在首都各界纪念全国人民代表大会成立 50 周年大会上的讲话》，人民出版社 2004 年版，第 9 页。

② 习近平：《在庆祝全国人民代表大会成立 60 周年大会上的讲话》，人民出版社 2014 年版，第 14—15 页。

③ 胡锦涛：《在纪念毛泽东同志诞辰 110 周年座谈会上的讲话》，人民出版社 2003 年版，第 18 页。

④ 《十七大以来重要文献选编》上，中央文献出版社 2009 年版，第 801 页。

⑤ 胡锦涛：《在深圳经济特区建立 30 周年庆祝大会上的讲话》，人民出版社 2010 年版，第 8 页。

⑥ 习近平：《在庆祝全国人民代表大会成立 60 周年大会上的讲话》，人民出版社 2014 年版，第 20 页。

现这一目标，在 2021 年庆祝中国共产党成立一百周年大会的讲话中进一步指明了政治文明建设的基本要求，即"发展全过程人民民主，维护社会公平正义，着力解决发展不平衡不充分问题和人民群众急难愁盼问题"①。

4. 狭义的社会文明

广义的社会文明概念，是江泽民同志首先提出来的。他指出："社会文明既包括物质文明也包括精神文明，缺少任何一个方面，社会就是畸形的，也不可能健康地向前发展。"② 该语境下的"社会文明"是指广义社会构成系统中的社会存在和社会意识全面进步。广义的社会文明旨在实现人与社会之间的和谐进步。历史唯物主义从社会结构入手，以社会存在、社会意识，经济基础、思想上层建筑、政治上层建筑等基本范畴来分析复杂的社会现象，与之相对应，广义的社会文明则包括物质文明、政治文明、精神文明和狭义的社会文明四个基本层面。

狭义的社会文明建设是指，通过改革社会体制、扩大公共服务、完善社会管理，进而实现保障和改善民生的目标。2006 年 10 月，党的十六届六中全会正式提出"推动社会建设与经济建设、政治建设、文化建设协调发展"③，在党的十七大、十八大报告中，以改善民生为重点的"社会建设"都成为重要的内容，这在事实上标志着狭义的社会文明建设任务的提出。根据《关于建国以来党的若干历史问题的决议》《全面开创社会主义现代化建设的新局面》《中共中央关于经济体制改革的决定》《中共中央关于制定国民经济和社会发展第七个五年计划的建议》《中共中央关于建立社会主义市场经济体制若干问题的决定》等党的重要文献的表述，国内马克思主义学者于建荣对狭义的社会文明概念进行了界定，即"社会文明是一个历史范畴，是小社会领域的进步状态，是

---

① 《习近平著作选读》第 2 卷，人民出版社 2023 年版，第 482 页。
② 《江泽民文选》第 1 卷，人民出版社 2006 年版，第 575 页。
③ 《中共中央关于构建社会主义和谐社会若干重大问题的决定》，《人民日报》2006 年 10 月 19 日。

社会规律在小社会领域作用的过程和结果，是社会文明行为、社会文明过程和社会文明成果的有机统一，是中国特色社会主义文明系统的重要组成部分，是与物质文明、精神文明和政治文明相对应的一种文明"①。社会生活文明、社会关系文明、社会意识文明、社会生活环境文明和社会管理文明则共同构成了狭义的社会文明的核心内容。

党的十八大以来，社会建设与经济建设、政治建设、文化建设、生态文明建设共同构成了中国特色社会主义事业"五位一体"总体布局的内在组成部分。习近平总书记进而提出："中国特色社会主义道路，既坚持以经济建设为中心，又全面推进经济建设、政治建设、文化建设、社会建设、生态文明建设以及其他各方面建设"②。这里的社会建设与狭义的社会文明具有相互重叠的内涵。

（三）生态文明

生态文明侧重于解决人与自然之间的矛盾，旨在实现人与自然之间的和谐。生态文明概念是由胡锦涛同志在党的十七大报告中首次正式提出来的。具体来说，建设生态文明，是要"基本形成节约能源资源和保护生态环境的产业结构、增长方式、消费模式。循环经济形成较大规模，可再生能源比重显著上升。主要污染物排放得到有效控制，生态环境质量明显改善。生态文明观念在全社会牢固树立"③。

1. 生态文明建设是历史的必然、时代的呼唤、人民的期待

习近平总书记强调："党的十八大把生态文明建设纳入中国特色社会主义事业总体布局，使生态文明建设的战略地位更加明确，有利于把生态文明建设融入经济建设、政治建设、文化建设、社会建设各方面和全过程。这是我们党对社会主义建设规律在实践和认识上不断深化的重

① 于建荣：《中国特色社会主义社会文明研究》，中央文献出版社 2007 年版，第 32 页。
② 习近平：《紧紧围绕坚持和发展中国特色社会主义　学习宣传贯彻党的十八大精神——在十八届中共中央政治局第一次集体学习时的讲话》，人民出版社 2012 年版，第 4 页。
③ 《十七大以来重要文献选编》上，中央文献出版社 2009 年版，第 16 页。

要成果。"① 建设生态文明，实行绿色工业化，是历史提供给我们的引领人类文明未来方向的重大机遇，也是日益加剧的世界生态危机向我们提出的重大挑战，更是我们顺应人类文明进步趋势、维护国家生态安全、推进社会主义现代化进程的应然之举。

（1）从人类文明演进历史来看，生态文明是 21 世纪工业文明发展的新阶段

迄今为止，以处理人与自然关系为基本内容的生产力为重要标志，人类已然经历了原始采集狩猎文明、农业文明、工业文明的历史发展阶段。在这一历史进程中，人与自然的关系也经历了从畏惧依附自然、改造利用自然，到征服主宰自然的演进历程。然而，与此同时，人类赖以生存的生态环境亦经历了从资源开采到资源耗竭、从浅层环境污染到深层生态系统损坏、从可恢复的生态破坏到不可逆的生态灾难、从局部地区的生态问题到全球性生态危机。在当今时代，全球气候变暖、臭氧层空洞、资源能源短缺、土地荒漠化等严峻的世界性生态问题表明，若不改变以"高消耗、高污染、高排放、低产出"为特征的传统工业文明发展道路，人类的生存和发展将受到严重威胁。由于生态文明作为一种生态型工业文明，以低消耗、低污染、低排放和生态资本不断增加为主要特征，以绿色科技和经济制度创新为基本途径，以积累绿色财富和增加人类绿色福利为根本目标，以实现人与人之间和谐、人与自然之间和谐为根本宗旨，从而正确应对了人类文明在当今面临的重大挑战。因此，建设生态文明，扬弃工业文明，代表了人类文明进步的要求，将是人类文明进步的必由之路。

（2）从我国社会发展阶段来看，通过建设生态文明增进民生福祉是必然选择

生态兴则文明兴，生态衰则文明衰。党的二十大报告指出："中国

---

① 习近平：《紧紧围绕坚持和发展中国特色社会主义　学习宣传贯彻党的十八大精神——在十八届中共中央政治局第一次集体学习时的讲话》，人民出版社 2012 年版，第 7 页。

式现代化是人与自然和谐共生的现代化。人与自然是生命共同体，无止境地向自然索取甚至破坏自然必然会遭到大自然的报复。我们坚持可持续发展，坚持节约优先、保护优先、自然恢复为主的方针，像保护眼睛一样保护自然和生态环境，坚定不移走生产发展、生活富裕、生态良好的文明发展道路，实现中华民族永续发展。"① 本着对民族、人民负责的态度，中国共产党致力于加快发展方式绿色转型，加快推动产业结构、能源结构、交通运输结构调整优化，推进各类资源节约集约利用，深入推进环境污染防治，持续打好蓝天、碧水、净土保卫战，提升生态系统多样性、稳定性、持续性，积极稳妥推进碳达峰碳中和，推动能源清洁低碳高效利用，积极参与应对气候变化全球治理。我国全方位、系统化的生态文明建设方略正在得以实施，城乡人居环境明显改善，切实给我国和世界人民带来了民生福祉。

2. 生态文明建设要求进行全面的社会结构变革

党的十八大报告强调："改革开放是坚持和发展中国特色社会主义的必由之路。要始终把改革创新精神贯彻到治国理政各个环节。"② 党的十九大报告指出："我们党团结带领人民进行改革开放新的伟大革命，破除阻碍国家和民族发展的一切思想和体制障碍，开辟了中国特色社会主义道路，使中国大踏步赶上时代。"③ 党的二十大报告强调，"坚持改革开放"是坚持中国特色社会主义道路的必然要求。为此，我们要抓住建设生态文明的历史性机遇，推进思维方式、社会组织方式、生产和生活方式的全面变革。

（1）生态文明建设要求思维方式的根本变革，树立生态道德、生态形成价值观等生态观念

在全社会牢固树立生态文明理念，是生态文明建设的应有之义。

① 习近平：《高举中国特色社会主义伟大旗帜　为全面建设社会主义现代化国家而团结奋斗——在中国共产党第二十次全国代表大会上的报告》，人民出版社2022年版，第23页。
② 《十八大以来重要文献选编》上，中央文献出版社2014年版，第11页。
③ 《习近平著作选读》第2卷，人民出版社2023年版，第12页。

早在中国古代，儒家便有"仁民爱物""天人合一""民胞物与"，道家亦有"道法自然"的生态道德观念。只是到了近代以后，受西方"人—自然"主客二分式思维框架的影响，生态自然对于许多人来说只具有工具性意义。历史步入 21 世纪，以马克思主义为指导思想的中国共产党，唯物辩证地看待人、自然与社会的关系问题，创造性地提出了"统筹人与自然和谐发展""建设生态文明"的生态道德思想。这种建立在辩证唯物主义科学世界观基础上的生态道德思想，要求人在生产生活中，摆脱对自然资源的自发依赖性，自觉地珍惜和合理使用自然资源。

亟待确立生态形成价值观念，把自然资源和环境消耗纳入国民经济核算体系。有学者以劳动形成价值为由，认为只有劳动产品才有价值。实际上，在马克思主义看来，价值形成是劳动和自然资源结合的过程。由于"没有经过人类劳动加工的自然界原有的物品"作为不变资本投入的劳动对象而存在，参与了转移价值与创造新价值的生产过程，所以自然生态资源形成价值。① 有鉴于此，核算自然资源价值量，确立资源资产的价值，将环境与资源价值纳入国民经济核算体系，将有助于纠正片面追求产值而不顾及环境代价的发展观念。可喜的是，从 2000 年起我国国家统计局开始在国民经济核算体系中纳入环境资源和自然资源的实物量核算，并将逐步向价值量核算过渡，今后我们还要继续深入开展和做好此项工作。

（2）生态文明建设要求社会组织方式的根本变革，全社会承担共同但有区别的责任

"共同但有区别的责任"是《联合国气候变化框架公约》的核心内容，其具体要求是，每个国家都要承担起应对气候变化的义务，发达国家要对其历史排放和当前的高人均排放负责，率先减排，并给发展中国家提供资金和技术支持，而发展中国家仍然以经济和社会发展及消除贫

---

① 卫兴华等主编：《政治经济学原理》，经济科学出版社 1996 年版，第 2 页。

困为首要任务。从唯物辩证法的视角看，"共同但有区别的责任"既体现了地球每个成员都应肩负起保护我们共同家园的普遍性责任，又体现了立足于历史和现实不同国情的多样性具体行动，因而是统一性和多样性相结合的科学行动纲领。

党的十八大报告不仅采纳了国际社会对于生态问题的"共同但有区别的责任原则"，还对其进行了丰富，补充了"公平原则、各自能力原则"。审视当今中国社会，我们也类似地存在着地区、城乡、群体之间的发展差距，根据"共同富裕"的社会主义本质要求，以及"先富带动后富"原则，当今中国社会也亟待在生态文明建设上确立共同但有区别的责任，具体地说，在生态权益公正的理念指导下，每个人拥有同样的生态权益。因此，一方面通过建立生态权益交易的市场机制，穷人能够出售自己用不完的那部分排污权益，富人可以买穷人转让的那部分生态权益以补充自己不足的排污权益；另一方面，通过征收生态公共品使用税，对那些通过利用自然资源获益的企业和个人收入进行宏观调节。从而，使先富起来的地区、城镇、人群自觉承担节能减排、保护环境的更多责任，帮助落后地区、乡村、贫困人口消除贫困，最终形成公平配置和使用生态权益的社会组织结构。

（3）生态文明建设要求生产生活方式的根本变革，实现经济发展方式的绿色转型，倡导适度合理的绿色消费

党的十八大报告明确要求，"形成节约资源和保护环境的空间格局、产业结构、生产方式、生活方式"①。党的十九大报告指出："必须树立和践行绿水青山就是金山银山的理念，坚持节约资源和保护环境的基本国策，像对待生命一样对待生态环境，统筹山水林田湖草系统治理，实行最严格的生态环境保护制度，形成绿色发展方式和生活方式，坚定走生产发展、生活富裕、生态良好的文明发展道路"②。党的二十大报告

---

① 《十八大以来重要文献选编》上，中央文献出版社2014年版，第31页。
② 《习近平著作选读》第2卷，人民出版社2023年版，第20页。

要求，"完善支持绿色发展的财税、金融、投资、价格政策和标准体系，发展绿色低碳产业，健全资源环境要素市场化配置体系，加快节能降碳先进技术研发和推广应用，倡导绿色消费，推动形成绿色低碳的生产方式和生活方式"①。当前，中国正处于加速城镇化的重要时期，亟待促进新兴城市和工业园区的绿色发展，实现"产城一体化"。把生态作为产业和城市一体化发展的出发点，通过生态保护、历史文化保护来吸引和留住人才，把人才作为产业和城市发展的支柱，突破城市功能分割的局面，实现城市发展可工作、可居住、可休闲性功能融合，从而从整体上提升产业和城市品质。

同时，生态文明建设要突破消费主义、享乐主义的价值观，使人们的生活方式实现绿色转型。传统工业文明为人类提供了丰富的物质产品，同时也助长了人类的贪欲，正如恩格斯所说，"鄙俗的贪欲是文明时代从它存在的第一日起直至今日的起推动作用的灵魂"②。建设生态文明则从根本上否定了消费主义价值观，要求彻底摆脱把对自然资源以及用自然资源生产产品的占有数量作为衡量人生价值唯一尺度的观念，转变把自然界作为人类的仓库和排污场的观点。生态文明建设，要求人类主动地把自己作为自然家园的一分子，与自然界休戚与共、荣辱与共，从而在消费方式上，积极进行合理适度的绿色消费，在消费内容上，积极进行不依赖于物质资料消耗的文化教育旅游等消费。③

3. 生态文明建设需要超越传统生态文明观的思维定式

马克思主义向来反对闭门造车、裹足不前，而是主张不断超越、与时俱进。任何试图使马克思主义固化的思想实际上是犯了左派幼稚病的错误，在本质上是反马克思主义的。一种流行的生态文明观认为，生态文明是人类在生态危机的时代背景下，在反思现代工业文明模式所造成

① 《习近平著作选读》第 1 卷，人民出版社 2023 年版，第 41 页。
② 《马克思恩格斯文集》第 4 卷，人民出版社 2009 年版，第 196 页。
③ 参见李艳艳《中国特色社会主义文明结构论》，《安徽师范大学学报》（人文社会科学版）2012 年第 2 期。

的人与自然对立的矛盾的基础上，以生态学规律为基础，以生态价值观为指导，从物质、制度、精神观念三个层面进行改善，以达成人与自然和谐发展。① 在这种传统生态文明观的视域中，处理人与自然的关系是人类文明的核心，生态文明的基础是生态学规律，生态危机的根源是工业文明，生态文明则是一种后工业文明。一言以蔽之，生态文明被认作是必然替代工业文明的人类文明新形态，当今人类社会被认为正处于工业文明向生态文明的过渡阶段。在这种生态文明观的影响下，一些人倒向了对工业文明的全盘否定，倒向了对自然力的盲目崇拜，种种妄想回归田园生活的怀旧情绪开始发酵升温。对此，为了使"建设生态文明"新理念得到科学的落实与践行，当前亟待在马克思主义指导下，全面剖析传统生态文明观，积极构建科学的生态文明观。

（1）人类文明的核心任务不是处理人与自然的关系，而是处理人与人之间的关系

传统生态文明观认为，人类文明依次历经史前文明、农业文明、工业文明和生态文明的发展历程，处理人与自然的关系是人类文明的核心任务。② 持这种观点的基本依据是，自然界是人类生存与文明进步的前提和基础，人与自然关系的发展决定了人类文明的进程。因此，人类敬畏自然—人类改造与征服自然—人类与自然和谐相处的人与自然关系发展历程，决定了人类文明必然依次经历史前文明—农业文明与工业文明—生态文明的历史进程。毋庸置疑，这种观点具有合理之处，它突破了自然主义、人类中心主义的思想片面性，科学认识到人类文明进步的历程贯穿了自然界与人类的双向互动关系。

但是，这种观点存在的认识误区也很明显。一是把自然环境作为人类文明史的决定性因素。在西方思想史上，从古希腊的亚里士多德直到近代的查理·路易·孟德斯鸠、托马斯·罗伯特·马尔萨斯等人纷纷认

---

① 严耕等：《生态文明的理论与系统建构》，中央编译出版社 2009 年版，第 166 页。
② 李兴山等主编：《科学发展观研究》，中共中央党校出版社 2010 年版，第 408 页。

为地理环境决定历史发展，这类观点显然过分夸大自然环境的作用力，而忽视了人类在自然面前的能动性。唯物史观则认为，物质资料的生产方式才是人类社会发展的内在决定性力量。马克思、恩格斯一方面承认自然环境、人口因素对人类社会历史进程有一定的作用，也就是说"没有自然界，没有感性的外部世界，工人什么也不能创造"[1]。但另一方面也明确指出人类历史的发展是一个合乎逻辑的过程，并非自然界对人的恩赐，[2] 自然环境对于人类历史发展的作用要通过生产方式这一决定性因素而体现。显而易见，把自然环境当作人类文明史进程决定性因素的观点颠倒了内外因的地位和作用，因而是不科学的。

二是把人与自然关系的矛盾运动当作影响人类文明进步的根本原因。唯物辩证法启示我们，决定人类文明进步的根本原因是文明进程中的内部矛盾，它贯穿于人类文明史的全过程，规定了不同文明形态的性质。马克思主义经典作家深刻指出，人类文明成果是人类开始制造和使用工具，"在社会方面把人从其余的动物中提升出来"[3] 之后，从而脱离原始蒙昧状态进入文明社会以后的创造物。"文明的一切进步，或者换句话说"就是"社会生产力的一切增长"。[4] 由此可见，生产力作为人类社会历史发展的最终动力，当然也是人类文明进步的最终动力。生产力与生产关系的矛盾作为人类社会历史发展的根本原因，当然也是人类文明进步的根本原因。显而易见，认为人与自然关系的矛盾运动是影响人类文明进步根本原因的观点，混淆了根本原因与非根本原因的界限，因而也是非科学的。

实际上，推动人类文明进步的关键任务是处理人与人之间的关系、使现实社会关系合理化，这是消除人与自然之间紧张关系的根本途径。

---

① 《马克思恩格斯文集》第1卷，人民出版社2009年版，第158页。
② 参见《马克思恩格斯全集》第48卷，人民出版社1985年版，第482页。
③ 《马克思恩格斯文集》第9卷，人民出版社2009年版，第422页。
④ 《马克思恩格斯全集》第30卷，人民出版社1995年版，第267页。

对此，马克思曾明确指出，"人对自然的关系直接就是人对人的关系"①。自人类进入文明社会以来，多数人创造、少数人享有劳动产品的不公平社会生产关系便贯穿于奴隶社会、封建社会和资本主义社会的文明时代，从而导致人与自然之间的关系异常紧张。一方面，运用什么自然资料进行生产、生产过程会对环境产生什么影响完全不由劳动者说了算，这些来自自然界的原材料成为导致劳动者身心疲惫的外在强制物，从而使劳动者与自然界在情感上也日渐疏离；另一方面，一些企业主在利润的驱使下，仅仅把自然界当作他们取之不尽的仓库、具有货币属性的商品和容量无限的垃圾场，极力将生产过程的环境成本外部化。于是乎，全球气候变暖、臭氧层空洞、能源资源消耗、森林砍伐过度、物种加速灭绝、污染物排放严重等生态问题纷纷出现。由此可见，包括生态文明在内的人类文明建设的核心任务是使现实社会关系合理化。当前，我们急需巩固和发展劳动者按劳分配劳动产品的制度，保障劳动人民公平享有生态权益，从而从根本上解决生态问题。

（2）生态文明的基础不是生态学规律，而是生产力与生产关系、经济基础与上层建筑矛盾运动的规律

由于把处理人与自然的关系当作人类文明史的核心，传统生态文明观认为，生态文明建设应以生态学规律为基础。② 其基本依据是，生态文明是在人与自然关系失衡的现实背景下提出来的，导致这种失衡的首要原因就是人类违背了生态规律而任意妄为，因此生态文明建设的基础就是遵循生态规律、按生态规律的要求办事。毋庸置疑，这种观点具有合理之处，它认识到了生态规律具有不依赖于人的意识的客观性，强调了人类应自觉遵守生态规律、履行维护生态健康的责任。

但是，这种观点存在的认识误区也很明显。一是仅强调了生态规律的客观性，而忽视了人在生态规律面前具有主观能动性。片面强调生态

---

① 《马克思恩格斯文集》第 1 卷，人民出版社 2009 年版，第 184 页。
② 严耕等：《生态文明的理论与系统建构》，中央编译出版社 2009 年版，第 166 页。

规律对人类历史的决定作用，是一种自然主义的历史观。在这种历史哲学逻辑下，人的认识能力只体现于反思和阐明自然的价值，并通过完善理性来回归自然的秩序或状态。对此，恩格斯曾给予坚决的批驳，他说：自然主义的历史观"是片面的，它认为只是自然界作用于人，只是自然条件到处决定人的历史发展，它忘记了人也反作用于自然界，改变自然界，为自己创造新的生存条件"①。唯物主义历史观启示我们，人类历史是合规律性和合目的性的统一。自然规律虽然具有客观性，但也只有进入人类的认识视野，并最终服务于促进人与自然的和谐进步才有意义。"在生态文明视域下，自然界不再是作为人的异己存在，而是人的存在方式的内在组成部分，是对人的自觉的自主性的确证。"② 因此，人类在自然规律面前不是无所作为的，而要积极发挥认识和利用自然规律的主观能动性。

二是片面关注生态文明的自然属性，忽视了社会性是生态文明的根本属性。生态文明建设的成效无疑要体现为空气、河流、植被、山川等自然环境的综合改善，换言之，生态文明建设的落脚点是自然生态。不过，这里所说的自然生态不是孤立于人类社会之外而独存的，而是以人类为实践主体、能够被人类认识利用的自然生态。施密特认为，在马克思主义学说中，"脱离人的一切实践去对自然进行解释，这从根本上讲，只能是对自然的漠视"③，而俞吾金则认为："就连人类诞生以前的自然界也只是在后来人类改造自然界的目的性活动的基础上被发现出来的。"④ 由此可见，生态文明建设是自然性与社会性的内在统一，社会性才是生态文明的根本属性。

实际上，生产力与生产关系、经济基础与上层建筑矛盾运动的规

---

① 《马克思恩格斯文集》第 9 卷，人民出版社 2009 年版，第 483 页。

② 李艳艳：《中国特色社会主义文明结构论》，《安徽师范大学学报》（人文社会科学版）2012 年第 2 期。

③ ［联邦德国］A. 施密特：《马克思的自然概念》，欧力同译，商务印书馆 1988 年版，第 50 页。

④ 俞吾金：《自然辩证法，还是社会历史辩证法？》，《社会科学战线》2007 年第 4 期。

律，不仅是制约人类社会历史发展的基本规律，也是生态文明建设的基本规律。一方面，自然规律要通过社会基本矛盾运动规律发挥作用。马克思曾指出："只要有人存在，自然史和人类史就彼此相互制约。"① 俞吾金进一步概括为，人类"占有自然因素"的实际劳动，就是"为了满足人的需要"。可见，自然规律不会脱离人类活动而单独发挥作用。在人类历史上，诸如此类的例子不胜枚举。仅就洪水一例而言，洪水泛滥无疑体现了气候、土壤等自然规律在发挥作用，但是我们看到，在不同的社会历史条件下，洪水对人类产生的影响显著不同。在我国古代封建王朝，一旦洪水灾难发生，由于封建统治者不顾百姓安危，往往加剧了危害程度，致使禾稼殆尽、饿殍遍野、民不聊生，激化了生产力与生产关系的矛盾，甚至出现农民起义、政权更迭。作为历史的进步，在社会主义中国，受洪灾影响地区却能够得到党、政府和社会各界的高度关注、齐心帮扶，在一方有难八方支援的制度优势下，洪水危害能够因势利导地快速得以疏浚，维护了人民的生命财产安全，从而保证了社会主义生产力与生产关系的和谐发展，巩固和完善了社会主义制度。

另一方面，社会基本矛盾运动规律制约着自然规律发挥作用的范围和程度。我们看到，在人类历史进程中，随着生产力与生产关系矛盾运动的螺旋式上升，社会分工日益复杂、生产力水平日益提高、生产关系日益精密，人类社会逐渐从原始蒙昧状态过渡到文明时代，并总体上沿着奴隶制文明、封建制文明、资本主义文明、社会主义文明的轨迹进步。与此同时，人类对自然规律的认识和运用能力显著提升，自然规律发挥作用的范围日渐扩大，发挥作用的程度也日益深化。仅就植物生长规律为例，早在原始社会，在低下的生产力水平和原始公有制的生产关系条件下，人类的狩猎、采集生活完全屈从于自然界的植物生长规律，植物生长规律仅仅在自然界范围内发挥作用；而在约一万年前，人类步入农业时代，在以铜铁器等生产工具制造和使用为标志的生产力水平和

---

① 《马克思恩格斯全集》第 3 卷，人民出版社 1960 年版，第 20 页。

个体私有制的生产关系下，植物生长规律在人类自发的认识和利用下，开始转变为水稻、小麦等农作物种植技术，从而开始对人口繁衍、家族关系等社会领域发挥作用；进入现代社会以后，随着信息技术、生物技术为标志的生产力高度发展，植物生长规律进而被人类转化为杂交技术、转基因技术，深刻影响了人类社会的生产生活结构。由此可见，自然界规律虽然不依人类及社会发展的需要而改变，但是其发挥作用的范围和程度受到社会基本矛盾运动规律的制约。

（3）导致生态危机的根源不是现代工业文明，而是以赢利为目的的现代资本主义工业文明

以处理人与自然的关系为核心任务，以生态学规律为理论基础，传统生态文明观从而认为，现代工业文明是导致生态危机的根源。[①] 其基本理论依据是，现代工业文明以"反自然"为根本特征。它树立了机械自然观，将精神与物质对立起来；树立了人类中心主义，将主体与客体对立起来；树立了价值二元论，将价值与事实对立起来。毋庸置疑，这种观点从哲学角度剖析了生态危机产生的认识论逻辑，具有一定的启发意义。

但是，这种观点却也存在着明显的认识误区。一是把现代工业文明等同于西方工业文明。我们知道，机械唯物主义、人类中心主义是西方工业文明的哲学基础，但是如果基于此，就认为这也是现代工业文明的理论基础，简单地把西方工业文明与现代工业文明作一一对等的联系，则是抹杀现代文明特殊性与普遍性关系的形而上学观点。在这种错误逻辑的映射下，人类文明进程的多样性特征被遮蔽，现代工业文明的模式似乎仅仅只有西方工业文明一种。其实践危害是，即使西方工业文明具有内在不可克服的反自然弊端，但是它作为人类现代文明的唯一模式，世界各地希冀进入现代文明的人类也只能明知其不可为而为之。

二是仅从哲学角度认识生态文明，忽视了生态文明根本上是一个经

---

① 严耕等：《生态文明的理论与系统建构》，中央编译出版社 2009 年版，第 45 页。

济范畴。生态文明需要着力解决的生态危机问题，并不是人类自始就存在的，而是随着生产力发展，劳动生产率提高，剩余产品出现，人类进入阶级社会的文明时代以后才显现的。正是由于人们在社会经济结构中所处的地位不平等，才导致了对于自然资源质量和数量的占有不平等，即生态权益的不平等。仅以对水资源的占有使用为例，在水资源高度紧张的当代，以食利为生的有钱人可以购买到优质、巨量的水，他们可以随便喝高达数美元一瓶的阿尔卑斯山脉的高纯度水，可以每天在五星级酒店泡桑拿浴；而以劳动为生的普通民众只能买得起数元一吨的自来水，为了节约用水成本，好几天才舍得洗一次澡。由此可见，认识生态文明仅仅从哲学认识论的角度入手是远远不够的，并不能深入问题的实质，所以以经济水平和经济关系为基本视角，才能够获得对于生态文明的科学认识。

实际上，导致生态危机的根源不是现代工业文明，而是以赢利为目标的现代资本主义工业文明。20 世纪上半叶，苏联及东欧社会主义制度的建立和工业体系的迅速发展充分表明了，人类现代工业文明模式并非只有西方资本主义工业文明一条道路，社会主义工业文明也是现代工业文明的一种重要类型。就本质而言，以人民为导向，还是以资本为导向，是社会主义工业文明与资本主义工业文明的根本区别。在社会主义生产条件下，工业生产的目的是满足人民群众的物质文化生活需要，按需生产、按劳分配使人的尺度、自然的尺度都被纳入生产的计划安排之内，从而保障了人与自然之间的相对协调状态。然而，在资本主义生产条件下，在"投入—产出"的资本逻辑指引下，利润最大化是决定性的生产目的，自然生态只能作为献祭品匍匐在资本的脚下。例如，为了解决全球气候变暖的碳排放权议题，被一些西方发达国家的碳基金公司借以商品化，它们借助碳排放交易机制及清洁发展机制，妄图使西方发达国家逃脱减排义务，而对发展中国家征收高额碳关税，使其牺牲本土生态资源环境沦为西方经济的附庸。所以说，现代资本主义工业文明，或者说现代工业文明背后的资本主义生产方式，才是导致生态危机的真正的罪魁祸首。

（4）生态文明不是后工业文明，而是一种新型工业文明

由于把生态学规律视作生态文明的基础，将生态危机归因于现代工业文明，传统生态文明观进而认为生态文明是一种后工业文明，是人类社会的一种新文明形态。① 其基本理论依据是，生态文明摈弃了工业文明以人为中心的价值观，确立了人与自然和谐相处的价值目标；生态文明从根本上改变了工业文明时代人类的行为方式、伦理模式、社会结构和全球秩序，因而是一种独立的崭新的文明形态。

需要指出的是，这种观点存在两个方面的认识误区。一是生态文明没有放弃服务于人类的价值观。生态文明虽然摈弃了工业文明以人为中心的价值观，却仍然把为人类服务作为首要的价值目标。唯物史观认为，人类通过认识、改造自然界，为自身生存发展不断开辟道路。生态文明建设，必然体现实践主体人的意志，使生态自然与人之间形成一种"为我而存在"的关系。由于阶级立场、认识方法、认识目的不同，生态自然及其规律对于不同的人来说，具有各不相同的价值。例如，根据植物生长规律种植庄稼的活动，在农民眼中是体现自己劳动技能的过程，在商贩眼中是利润的载体，在消费者眼中是美食的来源。可见，生态文明不可能完全摈弃和不顾人类的价值诉求，而应该实现满足人类发展的价值诉求与遵守自然规律的统一。

二是生态文明不是一种独立的文明形态，是社会文明的生态化。传统生态文明观把生态文明与工业文明置于并列关系，认为生态文明是继工业之后的独立文明形态。其突出问题是，二者的划分依据并不一致。农业文明、工业文明是依照技术社会形态而划分的，依此标准递推下去，工业文明之后理应是信息技术文明；生态文明的划分依据却是人与自然的关系，因此按照逻辑一致性的要求，生态文明显然不能成为工业

---

① 王宏斌等：《生态文明与社会主义》，中央编译出版社2011年版，第37页。

文明的替代阶段，更不可能作为一种独立的文明形态而存在。准确来说，生态文明是指社会文明的生态化。在人类文明史的各个阶段，都有建设生态化文明的需求。在农业文明时期，为了解决个别地区的砍伐森林、草原荒漠、过度开垦的生态问题，人类通过植树绿化、退耕还林的方式使农业文明趋于生态化。在 21 世纪的今天，为了解决环境污染、资源枯竭为特征的生态危机，我们则需要建设生态化的工业文明，推动污染型工业文明向生态型工业文明转向。

实际上，生态文明是工业文明的应有之义，是一种新型工业文明。其理由如下：一是工业文明不可能覆灭。历史经验表明，超越于原始文明、农业文明，只有工业文明扭转了人类在自然面前的被动地位，工业文明通过科学技术及机器大工业的手段使人类获得了对于自然的主动地位。这体现在，人类不再靠天吃饭，为了生存仅仅直接获取自然物，而能够主动发明和运用科技手段与机器设备，充分利用自然物创造无限丰富的新物质财富。可以说，若没有以机器大工业为载体的工业文明，人类则只能重新回到刀耕火种为温饱而挣扎的境地。

二是生态文明是新型工业文明的内在要求。毋庸置疑，现代工业文明应该经历生态转向，自觉担负起保护自然生态的责任。尤其是在中国，人均资源占有量稀缺、资源供需矛盾突出、能源资源对外依存度较高的现实国情尤应令人警醒。生态瓶颈已经向我国经济社会的可持续发展能力提出了严峻挑战。更是亟须通过"信息化带动工业化"，发展具有可持续能力的新型工业文明，使工业文明担负起生态环境责任，"走出一条科技含量高、经济效益好、资源消耗低、环境污染少、人力资源优势得到充分发挥的新型工业化路子"①。

综上而论，以马克思主义的立场、观点和方法为思想指导，从核心任务、理论基础、问题根源、发展阶段四个基本维度，对传统生态文明观的认识误区进行反思与超越。从而，为我们揭示了马克思主义理论视

---

① 《十六大以来重要文献选编》上，中央文献出版社 2005 年版，第 16 页。

域中生态文明观的基本内容：生态文明作为工业文明发展的新阶段，其理论基础是社会基本矛盾运动规律，核心任务是使现实社会关系合理化，根本途径是超越以赢利为目的的资本主义工业文明，走向社会主义工业文明。总之，这种新生态文明观所实现的反思超越将有利于纠正对于生态文明的认识误区，构建科学的生态文明观，为我国生态文明建设实践提供重要的理论支撑。

总的来说，主体文明、广义的社会文明、生态文明分别代表了人类改造自身、社会、自然界的三种基本实践活动，统一于人类文明进步的历史之中。主体文明、广义的社会文明、生态文明相互联系、相互作用，整体性地发挥着推动文明进步的历史作用。同时，三者之间是辩证统一的关系，广义的社会文明、生态文明的建设成果最终要体现和转化为人的主体文明。主体文明则贯穿于广义的社会文明、生态文明建设的过程中，对社会文明、生态文明起着推动或阻碍作用。①

四　新时代文明观的理论主题与逻辑体系

文明体现着人类对于进步的价值追求，又是衡量社会进步程度的重要标尺，因而成为当今国内外思想理论界十分关注的重大问题。党的十八大以来，以习近平同志为核心的党中央高度重视文明观的理论建设，"建立中国特色、中国风格、中国气派的文明研究学科体系、学术体系、话语体系，为人类文明新形态实践提供有力的理论支撑"②，丰富和发展了人类文明思想宝库。系统概括和提炼习近平总书记关于文明重要论述的理论主题与逻辑体系，对于建设中华民族现代文明、开创人类文明新形态具有十分重要的意义。

---

① 李艳艳：《传统生态文明观的认识误区与反思超越》，《中州学刊》2012年第5期。
② 习近平：《把中国文明历史研究引向深入　增强历史自觉坚定文化自信》，《求是》2022年第14期。

（一）新时代关于文明重要论述的理论主题

历史上的重大理论创新，都蕴含着独特的理论主题。习近平总书记站在科学和道义的制高点上，提出了"什么是人类文明新形态""如何建设中华民族现代文明""如何推动世界文明交流互鉴"的理论主题，彰显了既展望未来又立足现实的历史视野，既面向世界又立足中国的宽广胸怀，深刻阐释了具有世界历史意义的文明理论核心问题。

1. 什么是人类文明新形态

人类文明新形态是人类对于现代文明道路进行新探索的结果。现代化进程也是创造人类文明新形态、实现人类文明历史性跨越的阶段。放眼当今世界，随着全球化加速推进，信息科技突飞猛进，文化多样性深入发展，现代化在世界版图中徐徐展开，文明走上了现代化的快车道。在人类文明史上，从来没有哪一个历史时期能够像现代社会那样，给人类带来如此巨大的发展空间。但是，正如美国学者塞缪尔·亨廷顿所言，"现代性孕育着稳定，而现代化过程却滋生着动乱"[1]。西方资本主义开创的现代化进程，一方面带来了巨大的生产力、丰富的社会关系，另一方面产生了逆全球化、经济增长乏力、霸权主义、环境危机、社会动荡等文明悖论，导致了人类现代文明的系统性危机。面对深重的现代文明危机，世界纷纷陷入了对于西方资本主义现代化模式的反思。

从现代文明的发展历程看，虽然中国和西方国家同处于现代社会，但是在文明进步问题上，却走着不尽相同的现代化道路。在很长一段时间里，现代文明与资本主义社会画上了等号。马克思认为："'现代社会'就是存在于一切文明国度中的资本主义社会"[2]。西方资本主义国家完成工业革命，率先走上了现代化道路，在一定程度上推动了社会发

---

① ［美］塞缪尔·亨廷顿：《变化社会中的政治秩序》，王冠华、刘为等译，上海人民出版社 2008 年版，第 31 页。

② 《马克思恩格斯文集》第 3 卷，人民出版社 2009 年版，第 444 页。

展和文明进步。但是，西方现代文明遵循以资本为中心的发展逻辑，
人、自然、社会都成为资本增殖的工具，人与自然、人与社会、人与自
身之间的关系日趋紧张，资本高居社会之上的主体地位，这严重偏离了
张扬人的主体性的现代文明内在要求。"没有对抗就没有进步"①的文
明进步规律在资本主义社会得到了显著呈现，亟待一种崭新的人类现代
文明形态出现，以解除人类文明进步的镣铐。

　　区别于"西方以资本为中心的现代化、两极分化的现代化、物质主
义膨胀的现代化、对外扩张掠夺的现代化"②，中国式现代化坚持以人
民为中心的发展思想，走出了一条社会主义性质的崭新现代文明道路。
在庆祝中国共产党成立100周年大会上，习近平总书记首次提出了"人
类文明新形态"的概念，指出"我们坚持和发展中国特色社会主义，
推动物质文明、政治文明、精神文明、社会文明、生态文明协调发展，
创造了中国式现代化新道路，创造了人类文明新形态"③，从而深入阐
释了中国式现代化的世界历史意义。

　　首先，在文明的价值取向方面，人类文明新形态坚持以人民为中心
的发展思想，超越了西方现代化以资本为中心的运行逻辑。党的二十大
报告指出，中国式现代化的本质要求是"坚持中国共产党领导，坚持中
国特色社会主义，实现高质量发展，发展全过程人民民主，丰富人民精
神世界，实现全体人民共同富裕，促进人与自然和谐共生，推动构建人
类命运共同体，创造人类文明新形态"④。人类文明新形态始终紧扣
"以人民为中心"这个核心理念，坚持人民在创造历史和推动社会进步
中的主体地位，致力于实现共同富裕和人的自由全面发展，展现了现代
文明进步的根本价值取向。

---

　　①　《马克思恩格斯全集》第 4 卷，人民出版社 1958 年版，第 104 页。

　　②　习近平：《以史为鉴、开创未来 埋头苦干、勇毅前行》，《求是》2022 年第 1 期。

　　③　习近平：《在庆祝中国共产党成立 100 周年大会上的讲话》，《人民日报》2021 年 7 月
2 日。

　　④　习近平：《高举中国特色社会主义伟大旗帜　为全面建设社会主义现代化国家而团结
奋斗——在中国共产党第二十次全国代表大会上的报告》，人民出版社 2022 年版，第 23 页。

其次，在文明的构成要素方面，物质、政治、精神、社会、生态五大文明构成了人类文明新形态的基本格局。人类文明新形态是"五大文明"协调发展、有机统一的整体性文明形态，扬弃了西方现代文明所强调的单一物质文明发展模式。在党的十九大报告中，习近平总书记将"物质文明、政治文明、精神文明、社会文明、生态文明"①的全面发展作为建设社会主义现代化强国的重要方面，充分发挥"五大文明"在推动国家治理体系和治理能力现代化中的积极作用。"五大文明"相互协调、良性互动的人类文明新形态反映了中国式现代化追求和谐统一的鲜明特点，并为其深入发展奠定了坚实基础。

最后，在文明的进步趋势方面，人类文明新形态倡导构建人类命运共同体，超越了资本主义国家宣扬的"西方中心主义"理念。习近平总书记始终把中国和世界其他国家看作平等互依的关系，强调"世界好，中国才能好；中国好，世界才更好"②。他指出，必须"加强不同文明交流对话，加深相互理解和彼此认同，让各国人民相知相亲、互信互敬"③，弘扬全人类共同价值，构建人类命运共同体，共同探索人类文明进步的方向。

人类文明新形态作为中国现代文明进程的必然结果，在整体上超越了西方现代文明中"没有对抗就没有进步"④的悖论，形成了以人民为中心、内在和谐统一、外在包容互鉴为基本特征的现代文明新形态。人类文明新形态在根本上回答了"人类文明向何处去"的重大理论和实践问题，不仅有利于指导中国式现代化的深入发展，而且为世界现代文明进步提供了中国智慧和方案。

---

① 《十九大以来重要文献选编》（上），中央文献出版社 2019 年版，第 20 页。

② 习近平：《共同构建人类命运共同体》，《求是》2021 年第 1 期。

③ 习近平：《为建设更加美好的地球家园贡献智慧和力量——在中法全球治理论坛闭幕式上的讲话》，《人民日报》2019 年 3 月 27 日。

④ 《马克思恩格斯全集》第 4 卷，人民出版社 1958 年版，第 104 页。

2. 如何建设中华民族现代文明

有什么样的现代化道路，就有什么样的现代文明。在新的时代条件下，习近平总书记自觉肩负起建设中华民族现代文明的历史使命，科学认识文明进步规律，推动"马克思主义基本原理同中国具体实际相结合、同中华优秀传统文化相结合"①，探索独立自主发展自身文明的进步道路，建设具有时代特色的中华民族现代文明，不断扩大当代中华文明的感召力。

其一，建设中华民族现代文明，必须坚持马克思主义基本原理同中国具体实际相结合。马克思主义经典作家对于资本现代性的反思和未来文明社会的构想奠定了中华民族现代文明的理论基石。马克思、恩格斯在深刻分析资本主义生产方式的基础上，找到了推动文明进步的主体力量——劳动人民，揭露了资本主义文明的繁荣假象，阐明了共产主义是"能给所有的人以幸福的文明"②。习近平总书记自觉把马克思主义与中国具体实际相结合，带领中国人民在现代化的伟大实践中不断探索符合自身文明进步的现实道路。在新时代新征程上，习近平总书记始终牢记为人民谋幸福、为民族谋复兴、为世界谋大同的文明使命，致力于探索建设中华民族现代文明的科学路径，构建了物质文明、精神文明、政治文明、社会文明、生态文明相调整的发展布局。③

其二，建设中华民族现代文明，必须吸收、发展和创新中华优秀传统文化。在文化传承发展座谈会上，习近平总书记指出："如果没有中华五千年文明，哪里有什么中国特色？如果不是中国特色，哪有我们今天这么成功的中国特色社会主义道路？"④ 首先，中华优秀传统文化内

---

① 习近平：《高举中国特色社会主义伟大旗帜　为全面建设社会主义现代化国家而团结奋斗——在中国共产党第二十次全国代表大会上的报告》，人民出版社 2022 年版，第 17 页。

② 《马克思恩格斯全集》第 26 卷，人民出版社 2014 年版，第 276 页。

③ 《习近平主持召开深入推进长三角一体化发展座谈会强调　推动长三角一体化发展取得新的重大突破 在中国式现代化中更好发挥引领示范作用》，《人民日报》2023 年 12 月 1 日。

④ 《习近平的文化情怀》，《人民日报》2022 年 5 月 12 日。

蕴的哲学思想、价值理念赋予人类文明新形态深厚的历史底蕴。习近平总书记强调："从民本到民生，从九州共贯到中华民族共同体，从万物并育到人与自然和谐共生，从富民厚生到共同富裕，中华文明别开生面，实现了从传统到现代的跨越，发展出中华文明的现代形态。"① 只有充分挖掘中华文明的独特价值，才能在世界民族之林屹立不倒，在世界文明激荡中站稳脚跟，为全面推进中华民族伟大复兴提供精神动力和智力支持。其次，进入新时代，随着中国社会主义主要矛盾的变化，人们已不再仅仅追求物质资料的丰富，其精神文化需要更加突显。为满足人民日益增长的精神文化需要，必须从中华优秀传统文化中源源不断地获取精神食粮，让人民不断丰富自身精神世界，增强自身精神力量。

中华民族现代文明在中国式现代化道路中创生与发展。同时，"不忘历史才能开辟未来，善于继承才能善于创新"②，中华文明内蕴的优秀传统文化元素，在继承的基础上实现创造性转化、创新性发展，使得中华文明保持良好的精神风貌和强大的精神力量，从而书写出更加激荡人心的文明华章。

3. 如何推动世界文明交流互鉴

当今世界正处于百年未有之大变局，亟待各国形成合力，共同发展。西方资本主义国家在现代化进程中，形成了以自身为中心的文明圈层结构，并且凭借其一家独大的综合实力，向非西方国家输出其文明观念和价值理念，以其自身标准肆意评价和衡量其他文明，从而主观抹煞了文明的丰富性和多样性，阻碍了文明交往、交流和交融。因此，如何在世界大变局中正确认识和处理文明交流问题，就成为推动人类现代文明进步的时代课题和重要任务。

令人欣慰的是，习近平总书记站在推动人类文明全面持续进步的高度，积极倡导各文明主体之间的交流互鉴，他认为"文明的繁盛、人类

---

① 习近平：《在文化传承发展座谈会上的讲话》，《求是》2023 年第 17 期。
② 《习近平谈治国理政》第 2 卷，外文出版社 2017 年版，第 313 页。

的进步，离不开求同存异、开放包容，离不开文明交流、互学互鉴。历史呼唤着人类文明同放异彩，不同文明应该和谐共生、相得益彰，共同为人类发展提供精神力量"①。既然不同文明都有其独特魅力，更应该加强交流互鉴，积极吸收人类文明进步的一切优秀成果。因此，在人类文明新形态的理论框架下，习近平总书记指出了推动世界文明交流互鉴的实践路径。

其一，必须秉持平等、开放、包容的态度加强世界文明交流互鉴。习近平总书记指出："文明是平等的，人类文明因平等才有交流互鉴的前提。"② 各种文明不分高下与优劣，只有特色、地域之别，就其所蕴含的价值来说，各种文明一律平等。不能因为文明之间存在的差异，就妄图将自身文明理念强加于其他文明，改变、同化甚至取代其他文明。在此基础上，习近平总书记又强调文明包容的重要性，"人类文明因包容才有交流互鉴的动力。海纳百川，有容乃大"③。作为世界唯一没有中断的文明，中华文明之所以如此博大精深、精彩纷呈，其原因在于，它深谙包容之道，承认多元文明所蕴含的独特价值，尊重文明多样性。因此，只有秉持平等、包容的态度，不同文明才能在漫长的历史长河中彼此学习，在兼收并蓄中保持旺盛生命力。

其二，通过构建人类命运共同体加强世界文明交流互鉴。习近平总书记从全人类福祉出发，提出了构建人类命运共同体的倡议。所谓的人类命运共同体，"顾名思义，就是每个民族、每个国家的前途命运都紧紧联系在一起，应该风雨同舟，荣辱与共，努力把我们生于斯、长于斯的这个星球建成一个和睦的大家庭，把世界各国人民对美好生活的向往变成现实"④。习近平总书记提出的人类命运共同体理念对于推动人类文明持续进步具有重要价值，它表明不同特色的文明之间不仅不是冲突

---

① 《习近平谈治国理政》第 3 卷，外文出版社 2020 年版，第 434 页。
② 《习近平著作选读》第 1 卷，人民出版社 2023 年版，第 229 页。
③ 《习近平著作选读》第 1 卷，人民出版社 2023 年版，第 229 页。
④ 《习近平谈治国理政》第 3 卷，外文出版社 2020 年版，第 433 页。

的，而且是可供其他文明借鉴的"他山之石"。作为建设人类命运共同体的行动方案和实践路径，2023 年 3 月 15 日，习近平总书记在中国共产党与世界政党高层对话会上提出了全球文明倡议，探讨构建全球文明对话合作网络，为人类文明进步指明了行动路径。

以习近平同志为核心的党中央积极引领文明交流互鉴，主动顺应文明交流互鉴的历史规律，积极"树立平等、互鉴、对话、包容的文明观，以文明交流超越文明隔阂，以文明互鉴超越文明冲突，以文明共存超越文明优越"[①]，致力于推动世界不同文明美人之美，美美与共，形成和谐共生的关系。

（二）文明结构论：以人民为中心的系统化建构

众所周知，人类的现代化发端于西方，但是资本主义国家在现代化进程中长期采用"文明实体论"世界观，在形而上学本质主义哲学基础上，把物质、精神、宗教等某一文明内在组成部分视为终极本原，以对于这一所谓终极本原的追溯替代对于现实文明进程的观察，以对于某一文明内在组成部分的阐析替代对于文明结构的系统考察。与之相较，马克思、恩格斯立足于劳动人民的生产实践，在历史性考察以劳动阶级为主体的人民群众在处理人与自然、人与社会、人与自身关系的维度中，形成了以和谐统一为价值指向的马克思主义文明结构思想。在继承和发展马克思主义的基础上，在建设中国式现代化的总体框架下，习近平总书记提出了以人民为中心的文明结构论。以人民为中心的文明结构论不是以权力、资本为中心，不是以少数人为中心，而是强调以劳动阶级为主体的人民中心地位，致力于在满足人民需要的过程中推进人的自由全面发展，指引亿万人民不断推动文明的创造与发展。

1. 人民是文明的创造主体和享受主体

在马克思看来，"整个所谓世界历史不外是人通过人的劳动而诞生

---

① 《习近平谈治国理政》第 3 卷，外文出版社 2020 年版，第 441 页。

的过程"①。劳动阶级代表了先进生产力、先进生产关系和先进思想文化，是推动人类社会发展的力量源泉。相应地，他们也应该在文明史上居于创造主体和享受主体的地位，在创造出"物"的价值的同时也创造出"人"的主体性价值。

中国共产党的百年征程充分表明，人类文明形态的演进不是由少数精英群体推动，而是依靠广大劳动人民的力量。习近平总书记指出："坚持人民主体地位，充分调动人民积极性，始终是我们党立于不败之地的强大根基。"② 中国共产党人始终同中国人民乃至世界人民站在一起，将人民利益摆在发展的首位，自觉将人民视为文明的创造主体和享受主体。其一，人民是文明的创造主体。习近平总书记指出："人民是历史的创造者，是决定党和国家前途命运的根本力量。"③ 新时代中国特色社会主义依靠人民的创造活动，一切成就都是亿万中国人民共同探索、不断奋斗的结果，充分体现了人民作为文明创造主体所具有的历史主动精神和探索精神。其二，人民是文明的享受主体。习近平总书记多次强调："检验我们一切工作的成效，最终都要看人民是否真正得到了实惠，人民生活是否真正得到了改善，人民权益是否真正得到了保障。"④ 中国共产党始终将人民利益放在首位，不仅依靠人民进行建设，更为关键的是，积极推动人民共享发展成果。习近平总书记始终坚持人民是文明的创造主体和享受主体的地位，从而为实现文明结构的和谐统一创造了条件。

2. 人民的中心地位体现在文明建设的各个方面

以人民为中心的文明结构论坚持人民至上的根本立场。习近平总书记指出："以人民为中心的发展思想，不是一个抽象的、玄奥的概念，

----

① 《马克思恩格斯文集》第 1 卷，人民出版社 2009 年版，第 196 页。
② 《习近平谈治国理政》，外文出版社 2014 年版，第 27 页。
③ 习近平：《决胜全面建成小康社会　夺取新时代中国特色社会主义伟大胜利——在中国共产党第十九次全国代表大会上的报告》，《人民日报》2017 年 10 月 28 日。
④ 《十八大以来重要文献选编》（上），中央文献出版社 2014 年版，第 698 页。

不能只停留在口头上、止步于思想环节，而要体现在经济社会发展各个环节。"①

在物质文明建设领域，人民是社会财富的创造者，蕴藏着无穷的智慧和力量。习近平总书记强调要让经济发展切实为人民服务，要坚持以人民为中心的发展思想。这是马克思主义政治经济学的根本立场，要坚持把增进人民福祉、促进人的全面发展、朝着共同富裕方向稳步前进作为经济发展的出发点和落脚点，部署经济工作、制定经济政策、推动经济发展都要牢牢坚持这个根本立场。②

在精神文明建设领域，习近平总书记提出，中国式现代化是"物质文明和精神文明相协调的现代化。物质富足、精神富有是社会主义现代化的根本要求"③。精神文明建设始终坚持以人民为中心的工作导向，"围绕举旗帜、聚民心、育新人、兴文化、展形象的使命任务，促进满足人民文化需求和增强人民精神力量相统一"④，进而提升人民文明素养和全社会文明程度。

在政治文明建设领域，习近平总书记认为，必须"践行以人民为中心的发展思想，发展全过程人民民主，维护社会公平正义"⑤。并且，把"发展全过程人民民主"视为"中国式现代化的本质要求"，以及"创造人类文明新形态"的必然路径。⑥ 依靠人民创造政治文明伟业的同时，需要注意的是，以人民为中心并不完全否定权力和资本在人类文明进程中的作用，而是要求一切权力和资本都只能是为人民福祉服务的

---

① 《习近平谈治国理政》第 2 卷，外文出版社 2017 年版，第 213—214 页。

② 参见习近平《不断开拓当代中国马克思主义政治经济学新境界》，《求是》2020 年第 16 期。

③ 习近平：《高举中国特色社会主义伟大旗帜　为全面建设社会主义现代化国家而团结奋斗——在中国共产党第二十次全国代表大会上的报告》，《人民日报》2022 年 10 月 26 日。

④ 《中共中央关于制定国民经济和社会发展第十四个五年规划和二〇三五年远景目标的建议》，《人民日报》2020 年 12 月 20 日。

⑤ 习近平：《在庆祝中国共产党成立 100 周年大会上的讲话》，《人民日报》2021 年 7 月 2 日。

⑥ 参见《习近平著作选读》第 1 卷，人民出版社 2023 年版，第 20 页。

手段或工具。

在社会文明建设领域，习近平总书记强调："要以促进社会公平正义、增进人民福祉为出发点和落脚点，加大协调各方面利益关系的力度，推动发展成果更多更公平惠及全体人民。"① 人民是社会建设的创造者和享有者，要把以人民为中心的发展思想贯穿于社会文明建设的全过程，在建设和谐社会的过程中推进社会文明建设。

在生态文明建设领域，人与自然和谐共生理念是中华文明的鲜明特色，生态文明建设与个人利益息息相关。习近平总书记指出："生态文明是人民群众共同参与共同建设共同享有的事业。"② 人民是生态文明的建设者、享有者，因此必须在生态文明建设领域坚持以人民为中心，号召广大人民积极投身于生态文明建设，实现人与自然和谐统一。

综上所述，习近平总书记在认识文明、探索文明、追求文明的过程中顺时应势，坚持以人民为中心的发展思想，明确人民的主体地位，建构起以人民为中心的文明结构论。以人民为中心的文明结构论对于马克思主义文明结构思想进行了创造性发展，为人类文明发展提供了实践指导。

（三）文明形态论：以劳动为动力的历史进程

文明演进是一个辩证发展的过程，而非单线进化的过程。作为文明主体的人是具体的、历史的存在，而非抽象的孤立实体。西方资本主义国家在现代化进程中片面鼓吹"文明进化论"，认为文明史是一个向着既定目标前进的单线运动过程，视资本主义为现代文明进步的终极形态和唯一选择。与之相较，马克思主义文明形态观超越了文明进化论，将文明进程的考察立足于劳动人民的实践活动，把劳动视为这一实践活动

① 《中共中央召开党外人士座谈会 征求对中共中央关于制定国民经济和社会发展第十三个五年规划的建议的意见》，《人民日报》2015年10月31日。
② 习近平：《论坚持人与自然和谐共生》，中央文献出版社2022年版，第11—12页。

的核心，并根据劳动的具体形式及劳动者的地位观察人类文明演进的历史形态。习近平总书记坚持让人民在劳动中释放创造潜能、创造美好生活，建构起以劳动为动力的文明形态论，为人类文明进步提供了新范式。

1. 劳动是推动人类文明进步的根本力量

劳动是人类文明的基石，劳动推动文明形态由低级向高级形态螺旋上升。人类逐渐从奴役劳动向自主劳动过渡，逐渐摆脱自然、社会的外在统治和束缚，进而实现自身解放。习近平总书记指出"劳动是推动人类社会进步的根本力量"①，也是推动人类文明进步的根本力量。他多次强调："劳动是人类的本质活动，劳动光荣、创造伟大是对人类文明进步规律的重要诠释。"② 人类文明新形态作为人类文明发展的新样态，"坚持以人民为中心的发展思想，把增进人民福祉、促进人的全面发展作为发展的出发点和落脚点"③，摒弃了以资本为中心的发展逻辑，从而扬弃了"以物的依赖性为基础的人的独立性"④ 阶段上劳动的主体和客体分离、劳动的目的和手段分离、劳动的创造和享受分离的状态，充分发挥了劳动推动人类文明进步的巨大历史伟力。

2. 人人都有通过勤奋劳动实现人的文明的机会

文明的每一次进步，对于人来说都有解放、发展的意义。而劳动对于现实的个人来说，是人的本质的重要体现，是文明创造的源泉。马克思始终围绕人的发展程度来考察文明进程，认为人类不仅通过"劳动创造了人本身"⑤，而且使自身的目的对象化为劳动对象，创造了各种社会关系。

---

① 《习近平谈治国理政》，外文出版社 2014 年版，第 44 页。
② 习近平：《在庆祝"五一"国际劳动节暨表彰全国劳动模范和先进工作者大会上的讲话》，《人民日报》2015 年 4 月 29 日。
③ 《十八大以来重要文献选编》（中），中央文献出版社 2016 年版，第 789 页。
④ 《马克思恩格斯文集》第 8 卷，人民出版社 2009 年版，第 52 页。
⑤ 《马克思恩格斯文集》第 9 卷，人民出版社 2009 年版，第 550 页。

马克思认为，劳动具有作为"生产活动本身"① 和"作为生命的表现和证实"② 双重属性。然而，在长期的剥削社会历史上，作为"生产活动本身"的劳动仅仅是谋生的手段，距离"作为生命的表现和证实"的劳动甚远。如何实现上述两者的统一？习近平总书记着眼于劳动发展人、提升人，提出"人类创造的各种文明都是劳动和智慧的结晶"③，同时"人人都有通过勤奋劳动实现自身发展的机会"④，从而不断发展作为生命表现和证实的劳动。在人类文明新形态内蕴的自主劳动理论逻辑下，劳动不是受压迫的、被奴役的活动，而是积极的、创造性的活动；劳动不再是生存竞争、谋生手段，而是发展自身各方面能力和实现人的本质的需要；劳动不再受外在力量的制约，而是完全自觉自愿的活动；劳动不再固定于某一职业分工，而是具有选择自己活动范围和内容的自由。劳动人民作为文明创造和享受主体，通过勤劳双手获得实现自身发展的机会，在劳动中彰显其主观能动性，感受人之为人的存在意义。"幸福不会从天降，美好生活靠劳动创造。"⑤ 通过发展作为生命表现和证实的劳动，人类逐渐摆脱异己的社会盲目力量的控制，人与自然、人与社会、人与自身逐渐实现和谐统一，从而实现人的文明。

3. 劳动创造中华民族，造就中华文明的辉煌历史

自古以来，勤劳勇敢、吃苦耐劳的中国人民一直受到世界人民的尊敬。自强不息、刚健有为的民族精神，是中华民族历经艰辛、走向强盛的巨大精神动力。习近平总书记强调："人世间的美好梦想，只有通过诚实劳动才能实现；发展中的各种难题，只有通过诚实劳动才

---

① 《马克思恩格斯文集》第 8 卷，人民出版社 2009 年版，第 23 页。
② 《马克思恩格斯文集》第 7 卷，人民出版社 2009 年版，第 923 页。
③ 《习近平谈治国理政》，外文出版社 2014 年版，第 259 页。
④ 习近平：《高举中国特色社会主义伟大旗帜　为全面建设社会主义现代化国家而团结奋斗——在中国共产党第二十次全国代表大会上的报告》，《人民日报》2022 年 10 月 26 日。
⑤ 习近平：《在知识分子、劳动模范、青年代表座谈会上的讲话》，《人民日报》2016 年 4 月 30 日。

能破解；生命里的一切辉煌，只有通过诚实劳动才能铸就。劳动创造了中华民族，造就了中华民族的辉煌历史，也必将创造出中华民族的光明未来。"① 正是劳动人民以饱满的热情和昂扬的斗志改造世界，中华民族才能拥有璀璨夺目的文明成果，为世界文明大家庭贡献智慧和力量。

其一，劳动创造中华民族。正如马克思强调的那样，"任何一个民族，如果停止劳动，不用说一年，就是几个星期，也要灭亡"②。中华民族是热爱劳动、崇尚创造的民族，"中国人民依靠自己的勤劳、勇敢、智慧，开创了各民族和睦共处的美好家园，培育了历久弥新的优秀文化"③。劳动是中华民族的传统美德，贯穿于中华民族诞生与发展的全过程。早在农耕文明时代，中国大地上的劳动人民通过日出而作、日落而息的辛勤劳动，为建设中华民族的生活家园奠定了坚实基础。步入工业文明时代，中国劳动人民通过熟练操作机器，提高生产效率，推动经济社会深入发展与文明成果创新创造。处于当今信息文明时代，习近平总书记特别强调劳动对于中华民族伟大复兴的重要性，提出"无论时代条件如何变化，我们始终都要崇尚劳动、尊重劳动者，始终重视发挥工人阶级和广大劳动群众的主力军作用"④，适应日益加快的劳动全球化和信息全球化进程。可以说，劳动不仅创造了中华民族，发展了中华民族，而且创造了中华文明，发展了中华文明。

其二，劳动创造中华文明的辉煌历史。在五千多年漫长文明发展史中，中国人民创造了璀璨夺目的中华文明，为人类文明进步事业做出了重大贡献。从物质文明层面看，劳动创造了"四大发明"等丰富灿烂的器物成果。从精神文明层面看，"中华优秀传统文化源远流长、博大

① 《习近平谈治国理政》，外文出版社 2014 年版，第 46 页。
② 《马克思恩格斯文集》第 10 卷，人民出版社 2009 年版，第 289 页。
③ 《十八大以来重要文献选编》上，中央文献出版社 2014 年版，第 70 页。
④ 《习近平在中共中央政治局第三十九次集体学习时强调　把中国文明历史研究引向深入　推动增强历史自觉坚定文化自信》，《人民日报》2022 年 5 月 29 日。

精深，是中华文明的智慧结晶"①，劳动创造了琴棋书画、诗词歌赋等独领风骚的中华优秀传统文化。中华民族绵延至今取得的一切经济社会发展成就，不是依靠照抄照搬别国发展模式，而是依靠劳动人民的辛勤劳动，是用"勤劳、智慧、勇气干出来的"②。唯有劳动才是中华民族崛起和中华文明进步的根本动力。因此，在中国式现代化向前推进的重要历史时刻，习近平总书记号召全社会树立"劳动最光荣、劳动最崇高、劳动最伟大、劳动最美丽的观念"③，不断激发劳动人民为实现民族复兴共同理想而团结奋斗的积极性，创造更加辉煌的中华文明。

习近平总书记以劳动为根本动力的文明形态论从理论到实践都体现了尊重人、发展人的文明逻辑。面向新征程，"把人民群众中蕴藏着的智慧和力量充分激发出来，就一定能够不断创造出更多令人刮目相看的人间奇迹"④，从而推动人类文明持续进步。

（四）文明交往论：基于劳动分工合作的文明互动体系

一部世界史，就是一部人类文明的交往史。在马克思主义视域下，劳动本身是在交往关系中进行的。1846年，马克思在致安年科夫的信中指出，"社会……是人们交互活动的产物"⑤，把"交往"使用为"Commerce"（德语 Verkehr），意指人与人因为生产而出现的联系。后来马克思又在多部著作中，使用"交往形式""交往方式""交往关系"等范畴来表达对于生产关系的理解，"生产力与交往形式的关系就是交往形式与个人的行动或活动的关系。这种活动的基本形式当然是物质活动，一切其他的活动，如精神活动、政治活动、宗教活动等都取决于

---

① 习近平：《高举中国特色社会主义伟大旗帜　为全面建设社会主义现代化国家而团结奋斗——在中国共产党第二十次全国代表大会上的报告》，《人民日报》2022年10月26日。
② 《习近平谈治国理政》第4卷，外文出版社2022年版，第61页。
③ 《习近平谈治国理政》，外文出版社2014年版，第46页。
④ 《习近平谈治国理政》第4卷，外文出版社2022年版，第136页。
⑤ 《马克思恩格斯文集》第10卷，人民出版社2009年版，第42页。

它"①。换句话说，生产通过"交往"才得以实现，交往行为是社会生产实践的展开。党的十八大以来，以习近平同志为核心的党中央审时度势，立足于劳动人民的生产实践活动，建构起以劳动人民交往为核心的文明交往论，认为每个民族都在劳动人民交往过程中相互借鉴，取长补短，创造着自己的文明，也发展着他人的文明，从而向世界展现出中华文明开放、包容、博大的胸怀。

1. 深化国际合作，构建国际分工新秩序

劳动需要通过分工这种形式才由潜能状态变为现实状态。分工不仅涉及劳动的具体过程，还涉及劳动的社会组织和结构。经济全球化的深入发展，为人类文明进步提供了强大推力，各国之间联系更加密切，互联互通程度加强，形成你中有我、我中有你的国际分工体系。但是，经济全球化的发展过程也伴随着单边主义、保护主义等破坏国际合作的不文明因素出现。个别西方资本主义国家操纵国际分工体系，鼓吹"经济脱钩"，试图切断全球产业链供应链和文明交往，使发展中国家在国际分工体系中陷入不公平、不合理的境地。在重构国际分工秩序的现实诉求面前，习近平总书记站在深化国际合作和促进人类文明交往的立场上，指出："我们将更加积极地参与国际分工，更加有效地融入全球产业链、供应链、价值链"②，为国际合作和文明交往注入强大信心与动力。

习近平总书记倡导构建的国际分工新秩序，不是融入既有分工体系的常态化选择，而是推动国内分工与国际分工融合，构建更为多元、更有活力、更加公平的国际分工新秩序，为文明交往营造良好环境。习近平总书记指出，要"不断扩大高水平对外开放，深度参与全球产业分工和合作，用好国内国际两种资源，拓展中国式现代化的发展空间"③。

---

① 《马克思恩格斯文集》第 1 卷，人民出版社 2009 年版，第 575 页。
② 《习近平在亚太经合组织工商领导人对话会上发表主旨演讲》，《人民日报》2020 年 11 月 20 日。
③ 《习近平在学习贯彻党的二十大精神研讨班开班式上发表重要讲话强调　正确理解和大力推进中国式现代化》，《人民日报》2023 年 2 月 8 日。

中国以实际行动构建国内国际双循环的新发展格局，在维护国内产业链供应链稳定畅通的同时，深度参与更高水平的大国分工竞合，加强产业链供应链在全球范围内的合作，促进国际分工体系的良序发展。"历史告诉我们，只有交流互鉴，一种文明才能充满生命力"①，在中国倡导的合作共赢的国际分工新秩序中，世界各国能够通过产业链供应链的紧密联系，深化国际合作和文明交往，实现联动发展，在获得自身发展的同时促进世界文明发展繁荣。

2. 完善多边机制，加强劳动人民商贸往来

文明存续发展的重要条件在于交往，马克思指出："某一个地域创造出来的生产力，特别是发明，在往后的发展中是否会失传，完全取决于交往的扩展的情况"②。近些年来，一些西方国家通过制裁、胁迫等手段，限制贸易、资本和劳动力的流动，抹煞了各国之间存在的互利合作和文明交往关系。中国始终致力于完善多边机制，反对单边制裁，努力寻找与其他国家的利益契合点与合作增长点，在友好交往中维护全世界人民权益，增进全世界人民福祉。习近平总书记指出："我们要秉持共商共建共享原则，倡导多边主义，大家的事大家商量着办，推动各方各施所长、各尽所能，通过双边合作、三方合作、多边合作等各种形式，把大家的优势和潜能充分发挥出来，聚沙成塔、积水成渊"③，推动建设开放型世界经济。

"一带一路"伟大倡议是习近平总书记加强世界劳动人民交往、完善多边机制的生动实践，中国始终"坚持多边主义和共商共建共享原则，推动高质量共建'一带一路'"④。目前，"一带一路"倡议以互

---

① 习近平：《在联合国教科文组织总部的演讲》，《人民日报》2014 年 3 月 28 日。
② 《马克思恩格斯选集》第 1 卷，人民出版社 2012 年版，第 187—188 页。
③ 习近平：《齐心开创共建"一带一路"美好未来——在第二届"一带一路"国际合作高峰论坛开幕式上的主旨演讲》，《人民日报》2019 年 4 月 27 日。
④ 《习近平在亚太经合组织工商领导人对话会上发表主旨演讲》，《人民日报》2020 年11 月 20 日。

联互通为主线，已经吸纳超过 150 个国家加入其中，有效促进了各国商品、资金、技术、环境等多层次交流合作，成为世界上范围最广、规模最大的国际合作平台。基础设施建设、对外投资、人员往来等合作项目的签署，使劳动人民能够通过这一平台与其他国家劳动人民开展务实合作、加强交流、促进民心相通。"一带一路"重要战略不仅是各国劳动人民共同谱写的友好篇章，也是共建国家劳动人民的机遇之路、繁荣之路。此外，中国在平等、互鉴、对话、包容的前提下，依托金砖国家、上海合作组织等多边机制，增进各国教育、文化、科技、旅游等"小而美"的人文交流，为世界各国劳动人民商贸往来和文明互鉴搭建桥梁。"文明因多样而交流，因交流而互鉴，因互鉴而发展"①，劳动人民在商贸往来过程中积极推进文明交流互鉴，让交流互鉴成为联通世界、联通人民的新策略新方法，以此推动世界和平发展与人类文明进步。

在人类数千年的文明史上，文明的兴亡盛衰历历在目。中国始终站在历史正确的一边，站在文明进步的一边。习近平总书记关于文明的重要论述深刻阐述了"什么是人类文明新形态""如何建设中华民族现代文明""如何推动世界文明交流互鉴"的理论主题，形成了包括文明结构论、文明形态论、文明交往论的逻辑体系，为开创世界文明进步新局面贡献了中国智慧和中国方案。

五　中国式现代化的文明意蕴

中国式现代化开创了人类文明新形态，在统筹推进"五大文明"发展的基础上，努力满足人自由而全面的发展需求，克服西方"物"的现代化中人的缺失与错位之弊端，确立以人民为中心的崭新现代化发展道路。

---

① 习近平：《深化文明交流互鉴 共建亚洲命运共同体——在亚洲文明对话大会开幕式上的主旨演讲》，《人民日报》2019 年 5 月 16 日。

（一）防止两极分化，构建共同富裕的物质文明

人类在物质生活方面的进步不仅体现在产品数量的增长，更体现在产品分配的公平状态。马克思将共同富裕的实现逻辑建立在对资本现代性的反思和关于未来社会的构想之上。为了保证全体社会成员的生存和发展，马克思主张建立以生产资料公有制为基础的社会主义社会，从而使全体社会成员都"有可能参加社会财富的分配和管理，并通过有计划地经营全部生产，使社会生产力及其成果不断增长，足以保证每个人的一切合理的需要在越来越大的程度上得到满足"①。资本主义导致了两极分化，只有社会主义社会才能克服两极分化，最终实现共同富裕。

中国式现代化在坚持马克思主义指导地位的同时，深受中华优秀传统文化的涵濡浸染，将实现全体人民共同富裕作为本质要求之一。中华文明蕴含着丰富的物质文明基因，"惠民利民、安民富民是中华文明鲜明的价值导向"②。古代中国一些开明的统治者通过减税、免除苛捐杂税、发展农业生产等方式提高民众的经济实力和物质生活水平，增强民众的满足感，以维护统治、实现社会发展。"富民厚生"等理念在新时代背景下重焕光彩，习近平总书记强调要"把实现人民对美好生活的向往作为现代化建设的出发点和落脚点，着力维护和促进社会公平正义，着力促进全体人民共同富裕"③。中国式现代化不是少数人、少数地区的富裕，而是社会生产资料由全体成员共同生产、分配，全体成员能够共享现代化成果的现代化。共同富裕的实现必须全面贯彻新发展理念，充分发挥社会主义基本经济制度在解放和发展生产力，缩小收入差距，促进社会公平正义，激发生产要素活力等方面的优越性，为摆脱贫困、实现全体人民共同富裕奠定坚实的物质基础。需要注意的是，中国式现

---

① 《马克思恩格斯文集》第 3 卷，人民出版社 2009 年版，第 460 页。
② 《习近平谈治国理政》第 3 卷，人民出版社 2020 年版，第 471 页。
③ 习近平：《高举中国特色社会主义伟大旗帜　为全面建设社会主义现代化国家而团结奋斗——在中国共产党第二十次全国代表大会上的报告》，《人民日报》2022 年 10 月 26 日。

代化所倡导的共同富裕并不是整齐划一、同时同步的僵化过程，而是允许一部分人先富起来、以先富带动后富，最后在统筹效率和公平的基础上逐渐推进的动态过程。总体来说，中国式现代化的共同富裕发展目标以满足人民的需要为导向，为人的自由全面发展提供了普惠性的利益基础，是以人民为中心发展理念的生动体现，折射出了实现人自由而全面发展和社会全面进步的现代化物质文明新理念。

（二）防止金钱政治，建设全过程人民民主的政治文明

从人类文明发展视角来看，民主是蕴含在现代化进程中政治文明的核心价值，其本质是保障人作为政治活动主体的自我实现与自我发展。马克思很早就提出"工人革命的第一步就是使无产阶级上升为统治阶级，争得民主"[①]，他认为资本主义民主的本质是"真专制与假民主"[②]的结合。在西式民主的运行过程中，普选、投票、多党竞选都由金钱控制，社会大众被排斥在政治过程之外，人权、平等、自由等诉求没有得到现实保障，这严重背离了民主的原初价值。

党的二十大报告将全过程人民民主确定为中国式现代化的本质要求之一，"全过程人民民主是社会主义民主政治的本质属性，是最广泛、最真实、最管用的民主"[③]。全过程人民民主与中华优秀传统文化中"民为邦本""民贵君轻"等"民本"传统一脉相承，是对重民、爱民、利民的传统民本思想的守正创新。在中国式现代化目标的引领下，中国共产党始终坚持人民至上的根本立场，走中国特色社会主义政治发展道路，积极发展全过程人民民主。与为少数人谋利益的西式民主不同，中国的全过程人民民主强调国家的权力来自人民，以实现人民当家作主为己任，使政治文明成果更多更公平惠及全体人民。一方面，全过程人民

---

① 《马克思恩格斯选集》第 1 卷，人民出版社 1995 年版，第 293 页。

② 《马克思恩格斯文集》第 3 卷，人民出版社 2009 年版，第 116 页。

③ 习近平：《高举中国特色社会主义伟大旗帜　为全面建设社会主义现代化国家而团结奋斗——在中国共产党第二十次全国代表大会上的报告》，《人民日报》2022 年 10 月 26 日。

民主的优越性体现在，能够保证人们平等地享有选举权和被选举权、监督权、决策权等一系列民主权利，充分彰显民主内容的真实性和全面性。另一方面，全过程人民民主依托"全过程"的运行机制，使民主实践过程中的各个环节相互支撑配合，按照民主原则规范化、程序化地推进，保证民主的真实性和有效性。全过程人民民主是全链条、全覆盖、全方位的真实民主，以其独特优势和治理效能超越了金钱政治控制下的狭隘民主。人民的主体性诉求得到真正满足，民主的精神、素质、能力得到培养，人能够在权利平等的基础上促进个体发展和自主性提升。全过程人民民主打破了民主政治与人的发展的悖反态势，成功开辟出人民当家作主的政治文明新形态。

（三）防止精神空虚，推进人民富有的精神文明

现代化不仅需要高度的物质文明，而且需要人民精神富足的精神文明。西方现代化是注重物的现代化，人对外在于人的金钱、名利等物的片面追求导致自身情感的丰富性被弱化，"一极是财富的积累，同时在另一极，即在把自己的产品作为资本来生产的阶级方面，是贫困、劳动折磨、受奴役、无知、粗野和道德堕落的积累"[①]。西方现代化的发展难以满足人在精神层面的需要，而现代化本质上是人的现代化，一个国家只有当人民从心理和行为上都转变为现代人格，这个国家才可以真正称之为现代化的国家。只有人民群众拥有充足的物质财富，同时拥有丰富的精神世界，才能算得上是真正意义上的现代化。

精神力量是中华文明生生不息的内驱力，是民族生命力、创造力和凝聚力的集中体现。中国式现代化充分吸收从历史流变积淀下来的讲仁爱、重民本、守诚信、崇正义、尚和合、求大同等精神价值，以新型精神文明为动力支撑，注重丰富人民精神世界，发展物质文明和精神文明相协调的现代化。中国共产党带领人民对中国式现代化建设总体布局的

---

① 《资本论》第 1 卷，人民出版社 2004 年版，第 743—744 页。

认识经历了从"两位一体""三位一体""四位一体"到"五位一体"的转变，在此过程中，我们党始终强调精神文明建设的重要作用，致力于不断满足人民日益增长的精神文化需求，为人民提供更多更好的精神食粮。新时代新征程，为进一步促进人民精神生活的满足和富裕，习近平总书记提出要"以社会主义核心价值观为引领，发展社会主义先进文化，弘扬革命文化，传承中华优秀传统文化，满足人民日益增长的精神文化需求，巩固全党全国各族人民团结奋斗的共同思想基础，不断提升国家文化软实力和中华文化影响力"①。社会主义核心价值观对人的理想信念和思想道德进行引导与教化，使思想观念得以更新。社会主义文化事业和文化产业满足人民多样化精神需求，培养人民的现代人格。中国式现代化的精神文明建设，避免了迷信、畸形的精神世界对人造成的内在消耗，人民的精神生活更充实，精神世界更丰富，能够充分发挥人民的首创精神和历史主动精神进行现代化建设。

（四）防止动荡失序，建设安全和谐的社会文明

建设美好的和谐社会，是人类孜孜以求的社会理想，也是现代化发展的重要目标。西方现代化本质上是资本主导的现代化，社会当权者的阶级属性和利益倾向都是为少数人和少数利益集团服务的。因此，容易导致社会矛盾堆积，甚至带来不同阶层、种族群体之间的流血冲突，影响整个社会的和谐局面。马克思深刻剖析西方现代化的不和谐因素，提出关于未来和谐社会的本质规定，"代替那存在着阶级和阶级对立的资产阶级旧社会的，将是这样一个联合体，在那里，每个人的自由发展是一切人的自由发展的条件"②。人与自然、人与人、人与社会、人与自身在自由人联合体中实现了和谐，各方面和谐的结果带来的是人自由而

① 习近平：《高举中国特色社会主义伟大旗帜 为全面建设社会主义现代化国家而团结奋斗——在中国共产党第二十次全国代表大会上的报告》，《人民日报》2022年10月26日。
② 《马克思恩格斯文集》第2卷，人民出版社2009年版，第53页。

全面的发展。

中国式现代化体现了马克思主义社会观，继承了中华优秀传统文化"大同为世""天下为公"等社会观，强调建设和谐社会，满足人民对民主法治、公平正义、诚信友爱、充满活力、安定有序、人与自然和谐相处的和谐社会的向往。习近平总书记指出，构建和谐社会必须"坚持以人民为中心的发展思想。维护人民根本利益，增进民生福祉，不断实现发展为了人民、发展依靠人民、发展成果由人民共享，让现代化建设成果更多更公平惠及全体人民"①。中国式现代化把增进人民福祉、促进人的自由全面发展作为建设社会主义和谐社会的出发点和落脚点，不仅聚焦于共建共治，重视经济、政治、文化、社会、生态等事关人民利益的领域发展，更加落实于促进社会公平正义，打造多元有效的社会保障体系，让人民共享发展成果，不断增强人民的获得感、幸福感、安全感。中国式现代化超越利益主导的社会关系紧张化的困局，将社会发展与人的全面发展关联起来，追求构建人与人、人与社会等全方面多领域统一的和谐社会。

（五）防止生态恶化，发展人与自然和谐共生的生态文明

在马克思主义视域下，现实的"自由的有意识的活动"是人区别于其他动物的重要特性，这一特性使得人与自然呈现出一种以实践活动为中介的相互塑造关系。从人类文明演进的进程来看，西方现代化在一定程度上推动了文明的演进与转型。但是，由于受资本增殖因素的驱动，西方现代化秉持二元对立的思维方式，把自然仅仅视为征服与改造的对象，无休止地掠夺自然资源，诱发了一系列制约人和社会发展的环境危机。

中国式现代化超越了人与自然的根本对立，以生态良好为导向，主

---

① 习近平：《高举中国特色社会主义伟大旗帜　为全面建设社会主义现代化国家而团结奋斗——在中国共产党第二十次全国代表大会上的报告》，《人民日报》2022年10月26日。

张建立人与自然和谐共生的现代化。"道法自然、天人合一是中华文明内在的生存理念"①，与人与自然和谐共生的现代化生态理念相契合。一方面，良好的生态能够不断满足人民日益增长的生态需求。随着现代化的快速发展，人民由过去的"求生存"变为现在的"求生活"，对天蓝、地绿、水清的优美环境需求越来越强烈。因此，必须在尊重、顺应、保护自然的前提下建设生态文明，实现人与自然的和谐共生，切实满足人民的环境需求。另一方面，要将生态优势持续转化为经济社会发展优势，使生态产品更多更公平地惠及全体人民，让人民切实感受到环境效益。在中国式现代化的话语体系下，经济发展与环境改善并非不可兼得。经济发展可以促进生态环境的保护和改善，同时保护和改善生态环境就是保护和发展生产力。人民在切实享受生态产品价值的同时，也能在优美的环境中陶冶情操，丰富自身情感体验。中国式现代化不仅突破了西方现代化的人类中心主义思想，而且科学回答了人与自然的关系，现代化和生态化的关系，走出了一条生产发展、生活富裕、生态良好的文明发展新路。

中国式现代化在统筹推进"五大文明"协调发展的基础上，确立了以人民为中心的崭新现代化发展道路，克服了西方"物"的现代化导致的人的缺失与错位之弊端，努力实现人的自由而全面发展的目标。中国式现代化不仅展现出中国特色社会主义的文明成就，丰富了对于文明的规律性认识，而且谱写了人类文明形态的新篇章，为世界现代化进程注入了强劲的生机和活力。②

---

① 《习近平谈治国理政》第 3 卷，外文出版社 2020 年版，第 471 页。
② 参见李艳艳、扬珊珊《中国式现代化的文明意蕴》，《前线》2024 年第 4 期。

第四章

比较视域下文明话语逻辑探索

文明观通过相关话语得以体现。当代资本主义文明的哲学内核发生改变，形成了世界无本体、人类无本质、活动无主体、历史无方向等特征。西方文明中心思想开始使用"生态""时尚"等话语进行意识形态输出。与之相较，中国特色社会主义形成了"自主""和谐""包容"的文明话语体系，日益赢得世界人民的尊重。

一　当代资本主义文明的哲学危机

当代资本主义文明集中体现为哲学世界观和方法论，突出反映资本主义社会的精神面貌和内在气质，是把握当代资本主义新变化的重要维度。当代资本主义文明逐渐对启蒙精神的"三个中心原则"——普遍性、客观性、合理性进行了全面批判，对于理性主义本体论、人的本质同一性、历史主体论、历史目标的普遍性进行了全面解构，形成了世界无本体、人类无本质、活动无主体、历史无方向的具有内在逻辑关系的基本观点，从而在上述意义上构成了以虚无为典型特征的哲学危机。

（一）世界无本体

当代资本主义文明逐渐抛弃了传统形而上学的哲学内核，不再致力于探求何为是者，甚至根本否定本体的存在。在其语境中，本体问题是一个并不真实的伪命题，它把世界主观地割裂为本质与现象、绝对与相对、理性与非理性等二元空间。超验本体作为一个绝对的外在之物，具有决定一切的强大力量。人类的认识能力既是它所赋予的，又是匍匐于它面前的隶属物。无论是传统形而上学理性主义的实体本体论，还是非理性主义的存在本体论，诸多当代资本主义哲学家都认为它们的性质是一样的，都是本质主义、基础主义，并不能解释多元多样的世界。在当代资本主义文明的哲学视域中，本体问题被如何言说所替代，被言说的语境所替代，本体的在场状态被不在场状态所替代，本体的权力被话语的权力所替代，这使一切事物都失去规定性，使世界及对于世界的认识失去根基，并且把解构一切的非理性视为最后的根据。

20世纪下半叶以后，资本主义文明的哲学世界观和方法论集中体现为后现代主义哲学思想流派，它不再探寻任何在场的实体，不再建构中心性范畴，在消解实体的过程中瓦解事物的本体论基础，而是试图促使理性自我解构，促进过程不断解构和流变，使理性表现出非理性的特征。后现代主义思想家不希冀任何稳固的思想根基，而是以流浪汉的思维去看待社会和人生。这类思想寻求一种不在场的状态，以便徜徉在一片没有地界的莽原之中，从此思想不必再作茧自缚，它将面对无限开放的空间。德里达解构了始自笛卡尔的传统理性主义形而上学二元对立，对于传统理性主义的"思"本体这一逻各斯中心思想进行了解构，指出"思"并不能产生"说"，二者自始就存在差别。借助于他创造的解构主义中心概念"延异"，德里达认为，这一无所不在的宇宙力量会侵入每个实体概念之中，产生区分、延宕和散播的作用。他排除终极实在、世界本源，促使原有形而上学体系中各种因素进行散漫无序的自由组合，使其相互交织重叠，从而产生一种无限开放的、不断生成的，以及具有无限可能性的意义网络。德里达提出："在要素之中或系统之内，没有任何纯粹在场或不在场的东西。只有差异和踪迹之踪迹遍布各处。"

"正是通过间隔，要素之间才相互联系起来。"① "延异"就是差异和差异之踪迹的系统游戏，也是间隔的系统游戏。哲学的任务，并非追寻同一，而是保持差异。罗蒂反对传统形而上学认识论追寻事物背后某种抽象不变的、普遍永恒的本体的还原论真理观，声称"只要提到符应，我这种哲学企图摆脱的那个观念便死灰复燃，那观念就是：世界或自我有一个内在的本性"②，进而提出了协同性的真理观。通过一系列的解构，当代资本主义文明的哲学探索不再关心本体问题，而是立足于当前人类所处现实世界的生发过程来观察世界。

当代资本主义思想家往往通过从内部揭露理性的虚妄，破坏理性的权威，否定理性的实体性本体地位，从这一路径解构本体，从而滑向后现代主义。所以，对于本体的否定必然体现为对于理性这一实体的完全颠覆。他们不再像尼采等理性主义框架下的非理性主义思想家那样，用一种本质取代另一种本质。他们反对存在一个先验的、永恒的合理性标准，主张合理性标准只能在对话中形成，在协商中体现、改进和完善。合理性标准并不是如其所说的客观存在物，而是一种理智对待个人和社会生活的态度及其社会协调模式。于是，合理性就成为一个相对主义的概念。它不再区分主观客观、事实价值，真理只具有相对性，不再具有客观性，检验真理的标准仅仅是各个人自己的生活。合理性只是当时有效，仅仅适合个别特殊的社会。

虽然后现代主义思想在消解本体论的过程中，消解了实体性中心，但却需要一种功能性中心。德里达承认："我从未说过不存在中心，没有说过我们可以不要中心。我相信中心是一种功能，而不是一种存在——一种实在，只是一种功能。这种功能是绝对不可或缺的。"③ 但是，绝

---

① 佘碧平：《符号学和文字学——法国哲学家德里达与 J. 克里斯特娃的会谈》，《哲学译丛》1992 年第 1 期。

② ［美］理查德·罗蒂：《偶然、反讽与团结》，徐文瑞译，商务印书馆 2005 年版，第 17 页。

③ ［法］雅克·德里达：《人文科学语言中的结构、符号及游戏》，载王逢振等编《最新西方文论选》，漓江出版社 1991 年版，第 154 页。

对的否定必然是对否定的肯定。不谈实体的理性，只谈功能的理性。不讲在场，只讲对于在场的消解。实际上，无本体作为新的本体，已经成为当代资本主义文明哲学世界观和方法论的逻辑起点。

（二）人类无本质

人的本质并不能直接等同于人性。人的本质"即人的最根本的属性或最基本人性，它是人性中起决定作用的人性。人的本质只有一个"①，它是人的其他属性的根源。历史上至少出现过七种关于人的本质观点，分别是宗教人、自然人、理性人、生物人、存在人、文化人和心理人，但是这些人的本质理论在后现代非理性主义思潮中已经被消解。

由于传统形而上学理性主义往往认为理性是将人与动物区分开来的本质属性，所以理性是西方哲学人的本质理论的重要基石。柏拉图致力于探究能够进行普遍定义的对象，试图去寻找可感世界背后的永恒存在。"理念"便是产生世界的最后根据，也是解释一切事物的最后依据，所以理念就是本体。笛卡尔提出必须经过心灵把握上帝，从而在神学统治下为理性的存在开启了维度，并将理性与人的认识能力联系起来。康德通过把理性实践的基础确立为理论实体，使哲学本体论的基础从神学本体转换为理性本体，使理性成为人的自我意识。但是，后现代非理性主义思想消解了本体，解构了理性，人类的本质必然只能得到相对主义的解读。这是因为，通过消解理性设计的理性和非理性存在物，理性作为世界本原的地位必然相应地受到消解。既然理性实体已经被消解，那么作为理性实体所投射于人类心灵的理性能力自然也不复存在，作为人类特有的理性认识能力进而也将相应地受到消解。后现代非理性主义思想家提出，理论应该脱离作为认识前提的先验结构这一本体，要求放弃寻找确定性的一元基础，同时不再寻求使非理性成为真理的新尺度。在他们看来，不仅世界的本质不是理性的或者可以用理性加以解释

---

① 黄楠森：《人学的科学之路》，河南人民出版社 2011 年版，第 65—66 页。

的，而且非理性的意志、生命、性欲、无意识等，也未必是世界的本源或者人的本质。人类没有什么本质，世界和人类的发展也没有什么目的，因此人和世界的目的就是无目的。总之，一切都是在自我消解之中，人的本质也概莫能外。

既然本体论已经被抛弃，对于人类自身也无法继续进行本质主义的理解。罗蒂认为，除了历史形成的约定俗成以外，世界上并不存在终极的知识。知识论认为，任何东西的价值只能在理性认识中得到把握，理性具有认识事物的绝对能力。罗蒂揭示出知识论传统的局限性："对知识论的欲望就是对限制的愿望——发现人们可以坚守的基础、人们不能脱离其外的框架、人们无法不接受的对象，以及人们不可能反对的表象的欲望。"由于知识只具有相对性，人类的理性能力不过是对于约定俗成的折射，并不具有把握一定的绝对能力，因此人类的本质只是一种镜式本质。人类运用认识论之镜寻求绝对客观真理的努力只能是一场幻梦。罗蒂拆解了先验的认识形式，打碎了反映世界的认识之镜。他主张，真正的智慧在于维持谈话持续的能力，人应该被看成新叙事的生产者，而不是固有真理的发现者。换言之，人只具有生成性本质，而不具有预成性本质。

通过对于预设的、抽象的本质的剥离，人对于客体的认识不再像照镜子那样直观地反映呈现，人的本质也不再表现为某种凝固不变的实体。20 世纪 60 年代，伽达默尔吸收和深化了海德格尔对于本体论进行存在主义解释学变革的成果，进一步探寻后现代主义解释学的条件性、有效性。他指出："按照海德格尔的说法，我们就是我们最关心的，至于形而上学意义上的我们个人本质的问题实质上是无关紧要的。"[①] 在他看来，人没有一种固定不变的本质，人始终处于"效果历史"之中，"效果历史"不是指以往历史事件的影响史和对于历史效果的认识史，而是解释学语境中存在与认识的统一史。历史认识没有客观的对象，只

---

① ［美］大卫·霍伊：《批评的循环》，兰金仁译，辽宁人民出版社 1987 年版，第 12 页。

有历史认识主体确定的对象。如他所言："真正的历史对象根本就不是对象，而是自己和他者的统一体，或一种关系，在这种关系中同时存在着历史的实在以及历史理解的实在。"① 因此，历史认识主体人的先行具有、先行见到、先行把握等"前见"必然会参与理解活动中去，人的自我理解实际上是"前见"之前提约束下的一个发展过程，永远不会完成。

还有一种解释思路源于尼采"上帝之死"的命题。后现代非理性主义对此作出了进一步发展。因为西方哲学传统中的"上帝"是表征着终极价值的存在，是完美的理想化身。尼采提出的"重估一切价值"实际上是要对人类的价值遗产采取虚无主义的态度。福柯认为，尼采宣布"上帝之死"实际上也就宣布了"人之死"，因为既然代表人的终极价值的"上帝"已死，那么一旦人们不再以上帝规定自己的生活，依附于上帝的"人"的观念也必然死亡。在人作为主体的价值与意义被掏空以后，人只剩下一副躯壳。在主体被掏空以后，后现代非理性主义的一些思想家认为人道主义观念也应该抛弃，因为根本没有什么人的本质，人道主义观念在福柯那里却成了"我们思想中的一个累赘"②。后现代非理性主义由此走向了否定人的价值、人的本质的极端虚无主义。

如上所述，立足于无本体为本体的思想基础之上，人也以无本质为本质，这是后现代非理性主义思想对于人的本质问题的理解。

（三）活动无主体

近代形而上学理性主义以主体性的觉醒为标志，人类一步步地从神统治世界的中介地位发展为世界的主体地位。在本质与现象、主体与客体二元化的哲学世界观中，对于主体的追寻是近代认识论的重要主题。

---

① ［德］汉斯·伽达默尔：《真理与方法》，洪汉鼎译，上海译文出版社 1999 年版，第384—385 页。

② ［比］J. M. 布洛克曼：《结构主义》，李幼蒸译，商务印书馆 1980 年版，第 125 页。

笛卡尔在"我思故我在"命题中用"我"的普遍怀疑能力论证了上帝这一无限本体的存在，以人的主体性觉醒重构了形而上学。康德通过"人为自然立法"的哥白尼式革命确立了人之自我意识的主体性原则，要求"按照人的尊严——人并不仅仅是机器而已——去看待人"，主张认识主体具有先天直观和先天知性能力，自我意识通过理论理性活动获得知识。费希特把康德的"理论理性"中的最高原则即"自我意识"和"实践理性"中的最高原则即"自由意志"合二为一，提出"自我"设定自身、发展自身的第一原理，突出强调先验自我主体是一个能动性过程。这一系列哲学认识论的努力，确认了人是认识主体的地位。人作为认识主体的首要表现是笛卡尔开启的普遍怀疑特征，即反思性。反思的首要对象则是人自身，人只有通过认识自己才能把握世界。当然，这一切认识的反思过程都是在抽象的主体性视域中进行的，作为认识主体的人只是一个大写的、抽象的人。

在诸多当代资本主义思想家看来，既然本体论、理性法则都已消解，那么大写的抽象主体"人"无疑也是需要解构的。他们并不满意海德格尔、萨特等人从"此在""存在先于本质"出发阐释主体，把一切事物的存在当作"自我"发生的"意向"的产物。脱离于这种还原论、目的论的解释范式，在他们看来，主体不过是一个形象、符号，它没有连续性的历史。对此，他们从以下角度展开了解构主体的工作。一是否认普遍的、抽象的人，强调人的差别性、异质性进而去中心、去主体。二是提出以人为主体的观点其实是一种幻象蒙蔽的结果，实际上人总是受制于外在于自身的权力和制度。伽达默尔发展了海德格尔的生存本体论思想，主张人不是自主成为世界的主人，而是被动地被抛入了世界。这种被抛入状态决定了人对世界的认识和理解，只能永远处于一种"前见"状态。换言之，既然人连自己都是被提前规定的，又何以决定其他事物呢？从而，人的认识主体地位得到了消解。巴尔特、福柯和拉康都宣称近代以来西方传统理性主义思想中作为主体的"人"已经死亡，根本否定人作为社会历史发展主体的存在。但是，他们在一个方向上对于抽象普遍意义上的人的否定，又在另一个方向上把近代西方思想中的个人主义推向了极端。其结果是，极端彰显的个体性，由于缺乏科学的基础，只是诉诸无主体的语言、符号等形式，导致了人的主体地位最终被消解。而且，后现代主义哲学在消解了主体以后，并没有像存在主义思想家那样用某个非理性的存在物来代替人的主体地位，而是在主体的位置上留白，使运动变成了无主体的活动。

（四）历史无方向

一切都在自我消解，一切都在过渡之中，一切都没了方向和希望。由于消解了本体、消解了主体，所以当代资本主义文化不知自己从何而来，也不知自己该去向何处，在根本上否认了历史发展的规律性。它深陷迷惑与困顿，茫然不知未来，于是干脆放弃对于未来方向、目标价值的探求。但是，这是自愿保持糊涂的清醒。它是以无方向为其奉行的历史方向。

利奥塔作为第一个明确提出后现代主义概念的思想家，对于自尼采以来的对传统理性主义现代性的激烈思想挑战进行了概括。在《话语，图形》中，他主张以语言、形象等感性因素来对抗理性话语，主张世界进入一个感性的时代，指出历史是尚未定型、尚未确定的存在。他从语言学视角阐述了以小叙事代替普遍化宏大叙事的观点。德里达在《人文科学语言中的结构、符号及游戏》中明确表示："游戏的规则已被游戏本身替代。"[①] 从而，以历史活动的动态过程否认了社会历史发展的内在规律。

以后现代主义哲学为内核的当代资本主义文化反对把历史看成连续的、进步的过程。哈桑在《后现代转折》中把后现代主义的总体特征

---

① ［法］德里达：《人文科学语言中的结构、符号及游戏》，载王逢振等编《最新西方文论选》，漓江出版社1991年版，第150页。

概括为断裂、碎片，提出"后现代主义者只是隔断联系，他们自称要持存的全部就是断片"①。鲍德里亚在一篇名为《公元 2000 年已经到来》的文章中提出，人类的一切都已经完成，只有同样的事件无限地重复，正在面对一个灰暗的没有未来的未来，这就是后现代的命运。

当代资本主义文明的世界观和方法论既消解着传统理性主义框架下的逻各斯中心主义，又消解着非理性主义的在场形而上学。它不再苦苦追寻世界的本原，而是放弃对于世界本原的承认。对于它来说，非在场的状态比在场的状态更有意义，非确定的状态比确定的真理更有价值。以后现代主义哲学为内核的当代资本主义文明的世界观和方法论只讲解构，不讲建构，并以保持和扩大消解之后的空白为使命。然而，绝对否定必然是对否定的肯定。以后现代主义哲学为内核的当代资本主义文化不断驱赶在场，因此它就必须使不在场永远在场。以后现代主义哲学为内核的当代资本主义文化主张一种功能理性，通过持续而完全地否定任何相对稳定的性质和形式发挥作用。在这个意义上，当代资本主义文化有意识地凸显解构性的、反传统的、反规则的特征，从而内蕴着虚无的哲学危机。②

二　西方文明中心论的演变、本质和应对

近代工业革命以来，西方工业文明以其巨大的物质力量和先进的科技力量席卷了世界，西方文明中心论则成为西方国家对外殖民扩张的理论依据和精神武器。西方文明中心论是近代以来西方社会对其现代文明发展模式独特性的认同意识，是以在全球范围内实现自身利益最大化为目的而建构的理论与话语。经过三百多年的嬗变发展，西方文明中心论已日益成为西方发达资本主义国家处理自身与世界关系的重要指导思

---

① 王潮：《后现代主义的突破》，敦煌文艺出版社 1996 年版，第 37 页。
② 参见李艳艳《当代资本主义文化的哲学危机》，《学术前沿》2022 年第 23 期。

想，具体体现为对非西方落后国家的文化殖民甚至是赤裸裸的政治干涉。2011 年以来，在西方国家对埃及、突尼斯、利比亚、叙利亚甚至俄罗斯等国家内政的干涉中，西方文明中心论就扮演了重要角色。因此，认真梳理西方文明中心论的历史发展脉络及其对外推行文化霸权的策略，剖析西方文明中心论的内在本质以及带来的挑战，研究出应对之策，对于中国等发展中国家尤其是社会主义国家解决好如何看待西方文明、如何处理本国文明与西方文明的关系、如何走出一条属于自己的现代文明道路等问题都有着极其重要的时代意义。

（一）西方文明中心论演变的三个重要历史阶段及其特征

随着 18 世纪以来西方资产阶级革命不断胜利、海外殖民扩张活动日益深化，西方国家在社会思想上日渐形成了一种具有独特自我意识的历史观和世界观，欧美资本主义国家把世界划分为西方和非西方两个彼此割裂的社会阵营，西方的文明发展道路被模式化、理性化、神圣化，西方文明中心论应运而生。总体而言，产生至今，西方文明中心论经历了乐观主义—悲观主义—悲观主义下的乐观基调几大阶段的历史嬗变。

1. 乐观主义的西方文明中心论及其片面性

乐观主义的西方文明中心论出现于 18—19 世纪的资本主义发展上升期，是在意识形态领域对该历史时期西方社会科技革命、工业革命、政治革命巨大成功的反映。持这种观点的思想家们以地域、种族、宗教等因素为理论根据，宣称只有西方才能产生可以称为文明的东西。例如，英国历史学家巴克尔从地理环境决定论出发，坚持认为"国民之进化，自由之政令"皆源于欧洲文明，而"非欧文明"不能"久善"。①进化论思想家达尔文、鲁布克、泰勒基于种族优选理论，提出只有西方的一些种族由于拥有高度理智、文化和道德，因而踞于世界文明的顶

---

① ［英］巴克尔:《英国文明史》（篇二上），南洋公学译书院 1903 年版，第 1—7 页。

峰。法国思想家戈比诺则干脆直接声称"一切文明皆来源于白种人"①。而事实上，公元500—1800年，世界就是以东方为中心的世界，西方文明远远落后于东方文明。西方文明发展史"言必称希腊"，而希腊的文化既非西方，政体亦非民主。启蒙运动更多的是直接和间接吸收借鉴了中国的思想资源，亚当·斯密阐发的英国经济自发放任的原则实际渊源则来自中国道家治国"无为"的思想。工业革命和农业革命所依赖的大多数重要科技，都是经由跨国商路传到欧洲，甚至包括蒸汽机原理都更早地出现在中国人的著作中。显然，西方文明中心论抹杀了这些基本历史事实。

此外，基督教哲学关于上帝选民的思想则以"白人的责任"建构西方文明中心论，主观认为上帝把白人造得更聪明，所以白人理应指挥低能劣等种族。就其历史影响来看，以进步论为标志的乐观主义西方文明中心论发挥了对内维护资产阶级价值观、对外进行殖民扩张的重大历史作用，虽然被精美的工业品、选举制的政治、多元的文化巧妙地掩盖了起来，但其片面性和阶级局限性是显而易见的。西方资本家和政客的野心与贪心在炮舰外交、人权强化等赤裸裸的手段面前暴露无遗，他们不断强化"欧洲中心论"为代表的西方文明中心理论，宣称只有西方文明是人类文明发展道路的"正统"，只有现代西方文明是代表了人类文明发展方向的"普世文明"，其他文明只有服从和膜拜西方文明才能生存。

2. 悲观主义的西方文明中心论及其矛盾性

悲观主义的西方文明中心论是第一次世界大战至冷战时期西方文明中心论的主要流派，也是西方文明中心论走出片面性的开始。一方面，它是对西方社会人与自然、人与社会、人与人、国家与国家之间的重重矛盾，对西方资本主义文明制度内在缺陷的深刻理论反思；另一方面，

---

① Bruce Mazlish, *Civilization and Its Contents*, Standford University Press, 2004, p. 60.

它直观反映了世界社会主义和殖民地民族解放运动的节节胜利、西方资本主义制度无力主导世界格局的现实情况。"文明倒退说""文明循环说""文明终结说"作为悲观主义西方文明中心论的主要理论形式，虽然致力于维护西方文明唯我独尊的地位，却在客观上破除了西方文明单线进步论的神话，因而其理论具有两面性和矛盾性。

例如，持"文明倒退说"的德国历史哲学家斯宾格勒既坚持认为只有西方文化才是具有进步性质的文明，却又描绘出了一幅文明倒退的黯淡西方社会图景。① 英国历史学家汤因比基于"挑战—应战"模式提出的"文明循环说"强调只有通过"全心全意的最高限度西方化"才能拯救失势方，却又对经济萧条、战争横生的西方文明危机充满忧虑。② 美国历史学家沃勒斯坦的文明终结理论既提出现代文明是"世界的资本主义化"，却又担心资本主义世界霸权受到世界社会主义阵营的挑战。③ 概言之，悲观主义的西方文明中心论虽然竭力为西方资本主义制度辩护，不过也间接地承认了资本主义文明具有难以克服的内在缺陷，世界文明具有多样化的发展道路这一事实。

3. 备受当代西方推崇的悲观主义下乐观基调的西方文明中心论

悲观主义下乐观基调的西方文明中心论是后冷战时代的产物。一方面，它呈现了西方文明无力解决内在固有的人与自然、人与社会、人与人的尖锐冲突，束手无策于恐怖袭击、街头枪击、金融危机、罢工游行等社会动荡事件；另一方面，它也保守乐观地映现出以美国为首的西方发达资本主义国家在世界经济、政治等国际事务中的主导地位。作为冷战结束至今的悲观主义下乐观基调的西方文明中心论的主

---

① ［德］奥斯瓦尔德·斯宾格勒：《西方的没落》（上），齐世荣等译，商务印书馆 1963 年版，第 319 页。

② ［英］汤因比：《历史研究》（下），曹未风、周煦良、耿淡如等译，上海人民出版社 1997 年版，第 272 页。

③ ［美］沃勒斯坦：《历史资本主义》，路爱国、丁浩金译，社会科学文献出版社 1999 年版，第 8 页。

要观点，"历史终结论""文明冲突论""普世文明论""冲突文明论"或者认为西方文明是人类文明进步的终点，或者认为西方文明模式是唯一的现代文明道路，其主要目的在于向世界推销西方的自由民主制度，满足西方国家追逐国际市场剩余价值的需要，因此备受西方国家的大力推崇。

悲观主义下乐观基调的西方文明中心论受到当代西方学者的大力推崇。持"历史终结论"的美国政治学家弗朗西斯·福山认为苏联解体、东欧剧变标志着人类文明的历史将终结于西方自由民主制度，"西方文明将传布到全世界"①。诺贝尔文学奖得主 V. S. 奈保尔提出"普世文明"的观点，强调西式现代化是唯一的现代文明道路。② "文明冲突论"代表人物塞缪尔·亨廷顿把普世文明等同为以西方为典范的、值得各非西方国家共同仿效的文明。③ "冲突文明论"学者尼尔·弗格森认为竞争、科学、财产权、医药、消费社会、工作伦理为特征的西方文明应该始终居于世界领先地位。④ 现在，这种思想已经对美国国际战略和世界形势产生了巨大影响，美国等西方国家政府均坚持推行全球民主化战略，不惜武力迫使"非民主"的伊拉克、利比亚等国进入西方自诩的文明体系。

通过观察西方文明中心思想的历史演变脉络，可以看出，以资产阶级革命、第一次世界大战、冷战为重要时间节点，西方文明中心思想经历了乐观主义文明观—悲观主义文明观—悲观主义下的乐观基调文明观的历史阶段，这与自由竞争资本主义—私人垄断资本主义和国家垄断资

---

① ［美］弗朗西斯·福山：《历史的终结和最后之人》，黄胜强、许铭原译，中国社会科学出版社 2003 年版，第 50 页。

② V. S. Naipaul, *Our Universal Civilization*, The 1990 Wriston Lecture, The Manhat-ten Institute, New York Review of Books, 30 October 1990, p. 20.

③ ［美］塞缪尔·亨廷顿：《文明的冲突与世界秩序的重建》，周琪、刘绯、张立平等译，新华出版社 2002 年版，第 43—45 页。

④ Niall Ferguson, *Civilization：The West and The Rest*, London：Penguin Books Ltd, 2011, pp. 7-10.

本主义—超国家垄断资本主义①的社会发展阶段呈现出高度的历史契合。这表明，西方文明中心思想是近代以来西方资本主义社会发展在意识形态领域的必然反映，它在一定程度上促成了资本主义生产方式的自行扬弃，促进了西方社会的快速发展，客观上推动了人类文明向更高阶段迈进。

然而正如列宁所深刻指出的，"资本主义和封建主义相比，是在'自由'、'平等'、'民主'、'文明'的道路上向前迈进了具有世界历史意义的一步。虽然如此，资本主义始终是雇佣奴隶制度，始终是极少数现代'moderne'奴隶主即地主和资本家奴役千百万工农劳动者的制度"②。我们看到，与高度发达的西方社会形成鲜明对比的是，西方文明中心思想通过西方国家自我中心主义式的文明传播，对西方以外的第三世界国家和人民造成了深重的民族灾难。

在18—19世纪的旧殖民主义时代，西方国家往往借文明的名义发动侵略战争，正如1789年拿破仑率军入侵埃及时动员道："士兵们，你们要去从事的事业是征服，这一征服将对文明产生无法估量的意义"③。到了19世纪末20世纪初，由于西方国家在经济政治实力上处于无与抗衡的唯我独尊地位，他们妄自尊大地以为自身文明是唯一的、普世的，于是乎，文明便成为独属西方的、排他性的概念。一时间，"西方文明"与"文明"画上了等号。这种西方文明中心思想狂妄至极的体现就是世界大战，正如1914年至1918年的第一次世界大战就俨然以"文明"为旗帜，英国及其协约国的战争领袖高呼，"你们是在为文明而

---

① 有学者认为，20世纪80年代以来，不同规模、不同内容、不同形式的国际合作组织和区域一体化，主导了经济全球化。从而，标志着资本主义由国家垄断资本主义过渡到了超国家垄断资本主义阶段。参见罗文东《超国家垄断资本主义的兴起及其对世界社会主义的影响》，《红旗文稿》2006年第20期。

② 《列宁专题文集 论资本主义》，人民出版社2009年版，第248页。

③ ［德］诺贝特·埃利亚斯：《文明的进程》，王佩莉译，生活·读书·新知三联书店1998年版，第116页。

战"，士兵们也盲目地应声附和，"为了文明的缘故，大家参军入伍吧"。①

在 20 世纪中叶以后的新殖民主义时代，资产阶级战略家又极力在全球推行以文化价值观为核心的西方文明。他们把西方制度美化为通往现代化的唯一道路，软硬兼施地胁迫第三世界国家学习西方资本主义文明发展模式。其恶果是，许多第三世界民族国家在价值观念上产生了文化身份认同危机，在经济上沦为西方的廉价资源产地。尤其是 2008 年西方金融危机以来，这些患有不同程度西方依赖症的发展中国家更是在国民经济上深受其害。诚如非洲发展银行数据显示，非洲国家财政盈余占 GDP 比例从 2008 年的 2.8% 降至 2009 年 5 月的 -5.8%，经常性项目顺差占 GDP 的比例从 2008 年的 1% 降至 2009 年 5 月的 -5.3%。②

从更深层次的意义上看，西方文明中心思想作为资产阶级的意识形态，本质上是为资本主义私有制作辩护。数百年来，西方资本主义国家不仅致力于建构一个"中心—边缘—外围"的世界经济政治体系，而且在意识形态上也在建构一个以西方文明为中心的"中心—边缘—外围"世界思想体系。尤其值得注意的是，在当代西方"意识形态终结""非意识形态化"思潮的表象下，文明也被资产阶级自由主义者用来作为向社会主义国家进行意识形态渗透的新法宝。实质上，在西方播撒文明的诱惑性话语背后，暗藏着妄图进行公开或隐蔽侵略的野蛮目的，这正如马克思曾经指出的，"当我们把目光从资产阶级文明的故乡转向殖民地的时候，资产阶级文明的极端伪善和它的野蛮本性就赤裸裸地呈现在我们面前"③。

不仅如此，西方文明中心思想还折射出扭曲化、极端化的西方自我中心主义情感。"西方国家认为'文明'这一进程在他们自己的社会内

---

① ［英］克莱夫·贝尔：《文明》，张静清、姚晓玲译，商务印书馆 1990 年版，第 1 页。
② 孙立鹏：《粮食危机+金融危机 穷国贫困化日益加剧》，中国新闻网，http://www.chinanews.com/gj/gj-fxpl/news/2009/08-25/1833986.shtml，2009 年 8 月 25 日。
③ 《马克思恩格斯文集》第 2 卷，人民出版社 2009 年版，第 690 页。

部已经完成。从根本上来说，他们自认为自己是一个现存的，或者是稳固的'文明'提供者，是一个向外界传递'文明'的旗手"①。

除此而外，这些流派众多的西方文明中心思想具有内在的不可克服的逻辑缺陷。其一，主观先验地认为"中心"的权利与生俱来，并由西方本身的内在素质所决定；其二，形而上学地根据地域、种族、民族、文化等某种特定因素的优劣来确定"中心"和"非中心"，进而认为非中心的人类对世界历史没有做出什么贡献，即使做出贡献也是在西方人的影响下才开始的；其三，公开或隐晦地宣扬西方资产阶级价值观，在全球推行资产阶级的自由民主制度，这实质上是一种价值独断论和唯我主义的思想。

总的来说，西方文明中心思想在人类文明思想史上的作用功不抵过。实质上，"由于文明时代的基础是一个阶级对另一个阶级的剥削，所以它的全部发展都是在经常的矛盾中进行的。生产的每一进步，同时也就是被压迫阶级即大多数人的生活状况的一个退步"②。今后，随着资本主义社会基本矛盾不断深化，西方文明中心思想还会继续演变出各式各样的新形式。这就需要我们继续跟踪这类思想的演变路径，不断强化对这类思想的鉴别剖析能力，警惕这种思想成为资本主义国家"西化""分化"我国的新型话语工具。③

（二）西方文明中心论的本质剖析：局限性、虚假性、迷惑性

18世纪以来，西方文明中心论充分体现了西方社会文明进步的成绩，促成了资本主义生产方式的自行扬弃，促进了西方社会的巨大发展，从而客观上推动了人类文明迈向更高阶段。时至今日，它对于世界

---

① ［德］诺贝特·埃利亚斯：《文明的进程》，王佩莉译，生活·读书·新知三联书店1998年版，第116页。
② 《马克思恩格斯文集》第4卷，人民出版社2009年版，第196页。
③ 参见李艳艳《欧美西方文明中心思想的历史嬗变与评析》，《思想教育研究》2012年第6期。

各国文明的现代化道路仍然具有一定的参考和借鉴价值。但是从本质上看，源远流长、流派众多的西方文明中心论作为资本主义社会的意识形态工具，担负着对内维护资产阶级政权、对外拓展资本全球利益的阶级使命，因而在本质上具有局限性、虚假性、迷惑性。

1. 从思想逻辑上看，西方文明中心论在认识方法上存在着一定的局限性

在认识论上，它或者把西方文明等同于理性、人性的进步，或者把西方文明看作是永恒不变的终极状态；在本体论上，它或者认为西方文明由地理环境、种族、民族等因素所决定，或者陷入文化本体论的泥淖不能自拔；在历史观上，它或者把西方文明视为历史的终结，或者把西方文明视为历史的循环甚至倒退。这种唯心主义历史观其实就是把文明限于观念形态的文化，把人类文明史仅限于观念形态的文化史，割断它与物质的社会关系的联系。典型的代表就是亨廷顿的"文明冲突论"，唯心地把世界上不同类型的文明视为不同层次的文化区别。

历史唯物主义告诉我们，人民群众是历史的创造者，人民群众的实践活动是历史的根本动力。然而，西方文明中心论的根本理论缺陷就在于，否认人民群众在西方文明产生发展过程中的主体地位，否认人民群众的实践活动是西方文明产生发展的决定力量。西方文明中心论，要么把文明视为人之外的所谓独立观念，要么把文明视为少数精英的创造物，从而违背了唯物史观关于"文明是实践的事情，是社会的素质"[1]的基本原则，否认人类文明进步的最终目的在于社会关系的现实合理化，因此是典型的历史唯心主义观念形态。"物质生活的生产方式制约着整个社会生活、政治生活和精神生活的过程。"[2] 这个论断表明，文明和文明史离开它赖以生存的物质生活的生产方式，就会变成无源之水、无本之木。因此，如何运用历史唯物主义、辩证唯物主义的理论武

---

① 《马克思恩格斯文集》第 1 卷，人民出版社 2009 年版，第 97 页。
② 《马克思恩格斯选集》第 2 卷，人民出版社 1995 年版，第 32 页。

器剖析西方文明中心论在认识方法上存在的局限性甚至颠倒性，是我们面临的一个理论上的挑战。

2. 从历史作用上看，西方文明中心论存在着现象与本质对立的虚假性

恩格斯揭露资本主义内在悖论时指出："文明每前进一步，不平等也同时前进一步。随着文明而产生的社会为自己所建立的一切机构，都转变为它们原来的目的的反面。"① 数百年的历史表明，不管西方文明中心论的理论模型如何演变，其价值取向始终一致，即始终担负着对内维护资产阶级统治、对外进行殖民扩张的职责。有数据显示，全球最富有的 225 人的收入与最贫穷的 27 亿人的收入相等。2007 年美国最富有的 1% 的家庭财富与全美 43% 家庭的金融财富相等。② 近年来，美国等西方国家发生的"占领华尔街"运动、纽约地铁公交大罢工等民众抗议示威事件更是表明，建立在私人财富基础上的西方资本主义文明只是属于占总人口 1% 富人的奢侈品，99% 的人民大众深陷债务、生计艰难等困窘境地，更何谈享受资本主义文明成果。可见，在西方社会，文明的共享性、普遍性品格从未真正实现，并且十分扭曲地只属于极少数富人所有，我们应该对此有清醒的认识。

出于回避矛盾、维护现实的需要，西方文明中心论往往忽略和掩盖西方社会的内在矛盾，自夸和放大西方社会的部分成就，从而营造出一片繁荣昌盛的西方盛世假象，骗取人民对本国文明发展模式的认同，诱逼非西方国家跟风其文明模式，最终实现其资本利益国内国际最大化的真正目的。在中国社会，一些群众了解莎士比亚胜过了解汤显祖，了解卢梭、伏尔泰胜过了解朱熹、王阳明，仰慕凯撒大帝却诅咒秦始皇，赞颂华盛顿却批判毛泽东。更有甚者认为人类社会只有一种社会制度是正

———————

① 《马克思恩格斯文集》第 9 卷，人民出版社 2009 年版，第 147 页。
② 李慎明：《全球化背景下关于国际国内形势的相关思考》，《国外理论动态》2011 年第 12 期。

当的，那就是西方制度，经济发展只有一种模式是正当的，那就是西方模式。在此崇洋媚外的思想逻辑下，凡是与西方不同的制度和模式，都不具备正当性，都必将崩溃。面对如此严峻的西化风险，如何从理论联系实际的角度彻底揭穿西方文明现象与本质相互对立的虚假性，让更多的人认清西方文明中心的本质、走出对西方文明中心的盲目崇拜，是一个亟须我们去解答的、现实挑战性很强的课题。

3. 从话语方式上看，西方文明中心论具有一定程度的迷惑性

恩格斯曾说，西方资本主义文明所达到的结果总是同它希望达到或者佯言希望达到的相反。① 西方文明中心论作为数百年来西方资产阶级推行殖民主义、霸权主义和强权政治的理论和话语工具，其通常特征是将西方自身利益说成是全世界普遍利益、将西方个别价值等同于全世界共同价值。比如，在旧殖民主义时代，它将西方文明与文明画上等号，鼓吹西方资产阶级文明是现代文明的唯一模式；在新殖民主义时代，它虽然承认了西方文明只是现代文明的一种类型，却极力论证只有西方文明居于世界文明的顶峰和终极。我们看到，诺贝尔奖、奥斯卡奖等西方国家设立的国际评判机构高举的就是西方文明中心论的大旗，它们就像一个个西方文明标准的裁判所，用西方的标准衡量世界的一切，顺之者方属文明，逆之者则属野蛮。总的来说，西方文明中心论通过构建"中心—边缘—外围"的理论模型和话语模式，不断增强西方文明的世界向心力和文化吸引力，诱骗落后国家盲信西方文明，并逐步向西方文明模式靠近，从而达到主宰世界和人类文明命运的背后目的。

近些年来，从1991年的苏联解体和东欧剧变，再到2011年美国式"民主化"浪潮在中东、北非发动的"颜色革命"引发的突尼斯、埃及、利比亚、阿尔及利亚、也门、巴林、阿曼等国的民主政治变局，诸多事件表明，西方国家正在将西方文明中心论与"普世价值"理论相

---

① 参见《马克思恩格斯文集》第3卷，人民出版社2009年版，第532页。

互结合，并且通过政策、理念、价值观等宣传方式迷惑、欺骗和洗脑发展中国家和社会主义国家，使这些国家主动去迎合讨好西方国家、把西式文明奉若圭臬，进而达到西化、分化、促使其自我覆灭的真正目的。需要关注的是，在世界上很多国家有不少人被其迷惑、蒙骗，盲目崇拜西方，极力鼓吹和推动本国按照西方设计的路线图去走。如何解决好彻底揭穿西方文明中心论的迷惑性和欺骗性，是我们面临的一个意义极其重大的时代挑战。

我们要清醒地认识到，内忧外患的双重挑战宣布了西方文明的故步自封、唯我独尊仅仅是一种自以为是的空想。近百年来，西方思想家丹尼尔·贝尔的《资本主义文化矛盾》、保罗·肯尼迪的《大国的兴衰》、约翰·霍布森的《西方文明的东方起源》、贡德·弗兰克的《白银资本》等揭示西方文明模式弊病的力作，无不表现出对西方特别是美国社会问题和信仰危机的深深焦虑，体现出对西方文明日益成为"明日黄花"而产生的"无可奈何花落去"的悲鸣。弗兰克认为西方崛起只是最近一两个世纪的事，而且它是踩在亚洲包括阿拉伯、印度尤其是中国的肩膀上实现的，其最重要的经济杠杆是他们从中南美洲获得的白银资本。约翰·霍布森甚至认为，欧洲的崛起不是奇迹，而是东方文明的滋养积渐而成。就连推崇美国价值观的塞缪尔·亨廷顿也警告不要幻想全球文明的融合，主张在全球范围内的多元文化主义，以避免全球冲突。西方学者的这些著作不仅有助于我们更加客观理性地对东西方文化隔阂进行梳理和澄清，还可以帮助我们更清晰地认识西方文明中心论的本质。

（三）如何应对西方文明中心论全球蔓延带来的巨大挑战

数千年人类文明史证明，各种不同文明的共存、交融、多样化发展是文明进步的重要动力。可是，在某种程度上，近代以来的人类文明日益被狭隘化为"西方化""资本主义化"，今天甚至被简单化为"美国化"。这种狭隘的西方文明中心主义思想带来的现实后果是灾难性的，它一方面漠视诋毁人类文明多样化发展的可能性，企图摧毁一切与西方现代文明相左的文明传统，使得非西方国家和民族的文化、宗教、生活习俗等文明传统正在受到极大伤害；另一方面，它强势要求全世界都匍匐于西方资本主义文明模式之下，自觉接受西方文明的奴役。我们看到，一些受到西方"民主化"浪潮冲击的国家已经接受洗脑改造，甚至以本国主权的覆灭为代价，成为西方社会文明进步的垫脚石。因此，面对西方文明中心论带来的严峻挑战，我们当前要从思想上加以高度警惕和抨击，从行动上加以防范和回应。从而在自觉学习、吸收、借鉴和创新发展西方优秀文明成果的基础上，实现学习西方优秀文明成果、继承中华民族优秀文明传统和开辟中国特色社会主义文明发展道路的统一。

1. 最为关键的是要划清关于西方文明的两个界限

首先是自觉划清西方先进文明理论与西方文明中心论的界限。站稳正确的立场是"划清界限"的根本政治前提。[①] 什么是社会发展进步？马克思曾指出，"不仅仅决定于生产力的发展，而且还决定于生产力是否归人民所有"[②]，从而揭示了人类文明进步的出发点和落脚点在于人民群众。换言之，文明进步为了谁，文明成果归谁享有，是划清西方先进文明理论与西方文明中心论界限的科学标准。基于这个标准，我们既要看到，西方社会在市场经济、程序民主、医药卫生、科学技术等领域的一些文明成果对于保障人民基本生存权益、提高人民生活水平具有积极作用，因而属于西方先进文明理论，值得我们学习和借鉴。同时，又要看到那种认为"西方文明代表了历史的顶点和终点""西方文明是人类文明的主流"等基于人类中心主义、个人主义、利己主义立场上的西

---

① 李崇富：《要自觉划清马克思主义同反马克思主义的界限》，《高校理论战线》2010年第2期。

② 《马克思恩格斯文集》第2卷，人民出版社2009年版，第689页。

方文明理论属于西方文明中心论思想，违反了人类文明和而不同、共同进步的基本要求，因而是必须高度警惕和坚决摒弃的。

同时，要自觉划清学习借鉴西方文明优秀成果与盲目崇拜西方文明的界限。建立在现代资本主义所有制基础之上的西方文明理论的确在很多方面曾经居于世界领先地位，并且至今仍在不少方面走在时代发展的前列，是历史发展必然性的体现。不过，马克思提示我们这"不是生产的一种绝对的必然性，倒是一种暂时的必然性，而这一过程的结果和目的（内在的）是扬弃这个基础本身以及扬弃过程的这种形式"①，这是基于历史唯物主义与辩证法相统一的科学认识论原则而得出的理论总结，需要我们自觉用于科学对待当代西方文明的优秀成果。同时，近年来美国"占领华尔街"运动、英国骚乱等在西方发达国家发生的社会动荡事件也启示我们，市场化、民主化、自由化等被西方认为目前处于世界领先水平的西方文明理论，将会甚至正在随着时代发展而被历史扬弃，因而绝对不会是所谓永恒的、终极的完美状态。目前，有些人仍然迫不及待地要求融入西方文明主流、回归所谓西方文明正统，就是由于不能以历史唯物主义的立场、观点和方法客观看待西方文明，从而陷入了盲目迷信西方的认识和实践误区。

2. 在借鉴西方文明的基础上建设好中国特色社会主义文明

要真正弄清文明这一概念，也必须连带弄清文化与文明的区别与联系。不同社会形态，都有不同的文化与文明。在任何阶级社会形态的文化中，总是有其精华，也有其糟粕。文化有先进落后、精华糟粕之分，但文明仅有程度上的高下，没有先进落后与精华糟粕之分。从广义上来讲，不同社会形态文化中的精华，构成了人类历史的文明。② 当今世界正处于大发展大变革大调整时期，文化在综合国力竞争中的地位和作用更加凸显。一些西方发达国家更加注重通过文化产业、借助文化产品，

① 《马克思恩格斯文集》第 8 卷，人民出版社 2009 年版，第 208 页。
② 李慎明：《坚持中国特色社会主义文化发展道路》，《光明日报》2011 年 11 月 25 日。

输出其价值观念和生活方式，已经对我国造成巨大冲击。这就警醒我们，要高度重视西方文化入侵与和平演变的严重危害。邓小平早就指出："整个帝国主义西方世界企图使社会主义各国都放弃社会主义道路，最终纳入国际垄断资本的统治，纳入资本主义的轨道。"① "美国，还有西方其他一些国家，对社会主义国家搞和平演变。美国现在有一种提法：打一场无硝烟的世界大战。我们要警惕。资本主义是想最终战胜社会主义，过去拿武器，用原子弹、氢弹，遭到世界人民的反对，现在搞和平演变。"② 无硝烟的战争就是和平演变，而和平演变的实质就是改变人的思想。早在 1945 年，美国的政治家就讲，要利用文学、戏剧、电影和所谓艺术家，诱使社会主义国家崇拜不道德的行为，使人们不知不觉地改变原来的价值观念。西方发达国家的和平演变策略的主要特点是运用非战争或非军事等间接手段进行经济、政治、思想、文化、民族、宗教等方面的影响和渗透。"冷战"期间，西方国家主要通过传统媒体如广播、书刊、电视对社会主义国家进行意识形态渗透、颠覆活动。在全球化背景下，互联网正在取代传统媒体的主体地位，成为西方敌对势力分化、西化社会主义国家的一件重要武器，和平演变具有更广阔的市场和更巨大的危害。因此，西方文明中心论等思想文化领域中出现的种种错误思潮再度泛滥，绝不是偶然的和自发的。十七届六中全会提出，要创新文化走出去模式，推动中华文化走向世界，积极吸收借鉴国外优秀文化成果。因此，我们要清醒认识到，不同国家和民族的文明都是世界文明体系不可缺少的组成部分，我们应在做到对本国的文明自尊、自爱、自立、自信、自强的同时，正确处理好继承我国优秀文化传统与积极借鉴世界各类文明包括西方文明的关系，积极借鉴包括西方文明在内的世界各国的文明成果。同时，我们要在激烈的国际竞争中赢得主动，维护国家文化安全，就必须坚决揭露和批判西方文明中心论，坚

---

① 《邓小平文选》第 3 卷，人民出版社 1993 年版，第 311 页。
② 《邓小平文选》第 3 卷，人民出版社 1993 年版，第 325—326 页。

决反对西化、奴化的倾向，以高度的文化自信、价值自信和民族自信走向世界。

我们也应该清楚地看到，近年来，美国一直控制着世界主要的电视和广播节目制作，每年向国外发行的电视节目总量达 3 万小时，并占有世界 2/3 的电影市场总票房，并通过大力倡导网络自由来打一场无国界的战争，以此来大力推广美国价值观和西方文明中心论，其在全球的文化、政治影响力远远大于中国。为了实现对中国的和平演变，美国为首的西方发达国家不仅通过实施文化帝国主义，利用其在信息拥有上的垄断地位以及利用其控制的媒体，对我国进行文化侵略和意识形态的渗透，推行自己的价值观念、生活方式和意识形态，同时还想方设法来维护他们对于不发达国家的这种文化霸权地位，西方文明中心主义思潮不断泛滥就是明证。美国中央情报局更是毫不隐讳地指出："一定要尽一切可能，做好传播工作，包括电影、书籍、电视、无线电波……和新式的宗教传播。只要他们向往我们的衣、食、住、行、娱乐和教育的方式，就是成功的一半。""要利用所有的资源，甚至举手投足，一言一笑，都足以破坏他们的传统价值。我们要利用一切来毁灭他们的道德人心。摧毁他们的自尊自信的钥匙，就是尽量打击他们刻苦耐劳的精神。"① 这一切充分暴露了美英等西方国家大力推行西方文明中心论等西方价值理念的险恶用心，对照国人思想的变化，应引起我们高度警惕并及时采取有力的应对措施。国际国内的复杂形势不仅增加了我国文化安全的风险，也加大了我国文化走出去的难度和风险。

人类文化是平等的，各种文化都有存在的权利与必要。但文化的终极目的不是文化本身，而是文明，是全社会文明素质的提高。中华文明正是因为既能保持和发展自己的主体思想，又能从其他民族的文化中选取优秀的部分加以借鉴、吸纳、扬弃，从而成为举世公认甚至独一无二的传世文明。因此，中国要有自己的思维，坚定信心走自己的路，当前

---

① 《美国中央情报局对付中国的〈十条诫令〉》，《参考消息》2001 年 7 月 24 日。

更应该自力更生，着力从传统文化中提炼中华智慧，在借鉴西方文明的基础上建设好具有中国特色的社会主义文明。孔子2000多年前提倡的"和而不同"至今仍有重要指导意义，他使更多人认识到，对话交融不是"同化"，更非"消灭"，而是寻找双方交汇点，以此推动各自的创新发展。社会主义条件下的中华文明，不仅继承了人类创造的一切文明成果，而且为全面深化和推进人类文明提供了多方面条件和保证。中华文化与外国文化交流，需要经过理性自觉产生理性自信，然后有自强心，在此基础上高扬起充满平等意识的价值自信的旗帜。否则，盲目宣扬西方价值理念，被西方文明中心论等西方思潮牵着鼻子走，只能是西化、奴化的奴隶文化。因此，我们要实现学习西方优秀文明成果与发扬中华民族优秀传统文明的统一。在共时态上，贯通中国文明与西方文明，实现代表人类文明前进方向的各种文明类型在当代中国的和谐统一。具体地说，就是将西方资本主义文明在符合人类文明进步趋势方面取得的经验融入中国特色社会主义文明建设的实践之中；要坚持以我为主、为我所用，以民族文化为主体、吸收外来有益文化，积极吸收各国优秀文明成果，参与国际竞争、形成特色品牌，不断扩大中华文化影响力，将东方文化的"和谐"精神撒播世界，成为人类不可或缺的精神元素，推动中华文化走向世界的文化开放格局进一步完善；在历时态上，实现人类先进文化的历史、现实与理想在当代中国的具体统一。具体地说，就是既要继承和发展中西方各种人类的优秀文化成果，又要在着眼于中国现实问题基础上加以扬弃和创新。并且，务必始终以实现社会主义先进文化为奋斗方向，自觉开辟优越于阶级社会的人类文化崭新阶段。

此外，要在世界上传播好中国的文化属性、文化特征和文化形象，让世界更好地了解中国，在更深、更高、更感性的文化层次认识和把握中国，增强国家文化软实力和国际影响力，为人类文明进步做出更大贡献。

3. 以价值自信为抓手大力建设社会主义文明

在中华民族复兴的历史征程中，崇洋媚外的情绪始终在中国社会存在，并在一定条件下可能出现抬头之势。张岱年指出："文化的核心在于价值观，道德的理论基础也在于价值观。""中国思想史上曾经发生过价值观的论争；中西文化之异同也系于价值观的异同。"① "一个民族立足于世界，必须具有民族的自尊心与自信心，才能具有独立的意识。而民族的自尊心与自信心的基础是对于本民族文化的优秀传统有一定的了解。"② 因此，文化自信一定要建立在对本民族文化价值尤其是核心价值内容的深刻的理性认识基础之上，价值自信是文化自信的基石和前提。价值自信是一个国家、一个民族、一个政党对自身价值的充分肯定，是一个民族的精、气、神，是一种战无不胜的不竭精神动力和强大灵魂支柱，是建设文化强国和实现民族复兴的重要思想基础和强大力量源泉。价值自信是文明建设的核心和灵魂，没有价值自信，文明建设就无从谈起。因此，我们要在深刻把握历史发展规律的基础上，坚持以价值自信为抓手大力建设社会主义文明，让更多人认识到社会主义文明不仅是比资本主义文明更高一级的文明阶段，并且是人类有史以来文明发展的高级阶段。

人类文明从原始社会的文明萌芽状态跨入"文明时代"后，"依次地由奴隶制文明发展到封建制文明，再发展到资本主义文明。在此阶段，社会的多种文明进步是一个历史发展过程，但是它一直建立在剥削阶级对广大劳动人民实行野蛮统治和残酷剥削的基础之上。只有在社会主义制度下，文明才摆脱了剥削阶级的支配和垄断，文明的成果归属于创造它的劳动人民，社会及其成员的全面发展才能成为可能，人类历史从此进入真正的高度文明的时代"③。历史唯物主义昭示我们，社会主

① 《晚思集：张岱年自选集》，新世界出版社 2002 年版，第 13 页。
② 《晚思集：张岱年自选集》，新世界出版社 2002 年版，第 147 页。
③ 《中国大百科全书》哲学 Ⅱ，中国大百科全书出版社 1987 年版，第 924 页。

义文明不是观念形态的产物，而应该是人类有史以来文明发展的高级阶段，是比资本主义文明更高一级的文明阶段。正如马克思指出，社会主义文明是人类的真正的普遍的文明。社会主义文明作为人类文明进步的一次质的飞跃，高于其他社会文明的突出标志就在于全体人民普遍共享的公平正义，在于促进人的个性自由、实现人的全面发展，在于人与自然、人与社会、人与人的共同协调进步。当前，中国已经建立了以公有制为主体、多种所有制共同发展的基本经济制度和人民代表大会制度的根本政治制度，提供了实现社会主义文明新阶段的现实基础和可能。社会主义条件下的中华文明是中国人民在新的历史条件下对人类文明的伟大创造，不仅在多个层面上推进了人类文明的进步发展，而且为人类文明作出了独特的贡献。这要求我们，要在继续坚持、巩固和完善这一经济和政治基础之上，连接人类文明的过去和未来、现实和理想，实现继承西方优秀文明成果与开创人类文明新阶段的统一，争取早日建成成熟完善的社会主义文明。

因此，我们要清醒认识到，社会主义在本质上代表人类社会文明的进步方向，虽然西方文明中心论对于推动资本主义的发展产生了巨大的历史作用，但在今天却正遭遇前所未有之挑战、深处数百年来未见之危机。一方面，堆积如山的经济、政治、社会难题，尤其是贫富分化、社会公正问题成为困扰西方各文明国家的"内忧"。突出表现在，患上高失业、高赤字、高负债"三高综合征"的欧美西方发达国家深陷次贷危机和金融危机泥淖，号称"和平之国"的挪威遭遇恐怖袭击，自称"自由民主"的英国陷入窃听门丑闻，在希腊、西班牙、法国、意大利等国更是发生了骚乱、罢工、游行示威、暴力冲突等社会抗议活动。诸多事件表明，西方发达国家社会内部矛盾重重、危机连连，社会动荡不安、充满变数；另一方面，与之形成鲜明对比的是，以中国为代表的新兴国家走出了不同于西方文明模式的具有自身特色的快速发展道路，这成为威胁西方文明国家"一言堂"世界霸主地位的"外患"。尤其是中国始终秉承和而不同、相互尊重、共同进步的文明理念，不以西方现代文明模式马首是瞻，主张学习和借鉴人类文明一切优秀成果，逐步摸索出了一条中国特色的文明发展道路，全方位地在发展经济、民主政治、先进文化、和谐社会、改善民生等方面取得了巨大成绩，为人类展示了一种全新的生活方式与发展道路。就连曾经极力鼓吹"资本主义是人类历史'终结者'"的弗朗西斯·福山2009年接受日本《中央公论》杂志采访时也不得不承认："客观事实证明，西方自由民主可能并非人类历史进化的终点。随着中国崛起，所谓'历史终结论'有待进一步推敲和完善，人类思想宝库需为中国传统留有一席之地。"福山的这段话是对人类社会不可移易的发展规律的深刻反省，也有助于我们对西方文明中心论的虚伪性和欺骗性有更清醒的认识。由此可见，中国等新兴国家通过自身的文明实践，重新界定了文明的基本内涵和价值取向，从而在事实上对西方文明中心论进行了证伪。因此，我们要清醒认识到西方文明中心论已经式微、正在被历史抛弃，我们应该自觉顺应和推动这一历史进程。我们应该努力实现人类文明历史形态、现实形态与理想形态在当代中国的具体统一，大力推动社会主义文明进步，推动世界社会主义复兴，将共产主义文明理想转化为现实，自觉开辟人类文明新阶段。①

三　西方文明中心思想的崭新话语工具

随着美国等西方社会危机的加深与世界人民认识的深化，"自由""民主""人权"等敏感的政治符号式话语的虚伪性日益被人识破，西方发达国家正在利用"生态""时尚"等民众关注的社会安全、日常生活领域的新型话语工具，塑造新的"全球共识""普世价值"，诱使世

---

① 参见李艳艳、朱继东《西方文明中心论的演变、本质和应对》，《国外社会科学》2012年第4期。

界其他国家主动循蹈其发展模式，进而达到实现其经济、政治、文化利益的目的。对此，我们一定要有清醒的认识。

（一）以"生态"为话语，西方发达资本主义试图执掌人类文明进步的道义权

马克思在《资本论》中明确指出："资本的真正产物是利润"[①]，"利润是资本主义生产的推动力量"[②]，资本主义生产的决定性目的就是利润。保护生态环境的投入作为生产成本，必然会被视为影响其利润实现的障碍。在"投入—产出"的资本逻辑指引下，降低成本、增加利润的良方就是，力图使企业的生态责任外部化。但是，以 1943 年美国洛杉矶光化学烟雾事件、1948 年美国多诺拉烟雾事件、1952 年英国伦敦烟雾事件为导火索，美英等西方发达国家人民对于环境污染和生态保护问题的关注日益强烈，发达资本主义国家人民对于酸雨、温室效应、臭氧层破坏、水资源污染、大气污染、垃圾成灾等环境污染和生态破坏问题的不满情绪迅速上升。20 世纪 60 年代以后，美国等发达资本主义国家掀起了大规模的群众性反污染、反公害的环境保护运动，工业生产的环境标准由此显著提高，这便严重增加了资本家的生产成本，影响了资本的利润率。为了转移社会矛盾，维护高额利润，西方国际垄断资本集团敏锐地将发展中国家圈定为新的猎物。20 世纪 70 年代以来，美国等西方发达资本主义国家开始加速向东方发展中国家外包其高污染、高耗能产业。经过数十年的产业转移，西方淘汰的污染型产业的确使发展中国家产生了巨大的经济增长，但是与 GDP 同时增长的还有日益严重的生态环境污染问题。西方发达国家的"碳殖民"策略，一方面在国际贸易中把本国碳排放转嫁给发展中国家；另一方面，利用单边碳边境调节机制把减排成本转移到发展中国家，使发展中国家受到环境污染和

---

① 《马克思恩格斯全集》第 31 卷，人民出版社 1998 年版，第 231 页。
② 《马克思恩格斯全集》第 32 卷，人民出版社 1998 年版，第 460 页。

碳税壁垒的双重剥削。

然而，美国等西方发达国家正在试图建立全球生态话语霸权，全方位地攫取经济、政治、文化利益。一方面，争做品牌、标准的拥有者，外包生产部门，霸占了绝大部分的生产过程中创造的财富；另一方面，妄图把生态问题政治化，抨击后发国家的政治体制。这种观点把中国共产党的领导歪曲为专制集权，进而把生态环境灾难的原因归咎于政治"专制"，煽动和利用民众的环保热情给我国政府施压；再一方面，逃避生态破坏的历史与现实责任，抢占生态的道义制高点。在里约联合国环境与发展大会、哥本哈根世界气候大会、联合国可持续发展大会联合国气候变化大会上，美国等国就极力否认发达国家应为其在工业化进程中累积造成的大气环境污染"买单"，反而要求中国等后发的发展中国家制定更大力度的减排目标。正是由于发达国家推诿自身责任、对中国等发展中国家进行道义施压，这些重要的世界性环境会议都未能达成有约束力的文件，减排的责任难以在各国具体落实。

不仅如此，西方发达国家正在利用世界人民对于生态问题的关注，以"生态"为名塑造所谓"全球共识"，行大肆敛财之实。仅以碳关税为例，欧盟、美国为了摆脱金融危机的困境，实行了生态名义下的贸易保护主义，提出了对高耗能产品进口征收二氧化碳排放特别关税，制造"绿色壁垒"。其中，最唬人的说辞就是"绿色革命"，从而，表面上正义凛然地实施了"绿色关税""绿色市场准入""绿色反补贴"等措施。中国等发展中国家的出口型企业在"绿色壁垒"面前，唯一出路就是获得发达国家的贸易通行证。发展中国家为此付出的代价是缩减利润、提高生产工艺，致使大量资源密集型、环境污染型企业陷入生存困境。

"生态"话语幌子下的"绿色壁垒"对中国的出口贸易影响很大，由于中国对美国、欧盟的出口以机电产品、家具玩具和纺织品及原料等高碳含量、低附加值的产品为主，极易成为碳关税的课税对象。据世界银行研究报告称，如果碳关税全面实施，在国际市场上，中国制造可能将面临平均 26% 的关税，出口量因此可能下滑 21%。[①] 值得注意的是，西方"生态"话语着力于抢占人类文明进步的道义制高点，虽然表面上体现着世界人民保护生态的呼声，实际上却是在绑架世界人民保护生态的热情，嘴里喊的是环境保护，实际上看重的却是利益。西方国家大幅度提高外来产品入境价码的真实目的，就是将有竞争力的外来产品拒之门外，实质上是损害东方发展中国家的生态权益、发展利益，为自己谋取生态福利、超额利润的特权。

（二）以"时尚"为话语，西方社会发展模式试图统一世界

在现代大机器工业生产中，一旦设计好模板，就可以实现相应的批量化生产，达到低成本、高赢利的目的。西方垄断资本集团将工业生产领域的模板化工序推而广之，在世界经济、政治、文化、社会等各领域积极制造模板、范本。这种模板是试图以西方的头脑代替世界的头脑，使世界人民停止思考、停止自主创新，给东方发展中国家编造了一个个"只需复制粘贴，就能文明进步"的美丽谎言。从服装、日用到电视、网络、杂志，从日常生活到精神消费，西方"模板"正在全球加速复制。在"时尚王国"法国，每年春夏或秋冬季林林总总的生活时尚流行趋势发布会便纷纷粉墨登场，涉及服装、皮具、香水、化妆品、珠宝等方方面面，基本涵盖了人们穿衣打扮的所有相关产业。在"没有国界的永恒美丽"口号的煽动下，时尚外衣下的奢侈品受到世界人民的顶礼膜拜。2022 财年，全球百强奢侈品牌公司的总销售额达到了 470 亿美元，大量时尚产品出口到众多发展中国家。随着西方"时尚"品牌商品蜂拥而至，世界其他民族的美丽标准模糊了，审美权丧失了，取而代之的则是西式的审美标准。

不容忽视的是，发展中国家的电视、网络、杂志等文化传媒，也正

---

① 林永锋：《"碳关税"不等于"狼来了"》，《中国能源报》2010 年 2 月 1 日。

在成为西方"时尚"的鼎力传播者。2013 年,"中国好声音"选秀节目火爆电视荧屏,而其所有标识、海报设计、宣传片头、现场的红色背景、导师们手握麦克风的姿势,甚至导师所坐的椅子等整体包装和视觉元素都与"荷兰好声音"无异,中国引进方为此则支付了 300 多万元的高额节目模板购买费,而另一档热播的电视节目"中国达人秀"则是从英国购买的高价版权。实际上,东方发展中国家的时尚追随者,通过不用动脑的简单复制所成就的"时尚范儿",成就的是西方资本寡头的巨额垄断利润。2009 年,国际电视节目模板认证和保护协会发布的《电视模板走向世界》报告显示,从 2006 年至 2008 年西方国家 445 个原版电视模板得以销往海外。在此期间,电视节目模板产生的包括授权许可费、顾问费和其他辅助收入等在内的交易费已达到 93 亿欧元,比2002 年至 2004 年增加了 45%。[①] 从日常生活到文化精神领域的西方模板化,正是西方国家以时尚名义推行"西化"战略的典型体现,它直接影响着东方发展中国家人们的生活方式和价值观念。随着"时尚"名义的文化商品大举入侵,西方的文化价值观正在以前所未有的速度渗入中国等东方发展中国家人民的头脑,形成对其民族价值观的消解替代作用。

在"时尚"话语的裹挟下,当西方模板开始在东方国家推广复制以后,西方国家的模板制定者们又推出了一系列评奖活动,进而评价谁复制得好,督促不愿复制的国家加入其中。当下,在许多中国人心目中,诺贝尔文学奖正在取代茅盾文学奖、奥斯卡奖正在取代金鸡百花奖的分量。实际上,西方"时尚"话语推销者们是妄图根据自身标准来衡量世界的先进与落后,迫使世界各国与西方资本的利益步调一致。许多国际大奖的实际操纵者往往与颁奖国政府没有多大关系,他们要么暗中篡夺了原来由该国政府创办的评奖组织,要么以该国的名义成立了实

---

① 白朝阳:《〈中国好声音〉版权购买费高达 300 多万元》,新华网,http://news. xin-huanet. com/fortune/2012-08/21/c_123607931. htm,2012 年 8 月 21 日。

为国际征服集团服务的组织，纷纷堂而皇之地以"国际社会"的名义影响世界甚至发号施令。在当今被垄断的世界文化市场中，是否"杰作"早已不再由创作者本人和鉴赏者决定，他们的权力正在被西方垄断资本集团偷偷夺去。尤其是，有语言和文化内涵的作品不再由本民族本国人民评判，而是由毫无资质的、多数为西方资本财团控制的所谓国际机构定夺。审美权的丧失，既可以使一个流氓一夜之间被捧为艺术大师，又足以使一个真正的民族文化大师被翻手雪藏。更为可悲的是，东方发展中国家还有成千上万为了追逐"国际荣誉"而贱卖民族自尊心的狂热"粉丝"，争先恐后地走进西方殖民主义文化的队列，为其卑躬屈膝而浑然不觉，甚至引以为荣。①

四　话语比较视野下中国特色社会主义的文明进步性

长期以来，一些西方发达资本主义国家俨然以"现代文明的正统"身份傲然于世，甚至断言文明具有普世形式，应以西方为典范，值得各非西方国家共同仿效。② 那么，西方资本主义是否就是人类文明的标杆，中国特色社会主义能否引领人类文明进步的方向？此类问题直接关涉，能否科学看待中国特色社会主义与西方资本主义的关系，我们应该主动跟进西方，还是坚定不移地走出自己的文明进步道路。对于此问题的科学回答，将有助于增强中国特色社会主义的道路自信、理论自信、制度自信和文化自信。笔者将依据马克思主义的基本立场、观点和方法，试从"野蛮"与"文明"的话语比较视野出发，提出人类文明进步问题的判断标准，对于当代西方资本主义和中国社会主义文明形态作

---

① 参见李艳艳《警惕西方意识形态渗透的新型话语工具》，《红旗文稿》2014年第13期。
② 参见［美］塞缪尔·亨廷顿《文明的冲突与世界秩序的重建》，周琪、刘绯、张立平等译，新华出版社2002年版，第43—45页。

出比较，希望为解答此类问题提供一个崭新视角。

（一）从"野蛮"到"文明"的话语嬗变看：何为文明进步的判断标准

随着塞缪尔·亨廷顿的《文明的冲突与世界秩序的重建》、尼尔·弗格森的《文明：西方与其他国家》等书出版，"文明冲突论""文明趋同论"公然面世，许多东方发展中国家才蓦地发现，他们近两百年来反抗殖民侵略、争取民族独立的斗争只是成功了一半。近代以来，西方资本主义强国对东方传统国度的侵略战争始终是明暗两条战线，明的是凭借船坚炮利的武力入侵，暗的则是看不见硝烟的以文化价值观为核心的文明侵略战争。虽然饱尝欺凌的东方国家人民从未放松过对西方武装侵略的警惕，并通过不屈不挠的反抗斗争取得了明的武装战线胜利，获得了民族解放。然而，暗的思想文化领域的西方文明侵略却是部署得如此隐蔽、难以察觉，包装得如同糖果般甜蜜诱人、难以抗拒，以致一些国家民族的文明进步历程悄然被西方文明终结而不知，被人同化还觉得自己进化了，甚至被人消灭还感到无比荣耀。

近代西方国家热衷于使用的"文明"概念是否天然具有先进性内涵呢？从词源学考据来看，"文明"并非天生就是"野蛮"的进阶或进步的代名词。"野蛮"词义起初并非是表征落后、愚昧、残暴的贬义词汇，德国哲学家和社会学家克劳斯·奥费在其论著《现代的"野蛮"：小型的自然状态？》中指出，"野蛮"只是表示希腊人听不懂外族人说话时，对说另一种语言的异邦人的称呼。荷马和希罗多德甚至倾向于把"野蛮人"美化、理想化。只是从公元前4世纪的希腊化文明时代开始，随着亚历山大征服大军的铁蹄横扫中亚，荡平波斯，占领埃及、印度，建立西起希腊、马其顿，东至印度河流域、南临尼罗河、北抵多瑙河的庞大帝国，希腊取得了绝对的战略优势地位，作为文明拉丁语词源

的"civis"和"civitas"才开始具有了与"野蛮"相对的进步含义，①
"野蛮"才被赋予了残暴、愚昧、没有文化、残酷无情、残忍等特定的
负面内涵。此后，征服者常常自诩为"文明人"，而将被征服的民族蔑
称为"barbarus"（野蛮人），不仅以此掩盖侵略的劫掠实质，还试图将
非正义的侵略行为赋予道义的优越性。16世纪以来，霍布斯、洛克等
许多西方思想家进而认为，文明史不过就是人类从"野蛮"到"文明"
的进化史。

　　那么，文明概念的内涵到底是什么呢？文明与否该如何判断呢？在
近代思想史上，文明内蕴着社会进步的要求，旨在探讨以何种发展模式
去实现自由社会的价值理想。我们知道，近代资产阶级提出的"自由"
价值理想意味着与封建教权的决裂，"解放"是自由价值观的核心内
容。这种以"解放"代替"自由"的思想，使人从封建宗法关系中解
脱出来，获得了政治法律意义上的自由，发挥了巨大的历史进步作用。
但是，由于这种思想的哲学根基与阶级立场存在着严重问题，因而已经
随着资本主义的发展而日渐走向保守、落后甚至反动。一方面，以解放
为核心内容的自由价值观建立在理性主义的哲学基础上，把人的思想与
周围世界作了严格的主客二分，认为不受约束的理性自由是文明进步的
原动力，然而，当理性自由本身被奉作圭臬的时候，人们便忽略了追问
"自由"之后——"解放"以后到哪里去的问题，这种自由便被神化为
了先验的、绝对的、永恒的价值标准；另一方面，理性主义的自由价值
观也成为替人性自私论辩护的工具。文明进步的历程也就变成了如何通
过制度的完善来实现最大地满足"经济人理性"的过程。孔德、孔多
塞、斯宾塞等启蒙思想家提出了"文明"的概念，认为文明是指人类
理智、道德进步的有教养的社会状态，以及通过理性进步而达到的以财
产权、工业化、市场化、自由化、民主化为特征的全新社会发展阶段，
而这恰好是资本主义现代文明的基本特征。从而，西方资产阶级及其代

---

　　① 易建平：《从词源角度看"文明"与"国家"》，《历史研究》2010年第6期。

言人利用"文明"话语，赋予了资本主义剥削制度道义合法性。如此一来，资本主义即使有种种问题，但是在人性自私的先验前提下不可避免，资本主义制度已然是最能保障社会公平、最完善化的理性体现，从而俨然以人类文明进步史的终点自居。由此看来，"文明"不过是近代西方资产阶级以社会进步的名义占领道义制高点，进而树立的一个对内确立执政合法性、对外进行侵略扩张的话语工具。大量的鲜活事实是，西方"文明"人的富裕却是建立在对本国"野蛮"劳动工人的剥削基础之上，西方"文明"国家的财富却是建立在对东方"野蛮"国家的掠夺基础之上。"野蛮人""野蛮国家"的贫穷落后正是由这些"文明人""文明国家"所造成的。

马克思、恩格斯在回答如何追求自由社会、促进文明进步这一问题时，以辩证唯物主义和历史唯物主义为哲学基础，批判"迅速前进的文明完全被归功于头脑，归功于脑的发展和活动"的历史唯心主义观点，明确指出"文明是实践的事情，是社会的素质"，[①] 从而，把创造文明、推动文明进步的动力由理性还原到了现实的生产实践，同时也就意味着，把创造文明、评判文明的权力由所谓"有教养"的专事理性活动的统治者还原到了从事生产实践的劳动人民手中。这样一来，解放劳动者的生产能力就成为推动文明进步的关键。那么，如何才能解放劳动者的生产能力呢？马克思、恩格斯在《德意志意识形态》中揭示到，在奴役性质的社会中，"人的自主活动和物质生活的生产是分开的"[②]，换言之，剥削奴役关系是束缚劳动者自主活动的根源。主要矛盾决定中心任务，因此人类文明史就应该是"已成为桎梏的旧交往形式被适应于比较发达的生产力，因而也适应于进步的个人自主活动方式的新交往形式所代替"[③] 的进程，从而，第一次为实现人类自由找到了科学的现实路

---

① 《马克思恩格斯文集》第 1 卷，人民出版社 2009 年版，第 97 页。
② 《马克思恩格斯文集》第 1 卷，人民出版社 2009 年版，第 580 页。
③ 《马克思恩格斯文集》第 1 卷，人民出版社 2009 年版，第 575 页。

径——自主劳动。

马克思主义视域下的"自主"概念在思想史上具有革命性意义。"自主"概念在西方哲学史上历史悠久，其基本价值指向是，按照自己的意愿追求美好生活。在密尔的功利主义思想中，自主就是增加社会最大福利的个体自由，认为人应该被允许发展个人信仰而不受他人的干涉。康德的"自主"观影响最为深远，"自主"即服从自己制定的法则，一方面人自行订立道德法则，另一方面人要服从于自己制定的道德法则，这种"自主"实际上就是"自律"。然而，马克思主义不仅继承了前人"自主"观中的自由内涵，而且对自主进行了更加科学的界定，即自主的主体是生产一线劳动者，基本内容是生产实践活动。更为重要的是，它在人类历史上第一次找到了自主的现实路径，即劳动者通过促使"交往方式"合理化，消灭剥削性质的生产关系，进而实现个人自主生产活动。由此可见，在具有坚定劳动人民立场的马克思主义视域下，自主劳动是判断文明与野蛮的根本标准，自主劳动程度是检验社会文明程度的根本尺度。

根据"自主劳动"这一判断标准，资本主义在人类文明史上的地位就显而易见了。值得肯定的是，资本主义当然具有历史进步性，它使劳动者摆脱了教权皇权关系的束缚，获得了政治法律意义上的解放。但是，这一解放又是不彻底的。因为在经济关系上，资本主义存在着自身不可克服的生产社会化和私有财产制之间的矛盾，而且随着这一矛盾的深化，"起初是自主活动的条件，后来却变成了自主活动的桎梏"[1]，从而在根本上阻碍了自主劳动能力的发挥，也限制了人类文明的持续进步，结果大量的"生产力只获得了片面的发展，对大多数人来说成了破坏的力量"[2]，最终资本主义也只能落得个"文明的空话"[3]。

---

① 《马克思恩格斯文集》第 1 卷，人民出版社 2009 年版，第 575 页。
② 《马克思恩格斯文集》第 1 卷，人民出版社 2009 年版，第 566 页。
③ 《马克思恩格斯全集》第 33 卷，人民出版社 2004 年版，第 346 页。

（二）构建中国特色社会主义核心话语，推动社会主义中国成为人类文明进步的新希望

基于"自主劳动"这一文明判断标准，马克思、恩格斯明确提出，虽然资本主义已经属于"文明时代"，但是仍然是"奴役形式"。① 他们在观察研究俄国革命的过程中进而推断说，符合历史发展方向的、能够取而代之的将是崭新的人类文明形态，这是一种具有自主性质的"真正的普遍的文明"②，从而将实现这一崭新文明形态的历史重任交给了社会主义社会。

然而，社会主义正在被一些西方敌对势力妖魔化为"专制""极权"。一些西方发达国家通过占领话语高地，利用话语权恶意污损社会主义的声誉，这必然会影响到世界人民对于社会主义的认同与追求。当今世界，社会主义话语权的缺失已经成为影响人类文明持续进步的巨大障碍。因此，构建中国特色社会主义的核心话语对于确立中国特色社会主义在人类文明史中的地位，对于推动人类文明持续而顺利的进步来说，都是理所应当、势在必行。

构建中国特色社会主义核心话语的基本原则是要体现社会主义核心价值观建设的基本要求。我们已经认识到西方资本主义社会用以自我标榜的"文明""自由""民主""人权""生态""时尚"等话语工具存在表里不一的伪善性、欺骗性，呈现出价值目标与具体实践的背离。由于中国特色社会主义是科学社会主义基本原则在中国的具体实践，在理论上以历史唯物主义为认识世界的科学工具，在道义上以全心全意为人民服务为执政使命，能够实现价值目标与具体实践的高度统一，因而我们应该积极构建中国特色社会主义的核心话语，并且理应拥有充分的话语自信。

基于"自主劳动"这一文明判断的根本标准，中国特色社会主义

① 《马克思恩格斯文集》第 4 卷，人民出版社 2009 年版，第 195 页。
② 《马克思恩格斯全集》第 12 卷，人民出版社 1962 年版，第 725 页。

的核心话语应该充分体现社会主义的独特价值。由于马克思、恩格斯明确提出，能够取代资本主义、代表历史发展方向的将是一种具有自主性质的"真正的普遍的文明"①，因而，构建中国特色社会主义的核心话语，应该充分体现"真正的普遍的文明"的价值目标。

"自主"是实现"真正的普遍的文明"的基础。马克思在《关于俄国的农民解放》中描述的"真正的普遍的文明"的突出特征是，劳动人民在生产实践中共同创造、普遍享有财富的新型文明形态。由资本主义社会基本矛盾所决定，资产阶级必然通过改造生产关系、确立新的交往形式以"适应于进步的个人自主活动方式"②，因此，中国特色社会主义作为科学社会主义基本原则在当代中国的具体实践，就应该而且必须采纳马克思主义关于促进人类文明进步的科学观点——提高劳动者的自主活动能力。"自主"体现了社会主义生产方式的本质要求和广大劳动人民的根本利益，因而是社会主义优越性的集中体现。由于社会主义生产目的不再是为资本家创造剩余价值，而是要更好地满足全体劳动者自己的生活需要，所以人们在生产中的关系，也不再是资本家剥削工人的雇佣劳动关系，而是建立在自主生产之上的平等协作劳动关系。③ 从这个意义上来说，社会主义生产方式取代资本主义生产方式，就是要以自主的联合劳动取代雇佣劳动的过程，因而，"自主"是中国特色社会主义的首要的核心话语。

"和谐"是自主价值观引领国内关系时的具体体现。恩格斯曾指出，在剥削阶级占统治地位的社会中，"没有对抗就没有进步。这是文明直到今天所遵循的规律"④。由于当代中华文明建立在社会主义制度的基础上，剥削阶级作为一个阶级已经消灭，从而标志着人类文明进入

---

① 《马克思恩格斯全集》第 12 卷，人民出版社 1962 年版，第 725 页。

② 《马克思恩格斯文集》第 1 卷，人民出版社 2009 年版，第 576 页。

③ 参见罗文东《自主、公平、和谐——中国特色社会主义核心价值论纲》，《山东社会科学》2011 年第 9 期。

④ 《马克思恩格斯全集》第 4 卷，人民出版社 1958 年版，第 104 页。

了一个崭新的、更高的阶段。由于以提高劳动者的生活质量、摆脱自然界的工具性地位为生产目的，社会主义从根本上解决了人与自然的对抗关系；由于以全社会共同占有生产资料为主要经济基础，能够摆脱少数人剥削多数人的不平等生产关系，社会主义能够从根本上解决人与人之间利益分化和对立的问题。中国特色社会主义建设事业的出发点和落脚点都是人，但是这里的人不是孤立的、原子式的存在，更不是为了个人利益彼此践踏的"经济人"，而是具有了自主活动能力，能在自觉促进整体利益的过程中实现个人利益的人，因而，"和谐"也是中国特色社会主义的重要的核心话语。

"包容"是自主价值观引领对外关系时的具体体现。在阶级社会的历史上，任何一种处于强势地位的文明出于巩固和扩大自身利益的考虑，往往会奉行自我中心主义思想。对此，英国历史学家汤因比曾谈到，这种"自我中心"的思想不过是一种"错觉"。自认为是上帝唯一选民的犹太人、以天朝上国自居的中国清王朝都曾患过此症，然而近代西方国家对此更是不能自拔，普遍怀有一种资本主义文明模式使世界"历史统一"的自满情绪，他们通过"中心—边缘—外围"的划分方式，诱使世界其他国家主动向资本主义文明中心靠拢，将这些国家纳入资本主义文明体系而成为其附庸。兼容并包，是中国特色社会主义的独特品格，是人类文明进入社会主义新时代的特征。中国特色社会主义道路的确立是中国人民自主选择的结果，中国人民自古就有天下大同的传统文化理念，近代又深受外敌入侵、干涉内政的痛苦，从而走上了具有国际主义精神特质的社会主义道路，奉行和平共处五项原则的外交政策，切实尊重每一个民族自主选择发展道路的权利。不仅如此，社会主义制度本身就是建立在对于阶级社会文明时代的继承、超越基础之上，因而对于其他文明类型理应持有谦虚的态度，党的历届主要领导人反复强调，建设社会主义要学习、吸收和借鉴人类文明的一切优秀成果。2014年3月27日，习近平主席在联合国教科文组织总部发表演讲指出：

"人类文明因包容才有交流互鉴的动力。一切文明成果都值得尊重，一切文明成果都值得珍惜。只有交流互鉴，一种文明才能充满生命力。只要秉持包容精神，就不存在什么'文明冲突'，就可以实现文明和谐。"① 中国特色社会主义建设事业取得的巨大成就正是包容其他文明、学习他人之长、吸收消化再创新的结果，因而，"包容"也是中国特色社会主义的重要的核心话语。

唯物史观启示我们，人民群众是历史的英雄，任何轻视诋毁人民力量的行为都会被历史抛弃。国际垄断资本集团在利用话语工具维护和扩大霸权的同时，也正在滑向人民的对立面，走向自己开辟的必然灭亡之路。从"自主劳动"这一文明进步根本标准来看，从改革开放的历史经验来看，我们取得的伟大成绩，正是在于发挥全体社会成员的积极性、主动性、创造性，对外奉行和平共处五项原则的实践中产生的，体现了"自主""和谐""包容"内涵的实践已经全面展开。今后，为了不断实现好、维护好、发展好广大人民群众的根本利益，不断赢得世界人民的尊重、信任和支持，我们更应该旗帜鲜明地确立和传播"自主""和谐""包容"的核心话语，进而全面构建中国特色社会主义的话语体系，从而讲好中国故事，传播好中国声音，不断增强中国特色社会主义的信服力、感召力，推动中国特色社会主义成为引领人类文明进步的新希望。②

---

① 《习近平在联合国教科文组织总部发表演讲》，《人民日报》2014 年 3 月 28 日。

② 参见李艳艳《话语比较视野下中国特色社会主义的文明进步性》，《思想教育研究》2015 年第 4 期。

结　　语

马克思主义文明观的生命力来源于实践，自然也需要服务于实践，通过现实的文明建设活动得到进一步检验和发展。这一理论对于中国来说尤为重要。

在中国，"文明"一词已经至少有两千多年历史。古代中国人常用"文"字来指代万物遵循的法则。"文"是自然法则的外显。在此基础上，"文"还发展出了一些引申含义，包括文字符号、法律规定、道德精神修养、美、善良、美德及对文明生活的内在化准备等。总之，从一个人的行为到一个国家的法律制度，都可以纳入"文"的意涵。"明"字则是日和月的结合，显示了两个天体在白天和晚上交替或同时发光。"文明"作为复合词，意指趋向光明，具有鲜明的进步意蕴。在长期的历史进程中，"文明"一词随着中华民族盛衰荣辱的变迁，具有不同的历史意蕴。直至19世纪中叶，中华文明的外部环境从未发生过根本改变，作为中华文明基础的通过文化认同表现出来的共享价值体系和周边秩序也一直延续下来。中华文明秩序的核心是夷夏观和朝贡体系。中国一直认为自己是世界的中心，所有周边地区被视为野蛮的土地。根据国家的文明程度来确定国家地位，并据此传统形成了文明的等级阶层。然而，这一以中原文化为核心的文明认同到19世纪中叶以后发生了变化，随着中国在对外战争中节节败退，传统文明观念日渐消失，对于"野蛮"的偏见开始消失，甚至日益敬畏和钦佩，文明自省的程度越来越深，对于文明自强的呼唤也越来越强烈。

中国进入现代社会以来，屡次面临着文明道路的选择问题，而资本主义文明模式成为影响我们选择的重要因素，面对资本主义文明模式时而取得的巨大成就，时而呈现的显著冲突，我们应该如何科学认识和理性自处呢？这就是马克思主义文明观需要回应的重大现实问题。尤其是，当今中国领衔建设人类文明新形态，发展中华民族现代文明，积极促进不同文明之间的交流互鉴。为了回应国家重大发展战略的需求，我们更需要自觉地在马克思主义文明观指导下，保持不卑不亢的文明选择定力，独立自主地选择自身的文明进步道路，既要开放包容、共生发展，又要争取在波谲云诡的国际局势面前，做到任凭风吹浪打，我自岿然不动。

通过运用马克思主义文明观分析当今世界的文明进步模式，我们不难看出，资本主义的文明进步悖论日益明显，一方面是创造了前所未有的巨大生产力；另一方面是人与自身、人与社会、人与自然之间的关系日益紧张，全球生态危机、世界金融危机、西方世界贫富分化导致的社会动荡事件此起彼伏。在此背景下，"西方衰落论"已经成为一些西方国家的重要思潮，西方文明长达几个世纪的吸引力、感召力正在急速下降。

与西方资本主义文明模式相较，中国的社会主义文明道路表现出了强大的生命力。经济快速发展、社会总体安定、文化丰富多彩、人民生活水平迅速提高，新中国成立以来 70 多年的历史取得了西方国家数百年才能取得的成绩，这表明中国在艰苦的探索过程中找到了一条符合自身实际的文明进步道路，而更为重要的是，这一成绩的取得是我们自觉运用马克思主义文明观基本立场、观点和方法的结果。展望未来，对于马克思主义文明观进一步的理论自觉，将有助于进一步走好中国式现代化道路，推进人类文明新形态的发展成熟，有助于推动中华优秀传统文化的创造性转化创新性发展，创造中华民族现代文明。

参考文献

一 著作类

《马克思恩格斯文集》第 1—10 卷，人民出版社 2009 年版。

《列宁选集》第 1—4 卷，人民出版社 2012 年版。

《毛泽东选集》第 1—4 卷，人民出版社 1991 年版。

《毛泽东文集》第 1—8 卷，人民出版社 1993 年版。

《邓小平文选》第 1—3 卷，人民出版社 1993 年版。

《江泽民文选》第 1—3 卷，人民出版社 2006 年版。

《习近平谈治国理政》第 1 卷，外文出版社 2018 年版。

《习近平谈治国理政》第 2 卷，外文出版社 2017 年版。

《习近平谈治国理政》第 3 卷，外文出版社 2020 年版。

《习近平谈治国理政》第 4 卷，外文出版社 2022 年版。

《习近平著作选读》第 1、2 卷，人民出版社 2023 年版。

陈乐民等：《欧洲文明的进程》，生活·读书·新知三联书店 2003 年版。

何平：《文化与文明史比较研究》，山东大学出版社 2009 年版。

罗浩波：《社会文明学导论》，浙江大学出版社 2008 年版。

马克垚主编：《世界文明史》，北京大学出版社 2004 年版。

钱乘旦主编：《现代文明的起源与演进》，南京大学出版社 1991 年版。

汝信主编：《世界文明通论》丛书，福建教育出版社 2010 年版。

王立胜：《中国式现代化道路与人类文明新形态》，江西高校出版社

2022 年版。

许启贤主编：《世界文明论研究》，山东人民出版社 2001 年版。

许序雁主编：《世界文明简史》，华东师范大学出版社 2002 年版。

姚介厚等：《西欧文明》（上、下），福建教育出版社 2008 年版。

中共中央党校科学社会主义教研室编：《马克思恩格斯、列宁、斯大林
论社会主义文明》，中共中央党校出版社 1982 年版。

［德］奥斯瓦尔德斯·斯宾格勒：《西方的没落》，吴琼译，上海三联书
店 2006 年版。

［德］海因里希·贝克、吉塞拉·希密尔贝尔编：《文明：从冲突走向
和平》，吴向宏译，中国社会科学出版社 1998 年版。

［德］诺贝特·埃利亚斯：《文明的进程：文明的社会起源和心理起源
的研究》，王佩莉、袁志英译，上海译文出版社 2009 年版。

［法］傅立叶：《傅立叶选集》（第 3 卷），汪耀三等译，商务印书馆 2009
年版。

［美］阿尔温·托夫勒：《第三次浪潮》，朱志焱等译，生活·读书·新
知三联书店 1983 年版。

［美］布鲁斯·马兹利什：《文明及其内涵》，汪辉译，商务印书馆 2017
年版。

［美］菲利普·李·拉尔夫等：《世界文明史》，赵丰等译，商务印书馆
1998 年版。

［美］塞缪尔·亨廷顿：《文明的冲突与世界秩序的重建》，周琪、刘
绯、张立平、王圆译，新华出版社 2010 年版。

［英］阿诺德·汤因比：《历史研究》，刘北成等译，上海人民出版社
2005 年版。

［英］阿诺德·汤因比：《文明经受着考验》，沈辉等译，浙江人民出版
社 1988 年版。

［英］巴克尔：《英国文明史》，南洋公学译书院译，南洋公学译书院

1903 年版。

[英] 戈登·柴尔德：《欧洲文明的曙光》，陈淳、陈洪波译，上海三联书店 2008 年版。

[英] 克莱夫·贝尔：《文明》，张静清、姚晓玲译，商务印书馆 1990年版。

[英] 亚当·弗格森：《文明社会史论》，林本椿、王绍祥译，浙江大学出版社 2010 年版。

[英] 约翰·洛克：《政府论》，杨思派译，中国社会科学出版社 2009年版。

BruceMazlish：*Civilization and Its Contents*，Stanford University Press，2004.

Niall Ferguson，*Civilization*：*The West and The Rest*，London：Penguin Books Ltd，2011.

二　论文类

杜亚泉：《静的文明与动的文明》，《东方杂志》1916 年第 13 卷第 10 号。

顾海良：《"人类文明新形态"的理论意蕴和思想智慧》，《理论与现代化》2021 年第 6 期。

侯惠勤：《论人类文明新形态》，《陕西师范大学学报》（哲学社会科学版）2022 年第 2 期。

阮纪正：《文明的历史形态》，《广东社会科学》2004 年第 2 期。

孙代尧：《论中国式现代化新道路与人类文明新形态》，《北京大学学报》（哲学社会科学版）2021 年第 5 期。

谭培文：《人类文明历史逻辑暨新时代世纪前瞻》，《社会科学家》2020年第 3 期。

田鹏颖、武雯婧：《论人类文明新形态的生成逻辑》，《科学社会主义》2021 年第 6 期。

田心铭：《从〈家庭、私有制和国家的起源〉看马克思、恩格斯的文明思想》，《马克思主义研究》2013 年第 7 期。

翁其银：《论文明的起源》，《内蒙古社会科学》1984 年第 4 期。

吴海江、徐伟轩：《新时代的文明意义——中国正在开启一种新型文明》，《理论视野》2018 年第 11 期。

吴晓明：《马克思主义中国化与新文明类型的可能性》，《哲学研究》2019 年第 7 期。

吴英：《以唯物史观为指导书写具有中国特色的文明史》，《史学理论研究》2022 年第 1 期。

辛向阳：《科学把握人类文明新形态的基本内涵》，《江西师范大学学报》（哲学社会科学版）2022 年第 3 期。

徐春：《社会形态与文明形态辨析——唯物史观研究中一个值得注意的问题》，《郑州大学学报》（哲学社会科学版）2006 年第 2 期。

颜晓峰：《创造社会主义现代化的文明新形态》，《马克思主义研究》2021 年第 7 期。

易建平：《从词源角度看"文明"与"国家"》，《历史研究》2010 年第 6 期。

张志强：《在世界百年未有之大变局中创造人类文明新形态》，《世界社会主义研究》2022 年第 7 期。

章太炎：《定复仇之是非》，《民报》1907 年第 16 期。

［苏］安东诺维奇：《文明和文化：定义问题和思想斗争》，梁朱摘译自苏联《哲学问题》1981 年第 11 期。

［苏］姆切德洛夫：《马克思主义的文明观》，马积华译，李森校，《现代外国哲学社会科学文摘》1983 年第 4 期。

Toby Huff, "The 'Eastern' Origins of Western Civilization?", *Academic Questions*, 2014 (27).

后　记

笔者有幸自攻读博士学位始研究马克思主义文明观，并充分感受到了这一选题由冷到热的变化。可以说，文明问题越来越受到学界的关注，体现出中国学术越来越自信。随着中国日益走入世界舞台的中央，我们希望用"文明"这一全人类共同的价值追求来向世界介绍自己，同时也希望用"文明"来定位自身的发展方位，规划未来的发展方向。

随着研究工作的展开，笔者日益感到对于文明问题的研究，不能仅仅停留于一般性的阐释叙述，而是需要深入下去，进入其底层逻辑。例如，在不同文明观之间寻找共性的问题意识，这是和其他文明观进行对话的基础。探寻马克思主义文明观对于其他文明观的超越性价值，从而加强思想理论观点的交流能力。对于现代文明观的核心进行剖析，从而在研究的关键问题上形成共识。在比较视域下对于中国特色社会主义文明观进行剖析，从而明晰文明维度下中国特色社会主义的历史价值。在比较视域下对于中西方文明话语逻辑进行分析，明确中国特色社会主义的文明进步性。

本书固然是笔者自攻读博士学位以来，在马克思主义理论、历史哲学等领域近十五年探索的初步成果，但是更为关键的是，本书源于我们所处的这个伟大变革时代所提供的不竭实践动力，以及我在学习和工作过的地方从众多领导、师友那里获得的无私关怀和帮助。

在此，我要郑重地感谢那些为我完成本书提供了关键性支持和帮助的领导、师友。衷心感谢王伟光、梁柱、侯惠勤、刘书林、田心铭、张雷声、刘建军、王新生、姜辉、季正聚、罗文东、辛向阳、林建华、刘同舫、肖贵清、朱安东、韩强、彭庆红、陆俊、李晓光等学界前辈的关心支持，他们或给予我研究思路的点拨，或给予我诸多鼓励，从而赋予我不断前行的勇气。最后，衷心感谢北京科技大学马克思主义学院为本书出版提供大力支持。

李艳艳

2024 年 5 月于北京